AF377748

La intérprete infantil

Claudia Schwarzlmüller

La intérprete infantil

Qué piensa y siente tu hijo, y cómo puedes manejarlo

www.edaf.net

MADRID - MÉXICO - BUENOS AIRES - SANTIAGO

2025

Todos los consejos y sugerencias de este libro se ofrecen según nuestro mejor entender. No obstante, la aplicación de los mismos se realiza bajo responsabilidad propia, ya que cada uno es el mejor experto para su hijo.

Índice

SI TE INTERESA: CÓMO…

Lograr momentos de felicidad – ¿Cómo se puede ser feliz con niños?

Dar el pecho – Mucho más que la mera ingesta de alimentos

Portear – Descubrir el mundo mientras te llevan

Pensar – Buscar soluciones juntos

Utilizar esquemas de juego – **Descubrir activamente el mundo**

Desarrollar las habilidades blandas – **Lo que no aprendas ahora te resultará difícil más adelante**

Guarderías – **Apoyo de amigo a amigo**

Experimentos con líquidos – **Muchas cosas no cambian cuando están en otro lugar**

Jugar – **Jugar de verdad no es tan sencillo**

Mentir – **Lograr la competencia para mentir**

Desarrollar juegos de apego – **Cómo resuelve tu hijo los problemas**

Educar sin castigos – **Enseñar la solución**

Iniciarse en las matemáticas –

Escuchar –

Introducción

El otro día estaba en el Café 12 y entró una madre con su hija de unos dieciocho meses. Se notaba el deseo de la madre de tomarse un café en un entorno acogedor durante un rato y relajarse un poco. Agotada, se hundió en uno de los cómodos sillones.

Su hija, en cambio, se llevó una impresión completamente distinta. Miraba a su alrededor con curiosidad, descubriendo los detalles, la colorida carta de helados sobre el mostrador, las pulidas superficies de las mesa, al tiempo que escuchaba embelesada el fuerte silbido de la máquina de café expreso.

Observaba la cafetería con otros ojos. ¿Qué podía descubrir aquí? ¿Cómo podría utilizar este entorno para su propio desarrollo? Permanecer sentada era una pérdida de tiempo para su desarrollo y, a diferencia de su madre, no podía permitírselo a su edad. Todavía le quedaban muchas tareas de desarrollo por delante antes de que tuviera sentido sentarse tranquilamente en la cafetería.

Toda la vida he sentido fascinación por las distintas formas de ver el mundo que tienen los adultos y los niños pequeños. Me siento muy agradecida por el hecho de que, como psicóloga especializada en niños, haya tenido la oportunidad de acompañar a muchos niños y a sus familias en diversos contextos durante décadas. Mis dos maravillosos hijos ya son mayores; la misión de mamá ha concluido con éxito. Tras muchos años de aprendizaje y observación, como «intérprete infantil» me gustaría traducir el comportamiento de los niños para los adultos a lo largo de las distintas etapas de desarrollo, y crear así un puente hacia una comprensión más profunda y una convivencia más relajada.

Por eso he optado por un enfoque diferente que distinga a este libro de muchos otros libros para padres. Describo el desarrollo desde la perspectiva de un niño llamado Álex, al que acompañaremos en sus aventuras cotidianas desde sus primeros días de vida hasta que empieza el colegio. Álex atraviesa las etapas y los problemas normales del desarrollo.

Espero que, al reconocer a tu hijo, a ti mismo y a tu familia en muchas de las situaciones, puedas saber cómo es tu hijo y qué puedes esperar de cada etapa. Te daré todo lo necesario para que puedas entender mejor a tu hijo y sepas exactamente qué esperar o pedir a cada edad, y qué no.

Obtendrás una visión general del desarrollo del pensamiento, el juego, los sentimientos, las relaciones, el movimiento y el lenguaje desde que es bebé hasta que el niño alcanza la edad escolar.

Espero que esto te ayude a vivir muchos buenos momentos con tu hijo, ya que acompañar a un niño en su desarrollo es, en realidad, un proceso bastante lúdico y, sobre todo, no hace falta ser un genio.

Es mucho más fácil de lo que crees. Además de los conocimientos sobre los niños, también me gustaría aportar un poco de orden en el caos de los múltiples enfoques sobre la crianza. ¿Sabías que basta con que te hagas una sola pregunta en cada situación de la vida con niños para saber inmediatamente qué hacer? En este libro te presentaré los dos elementos básicos de la crianza que los padres de todo el mundo utilizan con éxito con los niños, casi siempre de forma intuitiva, sin darse cuenta conscientemente; «guiar» y «seguir» son las palabras mágicas que pueden hacerte la vida mucho más fácil.

Como «intérprete infantil», me gustaría:

- Mostrarte las tareas de desarrollo de tu hijo a diferentes edades y, así, «traducir» a tu hijo para ti.

- Aclarar muchos malentendidos entre padres e hijos para que aprendas a comprender a tu hijo a un nivel más profundo.

- Orientarte en la jungla educativa y ofrecerte algo concreto con lo que trabajar, en forma de guía y seguimiento.

- Que dejases de depender de los numerosos consejos del exterior y tengas una base sobre la que tomar tus propias decisiones. Al fin y al cabo, la crianza no es algo fijo, sino algo que evoluciona constantemente entre tú y tu hijo.

- Compartir contigo la maravilla del desarrollo que experimenta tu hijo por sí solo. Para ello, no hace falta que tenga unos padres perfectos.

- Que puedas estar más relajado con tu hijo y te cause mucho menos estrés.

Tienes que hacer mucho menos de lo que piensas. Te lo prometo.

Os presento a Álex

¿Quién es el niño que conocerás en este libro? Álex es el único niño normal del mundo, porque ningún niño es normal. Ninguno en absoluto. Por eso, todo lo que leas sobre Álex debes tomártelo a modo de orientación, y no como la verdad absoluta sobre tu propio hijo. Siéntete libre de dejar a un lado la idea de «me siento fatal porque con nosotros se comporta de forma completamente distinta», ya que es normal que tu hijo sea diferente, y eso está bien.

El desarrollo es muy variado. Por ejemplo, algunos niños desarrollan primero el lenguaje y descuidan el movimiento o viceversa, pero de repente se ponen al día también en la otra área. A veces, tu hijo puede adelantarse o retrasarse hasta un año y medio en un área del desarrollo y seguir desarrollándose con *total normalidad*. Algunos niños muestran un comportamiento especialmente extremo, mientras que otros no muestran nada, o se saltan pasos del desarrollo por completo.

También es importante que tengas presente que más rápido no significa mejor. Deja que tu hijo prepare tranquilamente sus pasos evolutivos y espera pacientemente a ver si se producen en *algún momento* del año de vida correspondiente.

Si deseas informarte mejor, también puedes leer el capítulo anterior y posterior a la edad de tu hijo, donde encontrarás información relevante. Como ya he dicho, en realidad, no es posible fijar el desarrollo a una edad concreta.

Pero volvamos a Álex. Álex es la abreviatura de Alejandra o Alejandro y puede ser tanto femenino como masculino. Así, el primer capítulo trata de un niño, en el segundo Álex es una niña, luego vuelve a ser niño y así sucesivamente. Por cierto, todas las experiencias e historias de Álex en este libro sucedieron realmente, pero proceden de varios niños.

No solo Álex es normal, también lo son sus padres. Son una pareja completamente normal. Los he llamado Juan y Julia. Tienen los miedos y dificultades habituales, y puede que te veas reconocido en algunos de ellos. Si vives en una relación de pareja completamente diferente, amas a alguien del mismo sexo o eres padre o madre soltero/a, espero que simplemente «repienses» esto para ti. Estás explícitamente incluido.

Como «intérprete infantil», me he esforzado por escribir desde la perspectiva de la etapa de desarrollo y el mundo interior de Álex. En realidad, eso es algo bastante ofensivo porque, por supuesto, nadie sabe *realmente* lo que piensa o siente otra persona.

Las descripciones no se refieren explícitamente a problemas de comportamiento, sino al desarrollo normal. He intentado mantenerme al día respecto al estado actual de los conocimientos científicos, pero, por supuesto, no puedo descartar errores. Dentro del vasto campo de la psicología del desarrollo, he seleccionado los temas que considero importantes para el manejo práctico y la comprensión de los niños. Naturalmente, tú pondrás en práctica los consejos bajo tu propia responsabilidad; tú eres el mejor experto para tu propio hijo.

En ningún caso este libro debe utilizarse para diagnosticar a los niños. Si te preocupa tu hijo, consulta a su pediatra y a los especialistas pertinentes (el pediatra, los especialistas de la escuela infantil o la oficina de asistencia a la juventud de tu zona deben saber dónde puedes encontrar asesoramiento).

Estructura del libro

El capítulo siguiente, «guiar y seguir», sienta las bases para comprender el libro. Es crucial porque en él se basa todo. Los capítulos siguientes describen las distintas etapas del desarrollo de un niño a cada edad:

1. En primer lugar, se presenta el estadio de desarrollo de Álex en las distintas áreas. ¿En qué fase se encuentra Álex en cuanto a pensamiento y juego, sentimientos y relaciones, movimiento y habla?
2. A continuación, se ofrece un breve resumen «De un vistazo».
3. ¿Qué es importante ahora para los padres? Aquí aprenderás cómo poner en práctica el «guiar y seguir» (véase el capítulo siguiente) a esta edad y de qué forma puedes apoyar a su hijo.

Los recuadros «Cómo...» de cada capítulo ofrecen información algo más detallada. Están pensados para padres que quieren saber más o para personas que trabajan profesionalmente con niños.

También hay «capítulos intermedios» que tratan temas aplicables a varios años.

> ## CUANDO EL TIEMPO APREMIA
>
> ¿Tienes poco tiempo y quieres comprender rápidamente los pasos que da tu hijo en su desarrollo? Entonces solo necesitas leer dos capítulos de este libro:
>
> - El capítulo dos, sobre «guiar y seguir», como base.
> - El capítulo que se corresponda con la edad de tu hijo.
>
> La sección «Qué es importante ahora para los padres» aparece siempre al final de cada capítulo. En el caso de que quieras saber qué puedes hacer específicamente para los niños de 2 años, lo encontrarás al final del capítulo sobre los de 3 años. Los dos grupos de edad se combinan en un solo capítulo.
>
> También encontrarás algunos temas transversales como, por ejemplo, «Sentimientos», «Dormir» o «Autonomía». No es necesario que lo memorices ahora, ya te lo indicaré en los capítulos correspondientes.

Tal vez necesite que confíes un poco en mi criterio, ya que, como psicóloga, me fijo en el desarrollo completo de tu hijo. Aunque estés desesperado por saber cómo aprende tu hijo a quedarse quieto o a dejar el chupete, solo lo menciono de pasada o no lo menciono en absoluto en el capítulo correspondiente. ¿Por qué?

Como padre, es comprensible que te interesen especialmente los llamados problemas temporales. Estos problemas casi siempre surgen en el transcurso del desarrollo y luego vuelven a desaparecer sin consecuencias. Cuando tu hijo tenga más de un año, te costará recordar los problemas que tenía cuando tenía seis meses; simplemente, habrán desaparecido. En la historia de Álex conocerás muchos de estos problemas de desarrollo.

En este libro me centro en las cuestiones permanentes e importantes que tu hijo seguirá necesitando en la edad adulta, en lugar de en las temporales. Dado que retirarle a tu hijo el chupete solo te llevará un tiempo y luego nunca más tendrás que ocuparte de nuevo de ello, no lo menciono aquí. Sin embargo, asegurarse de que tu hijo desarrolla habilidades blandas como la empatía, el trabajo en equipo, la capacidad de resolver problemas y la iniciativa en esta etapa de tu vida será crucial para toda su vida. En eso nos centraremos.

Así que es posible que aquí también responda a preguntas que ni siquiera puedes plantearte a la edad de tu hijo, pero cuyas respuestas realmente deberías conocer.

He decidido no utilizar el género para no complicar la lectura. Todas las soluciones me parecían demasiado complejas para este libro, que lo que busca es simplificar las cosas. Todo el mundo está explícitamente incluido; por favor, inclúyete tú también.

Y ahora, ¡diviértete leyendo, descubriendo y probando cosas!

Guiar y seguir

Hay dos elementos básicos de la «crianza» que son siempre los mismos en todo el mundo. Sé que hay muchos consejos, conceptos y opiniones diferentes sobre el tema, así que me gustaría poner un poco de orden y explicarte en qué consisten estos dos elementos básicos.

La interacción es criar con diversión

Resulta muy interesante que muchos padres vean la interacción con sus hijos como algo hermoso, sobre todo cuando no hay ningún objetivo detrás. De este modo podemos involucrarnos en este mundo a menudo olvidado. Y es que la actitud positiva de los niños, su alegría por descubrir, su honestidad y su imaginación nos encantan y nos sirven de inspiración.

Sin embargo, en cuanto llamamos a esta interacción «crianza», inmediatamente nos parece más estresante. «Crianza» suele ser una concepto complicado en nuestra mente, una palabra que se asocia a una gran responsabilidad, miedos, deseos y objetivos.

En realidad, «crianza» es también interactuar con el niño a diario, solo que el factor diversión desaparece de repente. Nos centramos en un resultado muy lejano y nebuloso, y quizá nos perdemos el momento con nuestros hijos.

> Muchos conceptos de «crianza» —en mi opinión— a menudo te impiden disfrutar de estar con tu hijo y hacer que la vida con él sea más relajada momento a momento.

Por un lado, los conceptos proporcionan seguridad; uno tiene la sensación de que por fin sabe lo que tiene que hacer. En este sentido, es muy comprensible que los padres busquen conceptos de crianza. Por otro lado, causan mucho estrés ya que tienes que aprender el concepto y actuar conforme a él, y si no funciona o no te conviene en absoluto, entonces es otra fuente de malestar y estrés.

¿Cómo es desde el punto de vista del niño? Los niños reaccionan muy mal ante los conceptos y muy bien ante las personas reales. Es fácil de entender. Imagínate que tu pareja te tratara según un concepto, lo llamaré «Indirus». Tu pareja te dice con orgullo delante de ti que trabaja contigo según Indirus. Hay libros de Indirus en casa y cuando tu pareja tiene un conflicto contigo, por ejemplo, quiere que saques la basura más a menudo, entonces lo busca en este libro.

Te mira como si fueras un problema muy complicado e intenta aplicarte los diez principios del Indirus. Tenéis una discusión sobre sacar la basura, que tu pareja empieza con las amables palabras: «Entiendo perfectamente que la basura sea un problema para ti, probablemente tenga que ver con tu infancia, que también fue basura, pero lo que mí me preocupa es que…».

Su voz se torna completamente distinta, intenta ser algo que no es. Sus frases ya no suenan a él e interpreta algo en tu comportamiento que encaja con el concepto, pero que quizá no seas tú en absoluto.

¿Cómo te sentirías? ¿Quizás como si fueras un problema? ¿O un proyecto? ¿Quizás te gustaría que simplemente te viera como una persona, tal y como eres, con todas tus asperezas? ¿Y que también te tomara en serio como persona y se comprometiera contigo sin que un concepto se interpusiera entre vosotros?

Tal vez sea eso lo que tu hijo quiere también.

> Por este motivo, en este libro hablaré mucho más de interacción que de crianza. Por definición, la interacción es lo que, en mi opinión, debería ser idealmente la crianza de los hijos: influirse mutuamente estando en contacto real.

Una buena interacción requiere de conocimientos sobre desarrollo

En mi opinión, solo necesitas dos cosas: en primer lugar, conocer el desarrollo de tu hijo. Qué puede hacer tu hijo a qué edad y qué no.

Tu visión adulta del mundo ya es diferente, y este hecho da lugar a muchos malentendidos. Por ejemplo, tú ya conoces las rutinas de la vida cotidiana tan bien que puedes hacerlas con los ojos cerrados, pero tu hijo solo aprenderá cada paso con el tiempo y años.

Permíteme que te lo explique una vez más con el ejemplo de hacer la compra. Para ti, hacer la compra solo se divide en unos pocos pasos conscientes en tu cerebro: coger el carro de la compra, poner determinados productos en el carro, ir a la caja, hacer cola, pagar, meterlos en bolsas. Has aprendido a desconectar todos los demás estímulos para poder completar la tarea con eficacia. ¿Recuerdas la última canción que sonaba de fondo en el supermercado? Lo más probable es que solo sea así si la canción tenía un significado emocional para ti, porque entonces tu cerebro deja pasar la información y escuchas la canción conscientemente. Sin embargo, en general, estás concentrado en completar la tarea y todo lo demás supone una «distracción» para ti.

Para tu hijo, es una historia completamente distinta, porque él percibe principalmente detalles y su cerebro inmaduro no siempre es capaz de hacer ignorar algo para completar una tarea de forma selectiva.

El supermercado es una aventura emocionante con un carrito de la compra rodante que invita a subirse a él. Hay muchos colores y luces de neón, olores diferentes, calor en el rincón de los panecillos y frío en el armario refrigerador, envases coloridos y tentadores, música, anuncios por megafonía, pitidos en la caja y mucha gente con la que maravillarse.

Cuando paseas por el supermercado con tu hijo, ambas realidades chocan. Tu hijo está sobreestimulado por los diferentes estímulos y quiere esto y aquello. Tú, por otro lado, probablemente quieras terminar lo antes posible. Para colmo, a menudo tu hijo no tiene una tarea fija propia, así que tiene que permanecer callado y hacer lo menos posible. ¿Qué puede hacer aquí tu hijo y a qué edad? ¿Cómo puede sentirse más relajado?

Con este libro espero ofrecerte una visión general de lo que realmente puedes esperar de tu hijo y a qué edad, ya que este conocimiento es la base para que podáis trabajar juntos como un equipo.

Una buena interacción requiere de seguridad en el trato

En segundo lugar, deberías sentirte más seguro sobre *cómo* tratar a tu hijo, ya que los miedos y las inseguridades reducen considerablemente el factor diversión.

Las preguntas surgen constantemente cuando tratas con tu hijo: ¿Lo estoy haciendo todo bien? ¿Debo poner límites y ser coherente, o debo seguir sus necesidades? ¿Cuándo hago qué exactamente? Hay muchas respuestas diferentes a estas preguntas. Es lógico buscar respuestas que no dependan de una sola opinión o un solo concepto, de lo contrario te perderás en una confusa avalancha de planteamientos.

> Tras muchos años de experiencia práctica, me he dado cuenta de que la mejor manera de responder a la pregunta «¿Cómo debo interactuar con mi hijo?» es cambiar completamente de plano. Hay que observar la vida con niños a un nivel micro, descomponiendo la interacción en sus «átomos sociales», por así decirlo, para ver lo básico. ¿Qué ocurre realmente en la base?

¿Qué hacen automáticamente los adultos cuando están en contacto con niños? ¿Qué se puede observar cada día en la calle o en uno mismo? Tras décadas de análisis de interacciones en vídeo, se ha podido averiguar pequeños detalles que se observan siempre en las interacciones «exitosas» con los niños. Este método de videoanálisis se llama *Marte Meo* (derivado del latín, y significa «de la propia fuerza»).

En esencia, solo hay dos momentos diferentes en la vida con niños; *Marte Meo* utiliza los términos *seguir* y *guiar*.

Como ya he dicho, nadie ha inventado estos dos momentos; se pueden observar en todo el mundo. Corresponden al comportamiento natural e intuitivo de las personas cuando interactúan con sus bebés y niños. La interacción siempre sigue los mismos dos patrones. Veamos más de cerca estos dos momentos.

Momentos de seguimiento: tú sigues a tu hijo

Los momentos de seguimiento se llaman así porque tu labor consiste en seguir al niño. Surgen durante el juego y el descubrimiento. Tu hijo lleva la iniciativa en las situaciones de juego. Se deja llevar por sus impulsos y aprende a convertirlos en acciones. Este misterioso proceso está alimentado por la curiosidad y la alegría del descubrimiento. De repente, a tu hijo le fascina algo y quiere seguir explorándolo. Prueba lo que puede hacer con esa cosa y desarrolla actividades lúdicas cada vez más complejas a lo largo de los años. Tu única tarea aquí es crear oportunidades para que tu hijo explore, y acompañar este proceso verbalmente o con tu mera presencia. No tienes que hacer nada más. Simplemente, sigue las necesidades e ideas de tu hijo, porque él conoce el camino de su desarrollo mejor que tú. Intuitivamente, los niños saben exactamente cuál es el siguiente paso y qué «ejercicio» necesitan ahora para su desarrollo cerebral. Tú solamente tienes que quitarte de en medio, observar, acompañar verbalmente y hacer lo que tu hijo quiera.

Tu hijo también necesita que alguien le siga en lo que respecta a los sentimientos. Más adelante hablaremos de ello en detalle.

TU HIJO TE GUÍA A TI

Tu hijo pequeño, de solo 2 años, está sentado en el suelo. Tú estás sentado cerca, quizás ordenando calcetines. Tu hijo ha querido ayudarte con entusiasmo durante un rato y también ha ordenado algunos calcetines, pero solo durante muy poco tiempo, ya que a esta edad no pueden concentrarse durante tanto tiempo. Ahorasigue su siguiente impulso y coge un bloque de construcción rojo de la caja de juguetes. Tú le miras, quizás le sonríes y él te dice cariñosamente: «Sí, un bloque rojo». El niño lo coloca con cuidado encima de otro. Le dices: «Ponlo sobre el bloque verde». Tu hijo coge otro bloque y tú le dices amablemente: «¡Oh!, voy a poner un bloque azul encima». Y ya está. Tal vez sigas diciéndole a tu hijo lo que está haciendo exactamente durante un rato o, si está absorto en el juego, puede que no le digas nada más y te limites a estar callado pero presente.

¿Qué ha pasado aquí?

Por unos instantes, le has demostrado a tu hijo pequeño que le tienes en cuenta y que es una persona con buenas ideas. Puede percibirlo en tu voz y verlo en tu cara. Esto motiva a tu hijo a desarrollar más buenas ideas.

Le has mostrado la «dirección del desarrollo» de forma amistosa y relajada al nombrar lo que va bien. Esto es mucho más inteligente que no decir nada sobre las actividades lúdicas constructivas y únicamente reaccionar cuando hace algo que no quieres que haga, como tirar el bloque de construcción. Has reforzado con cariño lo que debe hacer y no lo que no debe hacer.

Es muy inteligente por tu parte, ya que eso lo hace todo mucho más fácil. Además, para tu hijo que le prestes atención por sus acciones sin que tenga que luchar por ello es todo un regalo.

También has fomentado otras habilidades porque le has dado a tu hijo palabras para lo que hace, palabras que necesita para su autoconciencia y el desarrollo del habla. Ahora sabe que es alguien que puede construir algo. En este breve momento, ha oído varias veces la palabra «bloque de construcción» y algunos nombres para los colores, en el momento perfecto en que está centrado en ello y puede absorber fácilmente la información.

Tu hijo pequeño tuvo un momento contigo en el que seguiste sus impulsos. Lo reconociste como un ser humano. ¡Maravilloso! Con estos breves momentos de seguimiento, has fomentado la autoestima, la iniciativa, el habla, la creatividad y el vínculo afectivo, todo ello en los pocos minutos que has dedicado a ordenar los calcetines. Eso es todo lo que tu hijo quiere de ti. Es así de sencillo.

Como se trata de un comportamiento natural, puede que te des cuenta de que lo haces automáticamente con tu hijo pequeño de vez en cuando. Esa es la buena noticia: ya estás apoyando a tu hijo de la mejor manera posible y no hace falta que hagas nada más. Con los niños mayores, el proceso es un poco diferente; hablaremos de ello más adelante.

Momentos de orientación: tú guías a tu hijo

Los momentos de orientación surgen en situaciones en las que hay tanto un objetivo como una secuencia. Tú ya conoces los pasos para llegar al objetivo, pero tu hijo aún tiene que aprenderlos. Son situaciones como vestirse, la higiene personal, cocinar, hacer la compra, las tareas domésticas, es decir, todo lo que hay que hacer en un orden determinado, porque si no, no tendría sentido. Normalmente, no es posible ponerse primero los zapatos y luego los pantalones, hay que hacerlo en un orden concreto.

La compra descrita anteriormente es un ejemplo de situación con un objetivo: necesitamos comida y esta tiene que llegar del supermercado a nuestra nevera. ¿Cómo funciona? Aquí hay un proceso claro y todo el mundo tiene que participar para que funcione. Pagar primero y poner después las cosas en el carrito no funciona, y cualquiera que haya jugado alguna vez a «hacer la compra» con un niño pequeño sabe que el niño tarda mucho tiempo en aprender realmente el proceso. En este caso, el niño necesita que le guíes, por lo que necesita momentos de orientación. La cuestión aquí no es si debes adoptar un enfoque autoritario, orientado a las necesidades o de otro tipo, o qué clase de «trucos» podrías emplear. En su lugar, la pregunta debería ser ¿Qué necesita tu hijo de ti para *poder cooperar correctamente?*

Como ya he dicho, tu hijo se fija en los detalles y aún no ve el conjunto. Al ir de compras, hay demasiados pasos intermedios como para que los niños pequeños puedan enfrentarse a una sola instrucción del tipo «ahora vamos a hacer la compra».

Tu labor consiste en dividir verbalmente la situación en pequeños pasos que tu hijo pueda seguirla. Como modelo de conducta, dices y muestras lo que hay que hacer en ese momento. Tan solo menciona el siguiente paso. A medida que tu hijo vaya creciendo, irás ampliando intuitivamente cada uno de los pasos porque te das cuenta de que ya tiene una mejor visión de conjunto.

De modo que eres como un guía turístico, que es el único que tiene visión de conjunto y sabe en qué etapas hay que dividir el viaje y lo que hay que hacer para que todos lleguen a su destino. De vez en cuando también hay que poner a los pasajeros en el buen camino, pero sobre todo hay que darles seguridad y orientarles sobre qué está pasando exactamente. Como guía turístico, irradias seguridad porque tienes la actitud interior de: «Conozco el camino. Sé lo que hay que hacer aquí. Ya sé hacer la compra».

Quizá tú seas incluso más que el guía turístico, al menos en los primeros años. Hasta la edad preescolar, eres alguien que sabe y puede hacerlo *todo* por tu hijo. Puedes vestir a la muñeca, ponerle todos los zapatos, hacer que el niño vuelva a sentir calor y puedes convertir por arte de magia las cosas amarillas y duras de un paquete en deliciosa pasta. Actúas como alguien que sabe lo que hace y que tiene la vida de su hijo bajo control. En los momentos de orientación, no preguntes a tu hijo cómo se supone que funciona esto; como mucho, puede decidir pequeñas cosas.

Solo entonces podrá seguirte de forma relajada sin necesidad de tomar las riendas en ningún momento. No dejes que se produzca un vacío al guiar, de lo contrario tu hijo tendrá que llenarlo él mismo y resulta muy estresante para todos los implicados. Cuando una persona guía sin tener una visión de conjunto, se hace difícil para todos.

Lo siguiente se aplica a todas las situaciones en la que se persigue un objetivo: irradiar una sensación de certeza, decir lo que va a ocurrir ahora, dividir la situación en muchos pasos pequeños y acompañar siempre al siguiente paso.

En los primeros años de vida de tu hijo, se trata en gran medida de acciones concretas y de ser un modelo a seguir; el lenguaje no es más que un accesorio para un niño muy pequeño. Más adelante, podrás guiarle mejor solo con el lenguaje, pero tu hijo no podrá hacerlo si tú no le enseñas cómo. No puedes esperar que tu hijo haga algo que tú mismo no haces. Tu ejemplo es más poderoso que cualquier otra cosa.

Así que, en todas las situaciones con un objetivo, tú estás al mando. No tienes que pensar en quién está al mando. Está decidido: eres el único que tiene una visión completa de la situación, así que estás al mando. La forma de guiar variará en función de la edad del niño, por ejemplo, hasta qué punto la codeterminación tiene sentido para tu hijo. Además, por supuesto, eres un líder muy inteligente que sabe cómo implicar a otras personas y qué esperar de ellas. Trataremos este tema con más detalle en los capítulos dedicados al desarrollo.

Se denominan *momentos* de orientación y *momentos* de seguimiento porque suelen ser momentos breves que se alternan entre sí. La mayoría de las situaciones contienen ambos momentos, pero se centran claramente en guiar o en seguir.

TU HIJO TE SIGUE

Normalmente enseño esto de forma muy específica en mis seminarios utilizando vídeos, pero aquí necesitamos tu imaginación. Imagina que vistes a un niño pequeño. Si descomponemos esta situación en sus «átomos sociales» (según el método *Marte Meo*), funciona así:

1. En primer lugar, hay que establecer un contacto amable con el niño, porque sin un buen contacto no se puede guiar. Esto se hace con todas las personas. Primero les observas, luego les miras a la cara, evalúas la situación y, preferiblemente, sonríes.

2. Luego empiezas de forma clara, la mayoría de la gente utiliza la palabra «ahora». Puedes echar un vistazo a tu vida cotidiana para ver con qué frecuencia dices «ahora» cada día. Estos «ahora» son inteligentes por tu parte, ya que intuitivamente dividen la compleja vida de los niños en pequeños pasos. Para su hijo, «ahora» significa que algo empieza.

3. Luego di exactamente lo que hacen tus manos. Mírate siempre las manos y di lo que están haciendo. Así sabrás exactamente qué información necesita tu hijo de ti en ese momento. Puedes decir: «Toma, yo cojo el zapato, dame el pie». El niño saca el pie (esto puede llevar un momento, ya que todavía procesa tus instrucciones muy lentamente), le pones el zapato y continúas acompañándole verbalmente con lo que estás haciendo. Como la capacidad de atención de los niños pequeños es muy breve, es posible que descubra la cremallera brillante y quiera mirarla más de cerca. Intuitivamente, te das cuenta de que se trata de un momento de seguimiento y dices: «¡Oh, qué brillante es!», y miráis juntos la cremallera durante unos segundos. Después de este (muy breve) momento de

> seguimiento, vuelve a centrar la atención de tu hijo en la tarea que está realizando y dile: «Ahora, aquí está el otro zapato. Mira, te lo acerco. Mete el pie, ¡genial!».
>
> **4.** Cada pequeña acción se concluye con una pequeña confirmación, como «bien», «genial», o «estupendo», o cualquiera que sea tu palabra para cerrar. Y ya está. De este modo, divides cada situación de orientación en pequeños detalles que tu hijo puede reconocer y poner en práctica.

Esto también se da en el día a día. Probablemente ya hace mucho que haces esto de forma automática y ni siquiera tienes que pensar en ello, porque se trata de habilidades completamente naturales. Sin embargo, debes volver a ser consciente de ello, porque estas habilidades intuitivas a veces se pierden debido al estrés. Tienes que proporcionarle una estructura; de lo contrario, tu hijo se perderá en este apasionante mundo con todas las impresiones en los primeros años. Tú estás a cargo de este pequeño mundo y esto le da a tu hijo seguridad y orientación.

Si tu hijo ha tenido demasiados momentos de orientación a lo largo del día, necesitará urgentemente espacio y ya no podrá cooperar. Si luego vais a hacer la compra o le pides otra cosa, no suele funcionar muy bien y puede acabar en rabietas o crisis. Tu hijo en esos momentos necesita urgentemente tiempo libre para jugar; quiere salir a la naturaleza o irse de casa, quiere mimos, recargar las pilas y vivir según sus propias necesidades durante un rato.

Si, por el contrario, hay demasiados momentos de seguimiento y muy pocos de orientación, entonces, curiosamente, suele surgir la insatisfacción en el niño. A muchos padres les resulta muy difícil comprender que el hecho de responder a todos los deseos del niño con gran amor y, a veces, incluso con sacrificio, puede provocar insatisfacción. En esos casos, los padres suelen hablar de «desagradecimiento» y se sienten decepcionados, pero en realidad lo que falta son solo los momentos de orientación.

> Los niños necesitan seguridad y orientación. Si no asumes tu papel en los momentos de orientación, fallarás como pareja en el baile social.

Compaginar la vida laboral y familiar con niños pequeños

Tu hijo busca un equilibrio entre momentos de orientación y momentos de juego, como todos nosotros. En el mundo de los adultos, estopodría compararse con «compaginar la vida laboral y familiar». En el caso de los niños, estos momentos son más breves. Si te observas a ti mismo a nivel micro, te darás cuenta de que después de cada fase de concentración, miras un momento por la ventana, te vas a otro sitio o incorporas inmediatamente momentos de juego más amplios como: «Ahora voy a por un café».

Cuanto más pequeño es el niño, menos momentos de orientación puede soportar de forma constante. Conciliar la vida laboral y familiar para los niños pequeños significa cooperar durante minutos o incluso segundos, pero luego siempre necesitan un momento de seguimiento en el que puedan relajarse en una agradable interacción contigo.

Ese es todo el secreto. Fíjate bien y averigua cuánto tiempo puede concentrarse tu hijo y cuándo necesita sin falta un momento de seguimiento para recuperarse.

> Solo necesitas estas dos herramientas para todas las interacciones: el conocimiento de la etapa de desarrollo y la decisión de si se trata de un momento de seguimiento o de un momento de orientación.

Si hay un objetivo, entonces tu orientación es necesaria. En este caso, dices exactamente lo que va a ocurrir en pequeños pasos, y en el otro caso, simplemente disfrutas de los impulsos lúdicos de tu hijo. Esto hace que el baile social entre tu hijo y tú sea divertido, todos guían, todos siguen.

Esta base es importante para que tu hijo se desarrolle bien. Todas las demás cuestiones se resuelven de forma muy individualizada en todo el mundo y tú puedes hacer las cosas como mejor te convenga a ti y a tu familia. Comer, dormir, a qué colegio ir, a qué escuela infantil, con qué tipo de familia, educación, aficiones... todo esto lo decides tú junto con tu hijo. Aquí no hay reglas sobre lo que es correcto e incorrecto.

Resumen

En esencia, solo hay dos momentos diferentes en la vida con niños: momentos de orientación y momentos de seguimiento. No tienes que preguntarte qué debes hacer, la situación lo dicta. En los momentos de orientación, guías; en los momentos de seguimiento, sigues.

Los **momentos de orientación** surgen en *todas las situaciones con un cierto orden y un objetivo*. Situaciones como vestirse, la higiene personal, hacer la compra, hacer manualidades (centrándose en el resultado), cocinar, ordenar o realizar las tareas domésticas. Todas tienen un objetivo y unos pasos a seguir.

Pregúntate a ti mismo: ¿Tengo un objetivo en este momento? Entonces tu hijo te necesita como guía. La cuestión nunca es *si* guías o *no*, sino *cómo* puedes hacerlo de forma adecuada a su edad. Tú eres el único que tiene una visión de conjunto, así que tienes que tomar la iniciativa.

En todos los momentos de orientación irradias la confianza de un guía turístico y desglosas la situación en sus detalles de forma que tu hijo pueda seguirte. En concreto, haces lo siguiente:

1. Primero, estableces un contacto amable con tu hijo, míralo.
2. Empieza de forma clara, quizá con la palabra «ahora».
3. Di exactamente lo que quieres que hagan sus manos o lo que quieres que haga tu hijo.
4. Termina el momento con unas palabras finales claras y amables.

Los **momentos de seguimiento** se producen en situaciones libres y sin objetivo, cuando tu hijo está jugando o descubriendo algo nuevo, y a veces también cuando tiene sensaciones. En esos momentos, debes seguir a tu hijo y refrenar tus propios impulsos. Simplemente, estás ahí y aprecias lo que hace tu hijo con tu presencia cariñosa, para que pueda ser él mismo. Con los niños pequeños, de vez en cuando se les dan palabras para lo que están haciendo, como «¡Ah! Estás cogiendo la piedra verde».

Después de la edad infantil, es posible que tu hijo quiera que asumas un papel en el juego. En cuanto tu hijo te lo pida, por supuesto que puedes hacerlo. Lo importante es que sea tu hijo el que lleve las riendas durante el juego y pueda seguir su propio y misterioso camino de desarrollo. De este modo, ayudas a tu hijo a desarrollar habilidades cruciales, las llamadas habilidades blandas.

> Los dos elementos de **guiar** y **seguir** no están aislados el uno del otro; también hay momentos del otro en ambas situaciones. La interacción es como un baile social en el que tú y tu hijo sois iguales, en el que a veces tú guías y otras veces lo hace tu hijo.

CÓMO… LOGRAR MOMENTOS DE FELICIDAD

¿Cómo se puede ser feliz con niños?

Antes de entrar en los capítulos dedicados al desarrollo, te recordaré cómo ser feliz con los niños. La mayoría de las familias quieren exactamente eso: simplemente ser felices. Y aunque todo el mundo lo desea, a menudo se pierde de vista en el día a día. Quizá te apetezca recordártelo de vez en cuando. Tu hijo no puede hacerte feliz, tenéis que hacerlo juntos, como se describe aquí:

«Felicidad» es una gran palabra y, si definimos la felicidad como un sentimiento, no es posible tenerla todo el tiempo. Llevamos dentro todo tipo de sentimientos y la felicidad va y viene al igual que todos los demás sentimientos. Así que llamémosla «momentos de felicidad»; quizás el objetivo podría ser reconocer momentos de felicidad en la vida cotidiana e incluso crearlos conscientemente. Como si de una medicina interna se tratara, así podríamos «llenarnos de felicidad» una y otra vez en la vida cotidiana.

Si buscas este tipo de felicidad, la felicidad que se puede experimentar en la vida cotidiana, tu hijo puede serte de buena ayuda. Y es que para este tipo de felicidad hay que volver a cambiar de nivel. Está en los detalles, en los sentidos, en la percepción.

> **Nadie puede «hacerte» feliz, ni siquiera tu hijo. Tienes que hacer este esfuerzo interior, esta decisión, esta apertura, este centrarte en ser feliz tú mismo. No obstante, tu hijo es un gran maestro.**

Si no intentas presionar a tu hijo todo el tiempo y hacer que se adapte al mundo de los adultos, con horarios y normas fijas e interminables tareas pendientes, entonces podrá enseñarte a ser feliz.

Fíjate en cómo tu hijo percibe el mundo. Con qué amor e interés descubre el hermoso escarabajo en la hoja. Con qué entusiasmo contempla la arena escurriéndose entre sus dedos o simplemente percibiendo, mirando y sintiendo. Sumérgete en un mundo sensual y entrégate por completo al momento. Mira, siente, aprende y escucha con atención.

Ríndete a la sensación de felicidad cuando tienes a tu hijo en brazos, siente el calor, la conexión y, por qué no, huele su cabeza o el pliegue de su cuello. Es el mejor olor del mundo. La felicidad tiene que ver con las experiencias sensoriales.

La mente se interpone en el camino de la felicidad, siempre está centrada en un objetivo o una tarea pendiente y quiere tener todo el mundo ordenado antes de permitirse la felicidad (*spoiler*: ni siquiera entonces).

> Así, tu hijo puede «hacerte» realmente feliz si te dejas ayudar para volver a percibir este mundo olvidado. Intenta buscar conscientemente esos momentos una y otra vez, detente en tu interior y obsérvalos. Cambia de nivel, observa los detalles al igual que hace tu hijo.

Si viajas demasiado en tu cabeza, asegúrate de volver a tu cuerpo. Solo allí es posible la felicidad. ¿Qué ves, hueles y escuchas? ¿Qué percibes con tus manos o bajo tus pies?

Observa a tu hijo, como si fuera un sismógrafo para «terremotos familiares»; él te mostrará exactamente lo que falla a este nivel. Si tu hijo está muy a menudo estresado, de mal humor, lloriqueando, triste, enfadado, entonces, además de las necesidades básicas, la razón es que tiene muy pocos momentos de felicidad. El mensaje número uno es: «Mamá, papá y todos los demás, no estamos disfrutando suficiente de la vida en este momento».

Este es un camino y un proceso mágico que tu hijo puede enseñarte poco a poco. Si te concentras en ello, la felicidad puede convertirse en un sentimiento permanente con variaciones ocasionales. Es posible que estos muchos momentos individuales de tu vida se entretejan en una especie de «alfombra de felicidad» sobre la que tú y tu familia podéis estar tranquilos y seguros.

TU BEBÉ

Uno de los consejos más importantes para el periodo del bebé: «Di lo que hacen tus manos»

Por favor, no compares demasiado a tu hijo con Álex. El desarrollo nunca es igual en cada niño. Es probable que tu hijo sea más lento en un área, más rápido en otra, que no muestre algunas cosas en absoluto, o que muestre otras con mucha más intensidad… todo eso es perfectamente normal. Tu hijo es único.

El desarrollo desde el nacimiento a los 6 meses

Pensamiento y juego

Llegar a este mundo es muy exigente, por eso Álex necesita tiempo. Sus padres parten con ventaja, ya que han podido prepararle durante todo el embarazo, mientras él aún estaba ocupado con cosas muy básicas, como el desarrollo de sus órganos y su crecimiento. La preparación ha generado cierta expectación entre los padres de Álex; después de ver muchas fotos de bebés, estaban preparados para un recién nacido hermoso, terso y sonriente, pero cuando Álex nació, estaba arrugado y parecía estar molesto por algo, además era introvertido. Pasarán semanas y meses antes de que pueda responder realmente a otras personas.

> Incluso la primera sonrisa real puede tardar hasta dos meses en aparecer, una dura prueba para los padres enamorados. Al fin y al cabo, quieren respuestas positivas; y que Álex les muestre lo que quiere y cómo pueden hacerle feliz. Sin embargo, por desgracia, su bebé no puede dárselo de inmediato.

Álex acaba de llegar de un mundo en el que todo estaba bañado por una luz suave y rojiza, los sonidos eran amortiguados y los movimientos ingrávidos. No había hambre ni ropa que le apretase y la gravedad no era un problema: su vida era un suave flotar en el agua. Hacia el final del embarazo, el espacio se hizo más reducido, pero esto llevó a crear en Álex una preferencia por el confinamiento y la estrechez. La transición a la luz brillante, los sonidos no filtrados y la lucha constante contra la gravedad son nuevos para él. Experimenta la humedad, el frío, el calor y la ropa desconocida en su piel.

¿Y qué demonios es esa sensación que te pellizca el estómago cada pocas horas y que le hace incluso gritar? Sus padres lo llaman «hambre» y a veces tiene que aguantarse un rato hasta que consigue comida. Ahora tiene que ocuparse él mismo de la ingesta de alimentos y chupar con esfuerzo. El recorrido de la comida por el cuerpo, con todas las sensaciones físicas que lo acompañan, también tiene que experimentarlo y sobrellevarlo.

La organización de los sentidos

Una de las primeras tareas del desarrollo de Álex es organizar sus sentidos. En los primeros meses ya oye bien, huele, saborea, toca y siente, pero no le resulta tan fácil con el sentido de la vista. Al principio ve a mamá y a papá como figuras borrosas, porque al principio de su vida solo puede ver con claridad a una distancia de unos tres centímetros y medio. Solo ve claramente la cara de su madre cuando ella le da el pecho o cuando se inclina sobre él. Su agudeza visual mejora rápidamente, pero sigue siendo una tarea difícil. Hasta que no vaya al colegio, Álex no podrá ver con la misma nitidez que un adulto.

En general, Álex tiene preferencia por las caras y le encanta cuando alguien le habla y le sonríe. Sin embargo, reaccionar por sí mismo sigue suponiendo un reto para Álex, que tiene que esforzarse mucho para que sus dos ojos enfoquen al mismo punto. A veces sus padres se dan cuenta de que un ojo tarda un poco más y se mueve bruscamente para mirarlos. El reconocimiento de los colores no funciona hasta pasados unos meses. En las primeras semanas, Álex solo distingue entre la luz y la oscuridad, por eso le encantan los contrastes fuertes de color, los reflejos luminosos, los objetos brillantes, las sombras en la pared y los contrastes en blanco y negro.

Su sentido del olfato está bien desarrollado, incluso reacciona a los olores con más intensidad que los adultos. Prefiere oler a mamá o papá, así que si sus padres no tienen tiempo de ducharse, eso no supone un problema para Álex. Le irritan más los perfumes, el jabón u otros olores artificiales.

Los cambios de temperatura también son difíciles para Álex. Cuando le trasladan, es un poco como si sus padres salieran de un cálido salón a un paisaje nevado de invierno.

La cosa se pone emocionante cuando el cerebro de Álex aprende a relacionar todas las percepciones diferentes en torno al tercer mes. Así, un sonajero no solo hace ruido, también puedes ver su forma y sentir su tacto, y todas estas cosas pertenecen al sonajero. Es evidente que una cosa así se compone de varios niveles que pueden experimentarse. Resulta de lo más interesante. A los tres meses, Álex gira la cabeza hacia el sonajero en cuanto lo oye.

Comprender el mundo a través del juego

Álex desarrollará su cerebro principalmente a través del juego. Durante las primeras ocho semanas descubre sus manos, y así comienza una nueva vida para él.

Al principio, todo son acciones aleatorias. Se tumba boca arriba, da patadas con los brazos y las piernas y, de repente, ¡una mano entra en su campo de visión! Esto le sorprende mucho porque es completamente inesperado. Sigue retorciéndose, la mano sale de su campo de visión y, como todavía no se da cuenta de que las cosas que no puede ver siguen ahí, no busca la mano. Sigue mirando tranquilamente hacia arriba, ¡hasta que la mano vuelve a aparecer! Pronto se da cuenta de que esta cosa extraña aparece más a menudo.

En un momento dado, Álex toca accidentalmente algo mientras se mueve. Al cabo de unas ocho semanas, se da cuenta de que puede influir en ello y, a partir de entonces, intenta hacerlo cada vez con más intención. Aprende las primeras conexiones entre causa y efecto: «Si choco con algo, pasa algo».

A los tres meses, Álex puede juntar conscientemente las manos en el centro. Antes de eso, seguía sin saber qué tenía que ver la mano izquierda con la derecha. Se da cuenta de que estas dos manos están siempre con él y que puede sujetar cosas con ellas.

A partir de los cuatro meses, la boca de Álex sustituye a los ojos. Primero se lleva un objeto a la boca. Lo palpa por todas partes con los labios y la lengua, y así se forma una imagen del objeto en su cabeza. También quiere saber a qué sabe, pero sobre todo qué aspecto tiene, y para ello utiliza sus sensibles órganos bucales.

Echa un vistazo a la habitación en la que te encuentres. Por cada cosa que ves, sabes qué sentirías si la lamieras. Puedes visualizar su forma, superficie, temperatura y sabor. Probablemente no explorabas todas estas cosas con la boca cuando eras bebé, pero aprendiste a formar patrones y luego a transferirlos. Por ejemplo, el marco de una puerta siempre es suave y ligeramente frío en la lengua, y lo mismo ocurre con una estantería que parece estar hecha de un material similar, por lo que no necesitas lamer ninguna de las dos cosas. Este es el tipo de experiencia que Álex está viviendo ahora mismo, está elaborando todo su mundo con la boca, las manos y los ojos.

En los próximos meses, Álex ampliará sus experimentos y pronto ya no se limitará a palpar un objeto con la boca, sino que lo examinará más exhaustivamente. Lo palpa, lo agita o lo tira. Así comprende las propiedades de las cosas. Ahora utiliza todos sus sentidos, por ejemplo, agitando un sonajero, deteniéndose y escuchando. Luego lo repite, ¿vuelve a sonar?

> Álex tiene que repetirlo muy a menudo hasta que su cerebro memoriza una conexión fija. Álex ganaría cualquier premio de ciencias por sus proyectos de investigación imparciales y exhaustivos.

A partir de todos sus experimentos, el cerebro de Álex va formando poco a poco una e «recuerdo», y aprende a reconocer objetos. La repetición es muy importante para él y lo seguirá siendo durante años. Su cerebro está trazado como una red ferroviaria a gran escala hacia todos los lugares del mundo, pero solo permanecerán a largo plazo las rutas que se utilicen con regularidad durante los próximos años.

La experiencia del tiempo

El sentido del tiempo de Álex es especialmente interesante en los primeros meses, ya que vive exclusivamente el momento. Los padres de Álex ya se han dado cuenta de que, desde que viven en el universo bebé-tiempo, les ocurren cosas extrañas en su percepción del tiempo. Por un lado, a veces el tiempo se hace interminable y cuando miran el reloj apenas pueden creer que solo hayan pasado diez minutos. Por otro lado, los días pasan volando y por la noche se sorprenden de que haya pasado otro día. Se preguntan cómo es posible hacer tan poco en un solo día y por qué se dejan tantas cosas sin hacer. Las nuevas tareas son eso, nuevas, y al igual que Álex, tardan meses en empezar a establecer rutinas. En este sentido, sus padres quizá puedan entender cómo se siente Álex en estos momentos. Mientras ellos luchan con horarios desacostumbrados para despertarse, lavados, contacto físico y porteo —desconocido para ellos hasta entonces—, así como rutinas nuevas y complicadas, y excreciones corporales inesperadas —las necesidades de Álex y sus tareas normales—, él está ocupado conociendo y familiarizándose con sus sentidos, sus manos, su entorno y sus sensaciones corporales. Ambas partes —bebé y padres— se enfrentan a nuevas y complejas tareas y necesitan paciencia.

Sentimientos y relaciones

Álex siente... bueno, en realidad no se conoce a sí mismo. No tiene sentimientos desde el principio, solo se desarrollan con el tiempo. Al principio, Álex se siente feliz o infeliz, oscila entre los dos. Su estado de ánimo puede cambiar muy rápidamente. Cuando algo le pellizca y aprieta, se muestra insatisfecho. Una vez todo vuelve a ser cálido y acogedor, se muestra contento. En las primeras semanas, aprende poco a poco a diferenciar entre necesidades como el hambre, el cansancio y otros estados.

Sus padres están desesperados por hacerle feliz, pero ellos mismos todavía se sienten inseguros e intentan adivinar sus deseos, sentimientos y necesidades. La pregunta que se le hace a menudo a Álex es: ¿Qué quieres de nosotros?

¿Qué quiere Álex? Aún no lo sabe exactamente. Está aprendiendo a diferenciar sus propios estados. De momento, Álex solo se siente incómodo, y así lo expresa. Hay buenas razones para la desazón e impotencia que a veces sienten los padres de Álex, porque él también lo siente. La tarea, a menudo irresoluble, es: ayúdame, pero no sé exactamente cómo y de qué manera. Adivinamos y probamos cosas juntos. Así que la pequeña familia primero tiene que conocerse en paz, y eso lleva tiempo. Es como cualquier relación nueva.

A Juan y Julia, los padres de Álex, les resulta especialmente difícil interpretar correctamente las necesidades de su bebé durante los primeros meses, ya que este aún no es capaz de ayudarles con palabras, lenguaje corporal o expresiones faciales. Como adultos, están acostumbrados a comunicarse mediante conversaciones o, al menos, expresiones faciales. Las expresiones faciales de Álex aún no se han desarrollado y todavía está muy lejos de utilizar las palabras.

> En los primeros meses, sus padres tienen que «leer» a Álex físicamente, por así decirlo, y solo pueden confiar en sus sentimientos y en los de él; se entienden «cuerpo a cuerpo», por así decirlo, y esto es nuevo y muy difícil para ellos.

Los sentimientos de Álex, que se desarrollan lentamente, se dividen entre dos personas. Al principio solo puede expresar sus sentimientos y luego necesita que un adulto le ayude a regularlos. Este reparto de papeles se mantendrá durante los primeros años. Julia y Juan le ayudan intuitivamente con sus sentimientos de forma muy generosa, le cogen en brazos, le acunan suavemente y hacen ruidos de pesar cuando expresa malestar. Esto es suficiente para Álex en la mayoría de los casos, solo que sus padres a menudo piensan que tienen que hacer más.

Álex va adquiriendo poco a poco experiencia en la vida. A los tres meses, ya puede expresar alegría, curiosidad, interés, atención, miedo, tristeza y sorpresa. Ahora percibe estos sentimientos físicamente, como se puede ver en sus expresiones faciales. Empieza a expresar sentimientos verbalmente, por ejemplo, gorjea y balbucea para sí mismo cuando está contento.

A los cinco meses, expresa su alegría riendo y chillando. También ha aprendido a enfadarse, lo cual es un paso importante. Ahora conoce mejor sus necesidades y puede utilizar la importante emoción del «enfado» para expresar que siente que no están cubiertas. Por ejemplo, protesta cuando, en su opinión, le quitan un objeto de forma totalmente injusta. Solo experimentando esos sentimientos puede empezar a aprender a manejarlos. Sin embargo, el tema de «cómo puedo calmarme» seguirá intrigando a Álex durante varios años.

Gritos

Al igual que su bebé, Juan y Julia están muy ocupados adaptándose a su nueva vida con sus muchas nuevas tareas. Solo se dan cuenta parcialmente de las difíciles tareas de desarrollo de Álex, ya que hasta ahora no ha sido capaz de comunicarlas bien al mundo exterior.

Sus padres quieren lo mejor para él, están bien informados y ya han leído mucho sobre el desarrollo temprano de los bebés. Saben que ahora su cerebro necesita estímulos. Por lo tanto, suelen suponer que su llanto se debe a una de estas dos razones: hambre o aburrimiento. Desde fuera parece aburrido, ya que Álex aún no puede hacer nada y depende de ayuda para todo. Se limita a estar tumbado o a que le lleven en brazos.

Pero Álex vive como en un *thriller* de ruidos repentinos, luces, olores, otras impresiones sensoriales, sensaciones corporales, cambios bruscos de posición y mucho más. Está constantemente ocupado intentando asimilar todo esto y está muy lejos de aburrirse en estos primeros meses. Si Álex le contara a un psicólogo todas sus tareas de desarrollo, inmediatamente le aconsejaría que buscara un mejor equilibrio entre la vida laboral y personal.

El principal problema de Álex en este momento es la sobreestimulación y no el aburrimiento. Como todavía no es capaz de filtrar, categorizar o bloquear sus percepciones, hasta una visita al supermercado supone mucho para él.

Uno de los primeros malentendidos surge entre Álex y sus padres. Estos responden a su llanto cada vez con más actividad. En general, la distracción puede funcionar bien con bebés mayores a partir de los seis meses, pero durante los primeros meses Álex todavía se siente abrumado por ella. Cuando se le distrae, intenta absorber el nuevo estímulo y solo se calma brevemente, ya que este método no es adecuado para reducir la tensión. Los frecuentes cambios de posición, primero tumbado sobre el hombro, luego en el brazo, luego en posición supina…, todo esto crea aún más tensión para Álex. Los cambios rápidos de posición son difíciles para Álex, si se le pone boca arriba y la cabeza solo cae ligeramente hacia atrás, de repente tiene la desagradable sensación de caerse, combinada con un susto (véase el reflejo de Moro, página 47).

A los padres de Álex les parece que mecerle le calma al menos un poco. Así que, comprensiblemente, lo utilizan como método tranquilizador cuando llora. Pero el balanceo excesivo hace que Álex entre en una especie de trance y le ofrece tantas percepciones que, aunque está tranquilo durante un breve periodo de tiempo, a la larga se sobreestimula todavía más.

Entonces los padres y el bebé acaban en un círculo vicioso; mecer y distraer a Álex le calma inmediatamente. Así que lo hacen más y más, lo cual tranquiliza a Álex brevemente, pero más tarde conduce a nuevos ataques de llanto. Es difícil percibir aquí una conexión directa porque a menudo se produce con un retraso temporal. Debido al efecto de habituación, los padres de Álex siempre tienen que idear nuevas medidas de distracción y balanceo más largas o complejas.

Álex no es un «bebé llorón», su llanto está dentro de los límites normales, pero los padres naturalmente quieren que pare cuanto antes. Quieren lo mejor para Álex y han leído que no se debe dejar llorar solo a un bebé. En su estrés, han pasado por alto la palabra «solo» y piensan que Álex no debe llorar. ¿Han hecho algo mal cuando Álex llora? ¿Acaso son malos padres? Se toman su llanto como algo personal. Quieren evitar que llore y se han encontrado con una tarea absolutamente imposible que les genera mucho estrés.

Álex utiliza el llanto para expresar necesidades como el hambre u otras molestias.

No obstante, existe otra razón. Al llorar, Álex se libera del estrés acumulado. Estrés que se remonta al pasado, tal vez relacionado con el procesamiento del nacimiento, con sus difíciles tareas de desarrollo o con una tarde repleta de citas y vistas.

Como a sus padres, le gustaría retirarse a un rincón tranquilo en el sofá después de un día estresante, acurrucarse bajo una manta y disfrutar de una taza de café o té caliente... No, a Álex le basta con un rincón tranquilo. Simplemente no quiere más estímulos mientras llora estresado, tan solo la cercanía física de alguien que le «escuche» y le deje llorar en paz hasta que se le pase. No quiere llorar solo, quiere a alguien con él.

Para los padres de Álex, sin embargo, esto es muy difícil de soportar, porque el llanto del bebé es fuerte, desenfrenado y a menudo parece dramático. Es ya una señal de alarma biológica y grita literalmente: «¡Haz algo ya!». Por tanto, los padres de Álex se sienten obligados a hacer algo y están desesperados por averiguar qué podría ser ese «algo» para Álex.

Acuden inmediatamente al pediatra para que les aclare si el llanto puede tener una causa física, lo cual es importante. No hallan ninguna, pero se informan sobre «cólico de los tres meses» y también oyen que se trata de una suposición anticuada. El pediatra les explica que, en la mayoría de los casos, el dolor de barriga es el resultado más que la causa del llanto y que este se resolverá por sí solo con el tiempo. Esto reconforta un poco a los padres, pero no les ayuda a «detener» el llanto.

Los padres de Álex son animados por su entorno a evitar el llanto a toda costa. Hay todo tipo de reacciones, desde consejos y trucos hasta acusaciones sutiles como «los padres relajados tienen hijos relajados». Finalmente acuden al fisioterapeuta, que también detecta cierta tensión física en Álex. El tratamiento parece sentarle bien a Álex, y los gritos disminuyen temporalmente. Pero no cesan del todo. ¿Qué le pasa a Álex?

> Nadie a su alrededor asume que llorar no es una catástrofe y que simplemente se puede permitir. Que es una expresión de sentimientos que hay que sentir. Nadie les aconseja que, una vez satisfechas las necesidades obvias y aclarado el dolor, Álex suele necesitar un rincón tranquilo en el sofá, una barriguita para que mamá o papá se tumben sobre ella, un sonido reconfortante de vez en cuando, unas manos suaves o unas palabras comprensivas.

Por encima de todo, simplemente, necesita tiempo y contacto, alguien que pueda capear el temporal con él hasta que Álex pueda relajarse de nuevo porque ha liberado su tensión. Dado que las emociones se transmiten muy deprisa entre las personas, sería maravilloso que sus padres respiraran con calma cuando su bebé llora. El bebé puede tranquilizarse más rápidamente si el entorno permanece tranquilo, como cualquier adulto. Sobre todo, necesita tiempo para liberar tensiones.

Julia y Juan no saben nada sobre este tipo de apoyo al llanto, pero acaban leyendo que todo lo que recuerda al embarazo calma al bebé en los primeros meses: la paz, la cercanía, el contacto físico. Los padres de Álex han tenido muy buenas experiencias con un fular portabebés. Es importante que lleven a Álex durante el día antes de que llore, de lo contrario no ayuda tanto.

Como la mayoría de los bebés, Álex llora muy poco durante la primera y segunda semanas de vida, y luego los tiempos de llanto aumentan cada vez más, sobre todo por la noche. El llanto alcanza su punto álgido a las seis semanas y luego vuelve a disminuir lentamente hasta reducirse de forma significativa a los tres meses. Juan y Julia se alegran mucho cuando el llanto se hace menos frecuente y prolongado.

Establecer contacto

A Álex le encantan las caras y el contacto visual. Se siente muy cómodo cuando está en estrecho contacto físico con una persona, preferiblemente cuando esta también se mueve.

Cuando ha aprendido a controlar los ojos y las manos y no está cansado, se agita con entusiasmo con todo el cuerpo cuando alguien le habla. Su forma de comunicarse lleva a Juan y Julia a hacer lo que ahora tiene sentido: hacen sus señales más claras. Le sonríen. Hablan más suave, despacio y con un tono de voz más agudo, levantan las cejas, repiten una y otra vez las mismas frases y las simplifican para su pequeño. También hacen pausas más largas para darle más tiempo entre frase y frase. Se adaptan intuitivamente a sus todavía bastante limitadas habilidades conversacionales para que, poco a poco, Álex pueda desarrollarlas cada vez más.

Aunque a Álex le entusiasma el contacto, al principio también le resulta agotador. Se cansa rápidamente y vuelve la mirada, o más tarde gira la cabeza. Como Julia y Juan no se cansan tan rápido, a menudo intentan llamar su atención de nuevo y ofrecerle algo nuevo y emocionante para restablecer el contacto. Esto suele funcionar, pero en realidad es demasiado para Álex. Los muchos estímulos simultáneos de miradas, luces, olores, ruidos, sentimientos y sensaciones físicas primero tienen que organizarse. Apartar la mirada es su señal para: «Gracias, ha sido maravilloso, pero ahora necesito un breve descanso, ya te avisaré cuando vuelva a estar en forma».

Como Álex no puede expresarlo, Julia y Juan a veces se sienten rechazados por él. Ni siquiera los mira, sino que desvía la mirada. Ellos están más familiarizados con las señales de los adultos y saben lo que significan: desviar la mirada significa desinterés, aburrimiento o incluso «eres muy pesado». ¿Significa eso que Álex no los quiere en absoluto? Álex aún no puede decir mucho al respecto, pero si tuviera un abogado, estaría en total desacuerdo y explicaría que su cliente tan solo provocó una breve interrupción del contacto por un cuestión de autoprotección.

Para Álex, el contacto durante este tiempo significa principalmente contacto físico, con algún contacto visual ocasional. Alrededor de las seis u ocho semanas, por fin es capaz de devolver las sonrisas. Mira las caras con mucho interés y aprende a leer las expresiones faciales. Para Álex no solo es agradable, sino también muy importante ver con frecuencia las caras de los adultos, ya que tiene que aprender qué hace cada uno de los músculos faciales cuando expresan determinadas emociones.

Unos meses más tarde, sus expresiones faciales son mucho más fáciles de interpretar para los adultos. A los cinco meses, también puede «saludar» a una persona moviéndose y pataleando. Cuando alguien que conoce quiere cogerle en brazos, estira los brazos hacia arriba por su propia voluntad. Ahora tolera el contacto durante más tiempo y a veces llora cuando es el adulto quien interrumpe primero el contacto.

Está empezando a entender la relación causa-efecto. Aun así, pasará mucho tiempo antes de que comprenda y pueda influir en el comportamiento de las personas.

> Por eso no le es posible manipular a la gente, porque eso requiere muchos conocimientos sobre las interrelaciones, y Álex aún no los tiene. Tampoco puede «imponer su voluntad» a los demás, porque aún no tiene voluntad, solo necesidades.

Desarrollar su propia voluntad es extremadamente complicado y le causará a Álex muchos problemas dentro de unos dos años.

Movimiento

Álex comienza a desarrollar su cuerpo. El desarrollo avanza de arriba abajo, primero la cabeza, luego los brazos y las manos y, por último, las piernas y los pies.

Álex dispone ahora de algunos reflejos útiles para que las cosas más importantes puedan seguir haciéndose de forma fiable. En cuanto algo le toca la mejilla, gira automáticamente la cabeza debido al reflejo de búsqueda; podría haber comida allí. El reflejo de succión también ayuda; si se le toca la zona de la boca, empieza a succionar.

Álex aún no tiene ningún control consciente sobre la reacción de sus pies. Si alguien le toca las plantas de los pies, separa los dedos, y si algo le toca las palmas de las manos, la mano se cierra. Al principio, no puede volver a abrirlas y se queda bloqueado, por así decirlo, hasta que el reflejo se libera.

El reflejo de Moro es a veces difícil para Álex porque está asociado a un sobresalto. En cuanto su cabeza cae hacia atrás o se produce un ruido fuerte y repentino o una luz brillante, se activa el reflejo de sobresalto; los brazos de Álex se disparan hacia arriba y hacia los lados. Aunque este reflejo tiene sentido para un bebé en caso de que tenga que agarrarse a su mamá durante una huida rápida provocada por una ataque, suele ser desagradable en la vida cotidiana durante los primeros meses. Después del susto, Álex tarda un poco en volver a calmarse, así que le gusta mucho que te asegures de que su cabeza está apoyada cuando le cojas o le pongas en el suelo, que se mantenga siempre delante de tu cuerpo y que le cojas por encima de tu costado o de tu barriga.

El ser humano es portador

Al principio, las piernas de Álex siguen dobladas hacia un lado y fuertemente flexionadas, una posición que parece muy incómoda para sus padres. En cuanto alguien le coge, se pone en una especie de cuclillas y abre las piernas porque espera estar colgado de una persona con las piernas separadas o sentarse activamente en la cadera de alguien más adelante. Por el momento, le resulta cómodo colgarse de un humano. Los instintos de Álex son ancestrales, no se da cuenta de que desde entonces se han inventado los cochecitos y que a los adultos les resulta más cómodo apartar a su hijo de ellos. Está en sintonía con el contacto físico y prefiere estar pegado a una persona activa que quizás haga las tareas domésticas con él y se dedique simplemente a su rutina diaria. Por supuesto, esto no tiene por qué ser todo el tiempo, sino de vez en cuando. Se siente muy seguro y disfruta del calor, la respiración, el olor, el movimiento y la cercanía de sus padres. Como si estuviera sentado en la parte trasera de una moto como pasajero, puede aprender a ir con el cuerpo, a aprender los movimientos pasivamente, por así decirlo, a hacer sus primeros movimientos compensatorios y a enfrentarse a los cambios de posición.

Julia y Juan han leído que es bueno para un niño que lo lleven en brazos de vez en cuando, pero como ellos mismos no fueron llevados en brazos de pequeños, sienten que el «asedio» físico puede ser a veces desagradable. Por eso también utilizan el cochecito cuando quieren disponer de su cuerpo para ellos solos. A Álex esto le irrita y reclama en voz alta sus expectativas. Algo en su interior sabe que el mejor lugar para él ahora es estar pegado a un adulto.

> No es tan importante como piensan los padres de Álex que siempre estén los dos solos. Álex suele ser lo suficientemente tolerante como para apegarse a otras personas. Lo principal es que sea una persona activa que le muestre cómo funciona la vida a través de sus movimientos cotidianos.

Cuando Álex tiene unos meses, Juan y Julia quieren enseñarle todo el mundo posible y empiezan a llevarle al contrario, es decir, de frente. Álex se entusiasma con ello y enseguida se tranquiliza cuando las múltiples impresiones vuelven a entusiasmarle. Mira y mira sin parar. Sin embargo, lo que le falta ahora es la capacidad de regular todas las impresiones por sí mismo. Cuando se ve bombardeado por demasiados estímulos, le gusta volver la cara hacia el pecho del adulto y tomarse un breve descanso. Se queda dormido o, al menos brevemente, mete la nariz en la camiseta de sus padres y respira su olor, pero ya no tiene esta opción. A los padres les resulta muy difícil comprender que las numerosas impresiones provocan un aumento del llanto por la noche debido a la sobrecarga sensorial.

Físicamente, llevar a Álex mirando hacia delante significa que ahora se sienta sobre una estrecha barra directamente sobre su delicado hueso púbico y que sus piernas cuelgan hacia los lados y apuntan ligeramente hacia delante. Esto crea una espalda hueca y cada paso ejerce presión sobre su columna vertebral. No es la «posición de escarabajo» fisiológicamente perfecta para la que Álex está biológicamente preparado.

Los padres de Álex no se percatan de nada de esto, su pequeño parece interesado y está mucho más tranquilo. Muchos padres lo hacen así. El propio Álex acepta casi todo como se le ofrece y todo está bien desde su punto de vista. Está felizmente unido a sus padres y disfruta de la vista.

Solo cuando se encuentran con su fisioterapeuta durante un paseo y esta les explica brevemente la estructura de la cadera de Álex, empiezan a llevarle de nuevo de cara hacia ellos. Durante los primeros días, Álex protesta, ya que se ha acostumbrado a los numerosos estímulos, y a Álex le gusta la sobrecarga sensorial total. Tiene que reajustarse y no se da cuenta de que menos es mejor para él. Pasarán años antes de que Álex pueda juzgar por sí mismo cuándo algo es demasiado para él. Siempre quiere lo máximo posible.

Álex ya hacía gimnasia en el vientre materno, así que ha practicado sus movimientos. Ahora tiene que aprender a imponerse a la gravedad. «Afirmarse» en el verdadero sentido de la palabra, porque empieza por la cabeza. En el primer mes, aprende a levantar brevemente la cabeza y a girarla.

Está tumbado boca arriba y siente su cuerpo lejos de él. A los tres meses, Álex consigue juntar las manos y se las lleva a la boca para explorarlas. Luego sigue pataleando y se da cuenta de que todavía hay algo ahí abajo. Cuando ha desarrollado algunos músculos del estómago, levanta las piernas y se da cuenta: ¡tiene rodillas! Sigue entrenando los músculos abdominales y, en un momento dado, sube los pies hasta la boca. Álex se asombra de que aún le queden más cosas por descubrir de su cuerpo; detrás de las rodillas sigue habiendo pies. También los explora con la boca. Su cuerpo gira hacia un lado mientras explora y Álex descubre que se puede dar la vuelta. Así que practica el darse la vuelta porque ve quehay algo detrás que quiere. ¿Cómo lo consigue? Al principio solo consigue la posición prona y no puede volver. Álex protesta y le vendría bien un poco de ayuda al principio para darse la vuelta. Lo mejor es sujetarle por el muslo para girarle. No obstante, necesita tumbarse en decúbito prono más a menudo y seguir practicando el apoyo para levantarse, ya que quiere subir. Quiere poder gatear y arrastrarse después de girarse.

Él resuelve las cosas a su propio ritmo y solo necesita la oportunidad de probarlas. Por ejemplo, si un adulto sienta activamente a Álex, él preferiría decir: «Gracias, eres muy amable, pero aún no he llegado a ese punto, por favor, déjame crear primero las condiciones para ello, ¿vale? Todavía tengo que entrenar los músculos abdominales para poder sostenerme y que no me duela tanto la espalda. Actualmente estoy trabajando en mis músculos abdominales; y ahora me estoy llevando de nuevo mis puños a la boca... y hacia arriba...».

Habla

La audición ya está desarrollada en el útero, y Álex puede distinguir su lengua materna de otras lenguas desde que nace.

Le gusta especialmente la voz humana. Cuando sus padres se inclinan sobre él y le hablan, chilla y arrulla con entusiasmo. Empiezan las primeras «conversaciones» con sus padres. Juan le dice algo, luego hace una pausa y Álex responde con arrullos, chillidos, patadas y expresiones faciales. Entonces Juan vuelve a decir algo o imita los sonidos. Álex responde y así todo el asunto va y viene alegremente. Álex también escucha atentamente cuando sus padres le explican lo que está pasando. Mira a Julia y a Juan, observa sus expresiones faciales y escucha atentamente la melodía de su discurso y el flujo de sonidos.

A partir de los tres meses, empieza a ensayar aún más el habla. Juan y Julia se asombran de todos los sonidos que produce Álex. Balbucea, tararea, gorjea, chilla, grita, arrulla y a veces «burbujea» con la lengua y los labios. Su «lengua» es ahora universal, y podría mantener una gran conversación con otros bebés de su edad de todo el mundo utilizando estos sonidos. A partir del quinto mes, Álex añade también a su repertorio los chasquidos y los siseos, hasta que por fin consigue sus primeras sílabas y pequeñas series de sílabas, que ahora se parecen cada vez más a su lengua materna. Prueba sílabas como «ba», «da», «ma», «pa» y «bububu» y así se prepara para las palabras de verdad.

Julia y Juan repiten a menudo pequeñas canciones y rimas infantiles que Álex asimila con entusiasmo. La entonación que usan sus padres le enseña mucho sobre el ritmo y la melodía del habla.

Lactancia

Julia se ha decidido por la lactancia materna. Ha leído mucho sobre el tema y no parece haber ningún experto que no piense que la lactancia materna es lo mejor para los bebés a todos los niveles. Después del parto, la matrona le enseñó a dar el pecho, pero estaba tan desorientada que no podía prestar atención a todos los detalles. ¿Cómo funcionaba exactamente? ¿No se soluciona todo solo?

Julia se inicia junto a Álex, pero al cabo de un rato empieza a dolerle el pecho. Al principio, Julia aprieta los dientes y aguanta; ya se le pasará. Sin embargo, cuando empeora, empieza a buscar una solución al problema porque no quiere dejar de dar el pecho tan pronto. Una amiga le aconseja que pregunte a la responsable de su grupo de mamás o que acuda a una asesora de lactancia para ahorrarse estrés. Aprende que dar el pecho nunca debe doler y que no tiene por qué «aguantar» nada, pero que puede deberse a pequeños errores al agarrarse. En el caso de Julia, se trata del ángulo correcto al agarrarse, para una de sus amigas se trata de poner más pecho en la boca del bebé; después de eso, la lactancia materna deja de suponer un problema y de causarle dolor a ambas.

Gracias al asesoramiento sobre lactancia materna, Julia se aferra a ella y aprende a valorar sus ventajas con el paso de los meses, ya que cada vez le resulta menos complicada. El misterioso proceso de la lactancia le fascina. Le asombra la idea de que su cuerpo produzca anticuerpos para Álex que aún no puede desarrollar por sí mismo.

> Le resulta cómodo no tener que preocuparse nunca por su alimentación. Su cuerpo y su bebé se comunican entre sí independientemente de ella y la cantidad de leche se ajusta automáticamente en cuanto Álex quiere más. Tampoco tiene que preocuparse por la bebida, ya se encarga de esto al mismo tiempo, una lactancia es tanto beber como comer.

A Julia también le gusta que la leche sea automáticamente aséptica y esté a la temperatura perfecta. Ella y Álex también se están convirtiendo poco a poco en un equipo perfecto por la noche.

A pesar de estas ventajas, Julia vive en una sociedad adaptada a las necesidades de los adultos, lo que ha creado algunas barreras a la lactancia materna. Hay pocos lugares fuera de casa donde pueda dar el pecho con tranquilidad y no todo el mundo acepta que esté atada a su bebé en los primeros días, ni siquiera ella misma, a veces le resulta estresante y quiere más libertad.

CÓMO... DAR EL PECHO

Mucho más que la mera ingesta de alimentos

En colaboración con Regine Gresens, matrona y asesora de lactancia materna de *Stillkinder*.

Para la naturaleza, la lactancia forma parte del paquete completo, porque el desarrollo del bebé aún no se ha completado al nacer, pero, ¿por qué es importante la lactancia materna?

En general, se sabe que es muy bueno para el vínculo afectivo que el bebé se alimente regularmente y se sacie en el cálido pecho de la madre. Un vínculo fuerte con una persona en primer lugar es una de las cosas más importantes para el niño, que se desarrolla casi incidentalmente durante la lactancia. Durante la lactancia, tanto la madre como el bebé liberan una maravillosa cantidad de oxitocina, la hormona del amor, los mimos y los vínculos afectivos.

No obstante, hay otro superpoder de la lactancia materna no es tan conocido. El bebé desarrolla su sistema inmunitario junto con su madre. En el vientre materno aún no puede hacerlo; solo encuentra agentes patógenos una vez entra en contacto con el medio ambiente. En cuanto lucha contra un agente patógeno, el cuerpo de la madre recibe información al respecto a través del estrecho contacto físico. Lo más probable es que el sistema inmunitario de la madre ya reconozca ese patógeno, produzca los anticuerpos perfectos en las horas siguientes y se los transmita a su bebé con la leche materna.

Reducir las enfermedades es una de las principales razones por las que la Organización Mundial de la Salud recomienda explícitamente seis meses de lactancia materna exclusiva.

También está a favor de continuar con la lactancia materna junto con alimentos complementarios hasta el segundo cumpleaños y más allá, durante todo el tiempo que madre e hijo deseen, aunque son muy pocos los que lo hacen. Para tu información: si quieres o tienes que llevar a tu hijo a la guardería antes de tiempo, seguir dándole el pecho parcialmente puede ayudarle a sobrevivir al infame primer invierno en la guardería con menos enfermedades, porque el cuerpo del niño puede seguir indicando al de la madre lo que necesita. Estadísticamente, los niños amamantados enferman con menos frecuencia, presentan síntomas menos graves y superan las enfermedades con mayor rapidez.

Naturalmente, esto no significa que todos los niños amamantados estén siempre sanos y todos los demás enfermen automáticamente. La lactancia materna simplemente ofrece un factor de protección especial para tu hijo y para ti.

La leche materna se adapta a las necesidades del bebé e incluso cambia en el transcurso de una sesión de lactancia a medida que se vacía el pecho. También se tiene en cuenta la hora del día. Por la noche, se «suministran» más ingredientes calmantes, y durante el día, más estimulantes.

El «supercóctel de leche materna» también contiene células madre maternas que pueden convertirse en cualquier tipo de célula corporal. ¿Necesita tu bebé células musculares, óseas o cerebrales? No hay problema, puede elegir. Los ingredientes de la leche materna están especialmente diseñados para optimizar el desarrollo del cerebro humano.

> Los bebés que toman el pecho no solo se desarrollan mejor en términos de salud, sino también de habilidades motoras y cognitivas, que es otra de las razones por las que se recomienda la lactancia materna. Las habilidades motoras de la boca se estimulan al succionar el pecho, lo cual es una buena preparación para el habla.

La lactancia ayuda a la madre a recuperarse más rápidamente de las consecuencias físicas del embarazo y, a largo plazo, protege contra enfermedades como la diabetes, el cáncer de mama y las enfermedades cardiovasculares.

Importante: la lactancia materna no es solo blanco o negro. La lactancia parcial o un periodo corto de lactancia también son valiosos para la madre y el niño. Cada gota de leche materna merece la pena.

Si no quieres perderte todas estas ventajas, pero tienes problemas para dar el pecho, pide ayuda a una asesora de lactancia desde el principio. En muchos casos, es solo un pequeño problema el que dificulta la lactancia y necesitas una solución personalizada. En cuanto te duela dar el pecho, debes actuar y encontrar la causa, porque la naturaleza ha querido que la lactancia sea una experiencia agradable para todos.

Sueño

¡A dormir! Juan y Julia solo quieren que Álex duerma bien. Pero las cosas resultan muy distintas de lo esperado ya que al principio tiene unas horas de sueño completamente caóticas.

Álex dormía de vez en cuando en el vientre de su madre, en pequeños ratos que nada tenían que ver con el día o la noche. Tenía una oscuridad casi constante: ¿cómo podía pensar que había diferencias? Así que Álex sigue inicialmente su ritmo prenatal y duerme de vez en cuando entre horas, repartidas de alguna manera en veinticuatro horas. Siempre se cansa rápidamente y prefiere dormirse en situaciones excitantes, cuando es demasiado para él. A veces solo está despierto diez minutos, y en ocasiones se retuerce mientras duerme debido a sus reflejos.

A los tres meses, las fases del sueño se alargan lentamente por la noche, ¡muy lentamente! Álex ha aprendido que parece haber diferencias, porque a veces está oscuro cuando se despierta. Sus padres se quedan tumbados. No le ofrecen cosas excitantes. Hay muchos menos ruidos y contactos cotidianos, todo es más tranquilo. No obstante, sigue teniendo hambre y necesitando que le cambien el pañal de vez en cuando, pero todo es diferente a lo que ocurre durante el día. No obstante, sigue repartiendo su necesidad de sueño entre el día y la noche, y a los cuatro meses sigue cansándose aproximadamente cada hora y media o dos horas. Esta fase es un poco más breve por las mañanas, y hacia la noche puede estar despierto durante un poco más de tiempo. Ahora se echa entre tres y cuatro siestas al día.

Álex tiene dos problemas para dormir que le mantendrán ocupado durante algún tiempo:

1. ¿Cómo consigo dormirme al principio?
2. ¿Cómo combino mis fases de sueño?

Todas las personas tienen varias fases de sueño. Los adultos también se despiertan varias veces durante la noche, pero ya han aprendido a conectar suavemente sus fases de sueño para no darse cuenta. Álex aún no puede hacerlo. Se despierta por la noche y comprueba: ¿Sigue todo despejado? ¿Tengo hambre? ¿Tengo demasiado frío o demasiado calor? ¿Estoy a salvo, o estoy aquí solo y el tigre dientes de sable podría venir a comerme en cualquier momento? Para Álex, estar solo no tiene nada que ver con el descanso y la relajación; a menudo lo encuentra muy amenazador. Le gusta tener a un adulto cerca, al menos quiere poder sentir su respiración, sus movimientos ocasionales y su olor.

Pasará un tiempo antes de que consiga calmarse y volver a dormirse. Juan y Julia pueden ayudarle, pero no tanto como creen.

> El comportamiento de Álex durante el sueño es individual y depende de los procesos de maduración de su cerebro. Los padres pueden apoyar algunas cosas, pero tienen que aceptar que no tienen ninguna influencia en muchas de ellas. Se requiere flexibilidad y mucha, mucha paciencia por su parte.

El desarrollo del sueño es muy diferente, algunos compañeros del grupo de bebés de Álex ya duermen «mejor» que Álex. Se duermen con más facilidad y permanecen dormidos más tiempo por la noche. Juan y Julia se sienten presionadas porque viven en una época en la que su entorno considera un éxito de la crianza que un bebé duerma bien. Les encantaría informar con orgullo de que su bebé ya duerme toda la noche, lo que parece una primera «prueba de rendimiento». Sin embargo, el sueño no es un objetivo de crianza. Como en todas las áreas, Álex tiene su propio ritmo individual. Esto se nota especialmente cuando se trata del sueño. Cuándo exactamente podrá gatear Álex no es tan importante para sus padres como que por fin pueda volver a dormir toda la noche.

Juan y Julia pueden ayudar a Álex desde el principio, enseñándole primero que hay una diferencia entre el día y la noche. Pueden encender algunas luces por la noche al cambiarle los pañales, ser más silencios y hacer muchas menos cosas en general. La regularidad y los rituales, por la noche y durante el día, le ayudan mucho, luego aprende a asociar el hecho de dormirse con determinadas señales. ¿Qué señales podrían anunciar claramente el inicio del sueño para Álex? ¿Y qué puede ayudarle a relajarse? ¿Cómo puede calmarse?

A Álex le ayuda estar al aire libre durante el día, preferiblemente envuelto en un fular, porque Álex duerme allí fácilmente y hace suficiente ejercicio.

Algo que también le ayuda es que sus padres reconozcan pronto sus signos de cansancio y le pongan a dormir. Álex bosteza o se frota los ojos y las orejas cuando está cansado. También puede ponerse de mal humor y llorar. Su cuerpo se vuelve un poco más flácido, tiene la mirada fija y vidriosa y ya no puede concentrarse en nada.

Resulta especialmente confuso para sus padres que Álex sea uno de esos bebés que no se vuelven menos activos cuando están cansados, sino que son especialmente activos cuando están cansados. Si Álex fuera mayor, dirían que está «agitado». Al principio, Juan y Julia pensaron que no había recibido suficientes estímulos. Así que le enseñaron cosas nuevas y emocionantes, hablaron con él, se rieron, hicieron tonterías o le llevaron a otro sitio donde hubiera algo interesante que ver de nuevo. ¡Era todo tan emocionante!

La curiosidad suele vencer al cansancio de Álex. Sería estúpido quedarse dormido cuando todavía tiene que averiguar qué es ese objeto. Es un poco como un adulto cansado que tiene que ver la siguiente publicación en las redes sociales... y la siguiente... y luego otra más.

Julia y Juan han descubierto que normalmente tienen que acostar a Álex mucho antes de que se «espabile». Hay que dormirse con suavidad para que Álex no esté demasiado estimulado, porque no se puede conciliar bien el sueño bajo tensión. No obstante, estar demasiado despierto tampoco es bueno, es difícil hallar el equilibrio para Julia y Juan.

No hay una única forma correcta, Julia y Juan tienen que trabajar con Álex para averiguar qué necesita Álex para aprender a dormirse solo.

Juan y Julia también piensan en cómo conseguir dormir lo suficiente. Julia empieza a acostarse durante el día en cuanto Álex se duerme, en la medida de lo posible. También preguntan a sus propios padres si podrían sacar a Álex a pasear de vez en cuando. Han comentado con el pediatra que la leche de biberón, la gran esperanza de muchos padres para dormir toda la noche, no supone ninguna diferencia objetiva. Por ello, Julia prefiere optimizar la lactancia materna. La cuna de colecho junto a la cama, por la que han optado, resulta práctica en este sentido y permite dar el pecho por la noche sin levantarse. Por la noche no cambian los pañales y a veces se los saltan. También han cambiado los pañales directamente en la cama para descansar lo máximo posible durante la noche. De este modo, pasan los meses mientras Álex sigue desarrollando su ritmo de sueño.

En un vistazo: desde el nacimiento a los 6 meses

Pensamiento y juego

Durante los primeros meses, Álex se dedica a organizar sus sentidos y, en particular, a dominar el sentido de la vista. Empieza a explorar su mundo; explora los objetos con la boca y mediante experimentos como sacudirlos o lanzarlos. De este modo, aprende las conexiones.

Sentimientos y relaciones

Álex aún no sabe exactamente lo que siente, y mucho menos lo que quiere. Con el paso de los meses, aprende a expresar sus sentimientos mediante expresiones faciales y sonidos, pero es incapaz de regularlos por sí mismo. El llanto expresa una necesidad, como «hambre», «cansancio», «fatiga», o «sobreestimulación»; o tal vez la razón está en el pasado y Álex alivia el estrés llorando.

A Álex le encanta el contacto. Durante los tres primeros meses, el contacto consiste principalmente en contacto físico y en que le lleven en brazos. A Álex le encantan las caras, las voces y «charlar». Cuando necesita un descanso, gira la cabeza hacia un lado.

Movimiento

El desarrollo de sus movimientos progresa de arriba abajo. Primero aprende a sostener la cabeza, luego a controlar los brazos y las manos. En algún momento, logra girarse por primera vez.

Habla

Álex comienza con sonidos universales y grita, chilla, tararea, arrulla y burbujea hasta llegar a las primeras sílabas individuales.

Sueño

Al principio, Álex aún no tiene ritmo de sueño, solo aprende lo que es el día y la noche en el transcurso de sus primeros meses de vida. Todavía hace varias siestas cortas al día y está cansado cada una o tres horas como máximo.

El desarrollo de los 6 a los 12 meses

Pensamiento y juego

Álex es un científico muy bueno. Quiere averiguarlo todo sobre su mundo con total receptividad, sin prejuicios, con entusiasmo y sin descanso. Nació con algunos conocimientos de física, como la gravedad. Sin embargo, en estos meses se está iniciando y adquiriendo sus conocimientos del mundo a través de experimentos.

¿Cómo se caen los objetos? Algunos hacen ruido en el suelo, otros no… ¡Interesante! Lanza un objeto y escucha… suena más fuerte en la cocina que en su cama. ¿Cuál es la diferencia?

Álex golpea una cuchara contra la mesa con interés y luego quiere probar con una taza o cualquier otra cosa que esté a su alcance. Lo hace muy a menudo y se da cuenta de que las cosas sólidas no atraviesan otras cosas sólidas por mucho que golpee. En cambio, las cosas líquidas atraviesan otras cosas, como el agua en su mano, que corre muy deprisa y a veces por todas partes. Así que... ¿de qué depende todo esto y cómo se puede influir en ello? Cuando pasa la mano por debajo del grifo del lavabo, de repente el agua va en una dirección completamente distinta. A veces un adulto empieza a hablar en voz alta y a buscar trapos. El suelo se moja de repente. ¿Tiene eso algo que ver con ella?

Álex necesita descubrir estas cosas para su desarrollo cerebral; forman la base para el resto de su vida. Sin estos experimentos, no podrá sacar más conclusiones ni moverse con soltura por el mundo. Sus vías cerebrales se conectan como locas, pero solo a través de sus acciones. Para que la red funcione correctamente tiene que «captar» cosas en el sentido estricto de la palabra.

A partir del séptimo mes utiliza más los ojos. Ahora mira un objeto con detalle desde todos los ángulos antes de tocarlo, tal vez frotarlo contra la superficie, golpearlo contra algo... y luego tirarlo. Cuando mamá o papá le dicen: «¡Deja de tirarlo!», se queda muy sorprendida y le encantaría poder decir que esto es absolutamente necesario para poder comprender y que no hay que perturbar su proceso de percepción intermodal.

También sigue utilizando la boca para explorar, ya que puede formarse una buena imagen espacial del objeto con la lengua y los labios. Y lo que es más emocionante, más tarde puede reconocer los objetos con los ojos una vez que los ha examinado con la boca.

A veces a sus padres esto les resulta agotador porque tienen que vigilar la higiene al mismo tiempo y se preguntan por qué Álex tiene que metérselo todo en la boca. A Álex le gustaría responder: «Eh, todo esto es nuevo para mí. Sigo explorando con la boca hasta los dieciocho meses, y también utilizo las manos para explorar. Al menos eso es lo que hace todo el mundo con las manos cuando descubre cosas nuevas. En todos los museos se ponen carteles que dicen "¡Por favor, no tocar!" porque el impulso de tocar cosas nuevas es muy fuerte».

> A través de sus experimentos, establece cada vez más conexiones a lo largo de los meses y su cerebro empieza a formar categorías. Así, hay personas, animales y objetos inanimados. De acuerdo. Entonces, si algo está vivo, se sabe porque también tiene olor y hace ruidos y se mueve. Vale. Entendido.

Para Álex, todo lo que tiene ruedas es un coche y todo lo que tiene cuatro patas es un perro. Sin embargo, mamá siempre llama Timmy al perro de la abuela, y Timmy ronronea y maúlla. Cuando ven a otro Timmy por la calle, mamá lo llama «gato». A menudo hay «gato», pero Timmy solo una vez. Mmm… demasiado complicado. ¿Qué relación hay? ¿Es «gato» una categoría propia y diferente a «perro»? Tendrá que investigarlo más a fondo y seguir diferenciando sus categorías con el tiempo.

¡Todo debe desaparecer!

En cuanto puede moverse rodando, revolcándose o arrastrándose, explora un radio mayor. Abre y cierra puertas, abre y cierra, abre y cierra… una y otra vez. Los cajones se abren y se cierran, se abren y se cierran… eso funciona de forma diferente a la puerta, aquí hay que empujar y tirar con fuerza. O pulsa un botón o un interruptor de la luz una y otra vez. ¿Tiene siempre el mismo efecto? Quiere entender el principio que hay detrás. Puede abrir el cubo de la basura con un botón, ¿puede hacer lo mismo con el cubo de los pañales? También retira libros de las estanterías, saca la ropa de los armarios o vacía cajones. Practica su motricidad y aprende las relaciones espaciales. Las cosas pueden estar dentro de otras cosas. Es muy emocionante. ¿Puede sacarlas? ¿Cómo funciona? ¿Y funciona así todos los días? Intenta sacar conclusiones de sus experimentos y sigue investigando incansablemente. Los experimentos hay que repetirlos muy a menudo hasta estar completamente seguro.

Juan y Julia han leído que despejar no tiene nada que ver con «desordenar» conscientemente. Le enseñan a Álex que después hay que volver a guardar las cosas, y Álex a veces consigue volver a guardar uno o dos objetos, pero a veces los vuelve a sacar inmediatamente después. No entiende el concepto. ¿Por qué importa que un objeto esté ahí o allá? ¿Y por qué deberían estar los objetos por ahí, si están ahí para que hagas algo con ellos, no? Si están por ahí, no pasa nada, así puedes practicar cómo llegar a algo que está detrás de otra cosa, por ejemplo. Entonces, ¿cuál es el problema?

> Álex, simplemente, nunca quiere «terminar» con nada y estar «tranquilamente y en paz», quiere estar haciendo algo todo el tiempo. Álex tiene que desarrollarse, su agenda está llena hasta los topes, apenas planea descansos. El desarrollo va viento en popa.

Para esta fase, los padres de Álex reorganizan un poco el piso, poniendo abajo todo lo que no es peligroso y arriba las cosas frágiles. Ahora hay cuencos, ollas, tapas de plástico, cucharas, revistas viejas, calcetines, ropa sucia y otras cosas emocionantes que Álex puede explorar.

¡Sigue ahí!

En algún momento de estos meses, Álex dio un paso decisivo que se conoce como «permanencia de los objetos».

> Ahora se da cuenta de que las cosas y las personas siguen ahí. Se trata de una habilidad importante.

Ya ha creado una imagen del objeto en su cabeza. Sabe qué buscar si el objeto desaparece de repente. Su memoria a corto plazo también está lo bastante desarrollada como para estar segura de que sigue en algún sitio, de que estaba allí. Julia pone a prueba esta capacidad colocando un trapo sobre un juguete y observando si Álex retira el trapo o si simplemente mira hacia otra parte con desinterés.

Para Álex, el juego no es todavía la invención imaginativa de historias con juguetes, sino que primero crea las condiciones para ello y explora su mundo. A veces descubre algo nuevo, completamente absorta en sí misma. Entonces se queda sola con ese objeto y juguetea con él. Es bueno que no tenga que interrumpir esto, porque son los comienzos de la «concentración» y de aprender a jugar sola.

> Álex también disfruta cuando un adulto le presta atención para que juegue. Puede concentrarse un poco más cuando tiene la atención del adulto. Y si luego oye la palabra del objeto que tiene en la mano, también aprende vocabulario sin esfuerzo, ¡genial!

Empieza a interesarse por los contenedores. ¿Cuánto cabe realmente en un recipiente de este tipo, tal vez una botella de plástico? ¿Cuándo se desborda? ¿Qué se puede meter en él y qué tiene una forma fija y no cabe? ¿Qué ocurre cuando agitas la botella? Quiere averiguar todas estas cosas.

Le gusta hacer ruido, golpear unas cosas contra otras o presionar la pelota chirriante. Ahora reconoce los sonidos y mira hacia la puerta cuando llaman, por ejemplo.

Ahora Álex también encuentra muy interesantes los espejos y a veces saluda amistosamente a la niña del espejo. Sin embargo, aún no entiende que la imagen del espejo la representa a ella. Todavía no tiene el concepto del «yo».

El juguete adecuado

Juan y Julia han descubierto qué juguetes son ahora útiles para el desarrollo de Álex y leen por todas partes lo importante que es esto o aquello para su desarrollo. Sus familias y amigos también quieren regalarle algo a Álex y pronto tiene bastantes cosas. Sus padres se sorprenden de que, a pesar de los anuncios de los fabricantes de juguetes, ella no se interese tanto por estos juguetes y, sobre todo, durante tanto tiempo como habían prometido, sino que encuentra mucho más emocionantes los objetos cotidianos.

El otro día, la tía Toni le regaló a Álex un juguete nuevo estupendo y solo le interesó la caja. Sus padres, avergonzados, intentaron que Álex se interesara por el juguete. Desgraciadamente fue en vano. La caja es un recipiente grande en el que Álex puede incluso meter la cabeza y luego se oscurece. Así, el mejor regalo es el de un amigo creativo que le regala a Álex una gran ensaladera amarilla, con cubiertos para servir. Álex puede usarla durante un tiempo, probarla y explorarla, y luego Juan y Julia podrán utilizarla en la cocina.

A Álex le interesan sobre todo las cosas que usan papá y mamá. Un teléfono móvil, una llave, un mando a distancia... parecen cosas que te ayudan a desenvolverte en la vida. Sus padres pueden hacer cosas emocionantes con ellas, como abrir una puerta. Es como magia, Álex también quiere aprenderla.

> Lo que más le gusta es participar en las tareas domésticas normales y poner las manos en uno de los objetos que se utilizan. Cuando Juan remueve algo en un cuenco, le gusta explorar la cuchara. Cuando Julia abre la puerta, quiere saber qué es una llave.

Si un objeto está prohibido, quiere una alternativa sensata. A menudo no es tan fácil para sus padres encontrar algo que Álex no reconozca inmediatamente como algo sin importancia con lo que no se puede hacer nada «real». ¿Cambiar el móvil por un aburrido anillo de madera? Olvídalo. Hace tiempo que entendió lo del anillo de madera. No se dejará engañar tan fácilmente en su camino hacia la vida. Al fin y al cabo, está haciendo el difícil trabajo de entender este mundo, así que puede exigir un apoyo razonable.

Para que Álex comprenda mejor este mundo todavía muy confuso, sus padres introducen rituales. Esto le ayuda a orientarse mejor. Ya tiene un poco de noción del tiempo y hace conexiones. Cuando suena la vajilla, sabe que es hora de comer. Julia y Juan se dan cuenta de que Álex está más tranquila cuando las cosas se hacen siempre en el mismo orden. Pronto se da cuenta de lo que viene después. A partir de los diez meses, por ejemplo, puede estirar el brazo o la mano para ayudar a cambiar pañales, y quiere hacerlo.

Sentimientos y relaciones

Las emociones son el motor del aprendizaje, sin ellas no hay desarrollo. Si Álex no fuera tan curiosa y estuviera tan llena de alegría por descubrir, no tendría motivos para desarrollar sus habilidades motrices, por ejemplo. ¿Por qué debería hacerlo? Estar tumbada también está bien. Sin embargo, como le gusta tanto explorar los juguetes que están a su alcance, aprende a moverse.

> Álex expresa ahora sentimientos como alegría, rechazo, enfado, tristeza, asombro, asco y miedo. Lo hace mediante expresiones faciales, sonidos, así como con su comportamiento. Sin embargo, solo puede expresar sentimientos, no regularlos, para ello necesita ser adulto.

No quiere que el adulto haga que los sentimientos desaparezcan rápidamente o los «controle». Los sentimientos solo quieren ser sentidos. A diferencia de muchos adultos, Álex sigue reconociéndolo. Solo quiere que alguien le diga cuál es el sentimiento, con frases sencillas como «Sí, estás triste» y luego, tal vez, hacer algunos sonidos de pesar y «llevar» el sentimiento con ella durante un rato. Eso es todo. Con los años, aprenderá a manejar los sentimientos de forma competente.

Afrontar la distancia y la proximidad

Álex también empieza a desarrollar miedos, como la famosa extrañeza, que puede referirse tanto a personas como a situaciones y objetos. Para Álex, lo primero que hay que hacer ante cualquier cosa nueva es acercarse a ella con precaución. Algunos de sus amigos de la misma edad son diferentes en este aspecto; dependiendo de su personalidad, son más atrevidos o más ansiosos en situaciones desconocidas. Álex suele tener miedo de los desconocidos y a veces se echa a llorar. En esos casos, una persona conocida es su refugio seguro. A veces se hace amiga de los extraños rápidamente, otras veces tarda un poco más. No tiene ni idea de lo que es la cortesía y ya ha insultado a la tía Toni, que se acercó a ella demasiado deprisa y al principio se llevó el rechazo de Álex. Su rechazo se debe sobre todo a detalles, como una tensión corporal desconocida, una voz diferente o un olor desconocido.

Álex cambia su distancia con los adultos en función del grado de familiaridad. Para nosotros, los adultos, la distancia de comodidad con otras personas es relativamente constante. Si alguien se nos acerca demasiado y no respeta esta distancia, enseguida nos sentimos incómodos.

> Álex, en cambio, puede cambiar su «distancia de seguridad» en cuestión de minutos. Se acurruca junto a adultos conocidos o se agarra a sus piernas, algo que los adultos no suelen hacer. Sin embargo, cuando conoce a alguien nuevo, a menudo quiere mantener primero la distancia, que a veces puede ser de muchos metros.

En general, siente mucha curiosidad por todo lo desconocido, pero también miedo. Cuando alguien se acerca a Álex, al principio se muestra curiosa, pero si ocurre demasiado rápido, aparta la cabeza. Esta es su señal de «Ahora estás demasiado cerca, no nos conocemos tan bien». Si el adulto retrocede un solo paso, ella vuelve inmediatamente la cabeza hacia él. Esto puede repetirse varias veces; un paso hacia delante y gira la cabeza hacia otro lado, un paso hacia atrás y vuelve a girar la cabeza hacia él. Entonces te das cuenta de que esta es tu distancia de seguridad para los próximos minutos. Para Álex es muy importante que se respete esto, sobre todo cuando está en brazos de alguien y no puede regular la distancia por sí misma. Al fin y al cabo, ella quiere contacto, pero se siente incómoda moviéndose demasiado rápido y demasiado cerca. Suelen bastar unos minutos para que su curiosidad la venza y se vuelva hacia el adulto y le encante el contacto con él.

Álex tiene ansiedad por separación. Se asusta mucho cuando su «cuidador» sale de la habitación, por ejemplo, y se queda sola. ¿Qué hacer si el tigre de dientes de sable aparece por la esquina?

Solo está a salvo si hay alguien presente que pueda cogerla rápidamente si es necesario y huir con ella. Aún no sabe que vive en un barrio sin tigres dientes de sable.

Esta ansiedad de separación es muy útil para su supervivencia. Ahora que explora su entorno, es importante que no se ponga en peligro por estar demasiado lejos de sus cuidadores. Ahora recibe información sobre cosas peligrosas simplemente estableciendo contacto visual. Si ocurre algo extraño que no puede clasificar, mira inmediatamente a mamá o papá. Si están completamente relajados y le dirigen una mirada alentadora, continuará, pero una mirada preocupada hará que se detenga o se vuelva más cautelosa.

Álex no solo aprende a leer el lenguaje corporal, sino también las caras de las personas. Es una habilidad muy importante para poder juzgar lo que ocurre realmente en su entorno. Será el timón de su vida.

Álex necesita personas que la miren, que muestren sus emociones y reflejen sus sentimientos, que mantengan el contacto visual con ella. Álex se confunde cuando sus padres tienen un móvil en la mano y lo miran. Entonces se le pone una expresión neutra y distraída en la cara, y como no ve ninguna relación con lo que tienen sus padres en las manos, lo relaciona consigo misma.

¿Ha hecho algo malo? ¿Por qué no hay respuesta de sus padres? ¿Por qué de repente se encuentra sola? Intenta varios métodos, como hacer ruidos, sonreír o incluso llorar, para poner fin a este estado de incomunicación tan desagradable para todos y volver a conectar con sus padres. No puede evaluar la situación, solo puede leer la cara.

¿Qué significa «no»?

Leyendo sus sentimientos, Álex se convierte poco a poco en una experta en las emociones de sus cuidadores durante estos meses y va conociendo sus preferencias y objetivos. Adquiere experiencia sobre lo que les parece bien y lo que no. Acariciar el pelo está bien. Tirarle del pelo, no.

> Para ella es útil recibir señales claras. Como el lenguaje todavía no significa mucho para ella, una frase larga y suave como «Escucha, eso no me apetece mucho ahora, pero entiendo que no lo haces con mala intención» no ayuda mucho.

Es evidente que ella no quiere ofender a nadie, pero le gustaría saber si esta acción es apropiada o no. Si no lo es, ¿es así todos los días? ¿Es una regla fija, como la gravedad? ¿Por qué a veces sí y a veces no, de qué depende? Cuanto más indiferente es la respuesta, más a menudo tiene que probarlo. Le resulta más fácil entender los cajones, donde fuera es siempre fuera y dentro es siempre dentro.

¿Y qué es esta palabra «no»? ¿Qué significa el «no»? ¿Se refiere a la pared, al enchufe, o la planta de al lado? El «no» aparece en muchas situaciones diferentes, incluso cuando quiere el gran cuchillo de pan de la cocina. Es difícil saber qué es el «no».

> Álex también está aprendiendo mucho más sobre las acciones. Que la aparten o le hagan un gesto con el dedo le ayudan a entender mucho mejor que las palabras sueltas. Entiende mejor el tono, la postura y las expresiones faciales.

Cuando entiende la palabra «no» a los nueve o diez meses, eso tampoco sirve de mucho. Suele hacerlo de todos modos, porque es muy difícil no hacer algo. Parar y detener el impulso sigue resultando algo casi imposible para Álex. A veces funciona durante muy poco tiempo, pero un poco más tarde lo hace de todos modos. El impulso es más fuerte que cualquier otra cosa.

Actualmente, Álex refleja las emociones de quienes la rodean. Por ejemplo, si un niño de su grupo empieza a llorar, ella llora con él. Si alguien se muestra agresivo con ella, también puede reaccionar de forma agresiva. Esto no está planeado, porque aún no puede planearlo. Simplemente reacciona a lo que encuentra y lo imita. Por eso, un «no» fuerte y agresivo puede hacer que vuelva a tirarse de los pelos, simplemente porque el ambiente es así y su interlocutor lo espera de ella, por así decirlo, y la mira mal. Reacciona a las expectativas de los adultos, si ellos suponen que se comportará de una determinada manera, probablemente lo hará.

A veces también intenta cambiar las emociones de la otra persona. Por ejemplo, si ha oído un «no» enfadado porque ha estado otra vez jugando con el enchufe, sonríe al adulto. Eso siempre funciona. Si ella sonríe, el adulto le devuelve la sonrisa; lleva probando esto desde que tenía ocho semanas. Entonces todo vuelve a ir bien y todo el mundo está de buen humor. Por desgracia, en este caso no parece funcionar tan bien, porque el adulto murmura algo así como «Mírala, ahora sonríe provocativamente, se nota que lo hace a propósito...».

> Álex aún no sabe provocar. Solo sigue impulsos espontáneos. Todavía está ocupada practicando cómo su cuerpo puede responder a sus impulsos.

El juego con amigos

¿Y sus amigos del jardín infancia? ¿Juega Álex con ellos? A Álex le encantan los otros niños, los observa con interés. A veces entra en contacto con ellos, gatea con ellos o golpean juntos las cucharas en la mesa. Sin embargo, todavía no tiene ni idea de los sentimientos, objetivos y necesidades de los demás niños. Sigue jugando sola. No es capaz de concentrarse en algo el tiempo suficiente para desarrollar juntos un juego más largo. Coordinarse con alguien sigue siendo demasiado difícil, así que juega sola o con un adulto. Le gusta jugar a juegos de dar y recibir o a juegos de cantar como «Pío, pío, pío hace el pollito». O le encantan los juegos de tirar, en los que ella tira algo y Juan o Julia lo vuelven a coger hasta que se cansan.

Movimiento

Álex pronto ha dominado el giro de la espalda a la barriga y viceversa y, después de deslizarse en círculos durante un rato, empieza a rodar o a arrastrarse a los siete meses. Tiene muchas ganas de moverse y desplazarse en una dirección determinada.

Juan y Julia la ponen boca abajo para jugar siempre que pueden, aunque Álex a veces refunfuña porque esta posición le resulta agotadora. La recompensa llega, ya que al octavo mes consigue sostenerse y quiere ponerse en posición cuadrúpeda. Se balancea hacia delante y hacia atrás sobre las manos y las rodillas y practica la distribución uniforme del peso. A veces va antes hacia atrás que hacia delante, lo que es muy frustrante, pero a los diez meses lo consigue. Atención: ¡Álex puede gatear! Al mismo tiempo, ha seguido practicando la posición sentada y por fin, a los diez meses, se sienta libremente sin apoyarse. ¡Tachán!

A lo largo de todos estos esfuerzos, no se ha desanimado por los fracasos.

> Álex sería bienvenida en cualquier seminario sobre dirección, porque puede hacer algo que a muchos adultos no se les da tan bien: fracasar para llegar a triunfar.

Ella sigue intentándolo a pesar de sus fracasos. Puede que primero tenga que probar un nuevo enfoque o volver a fortalecer sus músculos, pero rendirse no es una opción.

Por cierto, algunos de sus compañeros de su misma edad han elegido formas completamente distintas de desplazarse. No gatean, también pueden progresar maravillosamente durante meses deslizándose, rodando o incluso serpenteando, sin ningún problema.

Álex intenta subirse a todo tipo de cosas y no siempre se da cuenta de lo que puede y no puede sostener su peso. Pero por fin llega el momento; levanta una pierna desde la posición de rodillas, se impulsa hacia arriba y se pone de pie. Todavía temblorosa y bajita, ¡pero de pie! El camino de vuelta le sigue costando un poco, así que a menudo se deja caer sobre las nalgas, lo que no le supone ningún problema. Sus padres están un poco preocupados por si se cae e intentan ayudarla o se colocan detrás de Álex, listos para cogerla en cualquier momento. Aquí es donde Álex podría darse la vuelta y decir muy sabiamente: «Eres muy amable, gracias, pero por favor, déjame cometer mis propios errores. Caerse está bien. Si haces algo por mí, no aprenderé nada. La gravedad es mi mejor maestra, siempre es la misma y puedo orientarme por ella. Caerme solo me demuestra que no puedo hacerlo así y que tengo que probar otra cosa».

Al mismo tiempo, ella sigue practicando con las manos. El «agarre de pinza» es lo siguiente, utiliza el pulgar y el índice para recoger pequeñas cosas del suelo, migas o pelusas. ¿Cuánta presión debe ejercer para recogerlo sin aplastarlo? ¿Cómo puede apuntar con precisión a la miga? Para ello, su ojo y su mano tienen que trabajar bien conjuntamente. Mete el dedo en los agujeros, taladra los panecillos y practica con los dedos.

Les sigue gustando llevar a Álex en la vida cotidiana, aunque ahora prefieren utilizar un portabebés en lugar de un fular. Les resulta práctico para hacer las tareas domésticas y beneficioso para el desarrollo de Álex.

Juan y Julia tuvieron que hacer grandes cambios. Su hija se movía cada vez más y tuvieron que asegurar el piso para que Álex no se hiciera daño. Saben que aún no pueden educar a Álex, porque para eso hace falta comprender su propio comportamiento y eso aún está muy lejos para Álex.

CÓMO... PORTEAR

Descubrir el mundo mientras te llevan

En colaboración con Frauke Ludwig, asesora en porteo de bebés y fundadora de *Einfach Eltern.*

Portear es realmente significativo, porque estimula todos los sentidos; un paseo ejemplar es probablemente la mejor manera de demostrarlo.

Se lleva al bebé en un portabebés o en un fular portabebés (sistema táctil: siente sus límites). La mamá tiene un poco de prisa porque tiene una cita con una amiga. El bebé imita los movimientos de la mamá a través del arnés fijo, pero a veces tiene que contrarrestar y compensar un poco (sistema cinestésico: aquí recibe automáticamente nuevos estímulos a través de la presión, la tracción y el movimiento de su aparato muscular).

Mamá y su amiga pasan por delante de un puesto de gofres (estímulo olfativo), a cuyo olor ella no puede resistirse. Cuando va a pagar, se le cae accidentalmente la cartera al suelo. Se agacha para recogerla mientras su bebé compensa sus movimientos (sistema vestibular, sentido del equilibrio).

Sigue caminando con el gofre mientras el bebé chupa el fular (estímulo gustativo). De repente suenan sirenas de policía (estímulo auditivo). La madre permanece tranquila, el bebé puede tranquilizarse a sí mismo a través de su tranquila tensión corporal, la cual le indica que no hay peligro. Mira a su madre (estímulo visual), que le tapa las orejas para protegerle y le asegura que todo va bien. El bebé vuelve a acurrucarse junto a su madre (sistema táctil). Durante todo este tiempo, el sistema visceral también funciona a toda velocidad. Los receptores de los órganos sensoriales envían sus impulsos al cerebro para que este los analice.

Como ya se ha dicho, los humanos somos biológicamente portadores de bebés. Los instintos y reflejos de un bebé están totalmente adaptados a que lo lleven en brazos. Por este motivo, no tenemos que preocuparnos de malcriar a nuestros pequeños llevándolos demasiado o por el hecho de que pueda ser perjudicial para su espalda o la nuestra. Todo lo contrario:

> Si porteamos cómodamente y hemos colocado el fular o el portabebés de forma que ni el bebé se desplome ni nosotros tengamos que adoptar una postura de equilibrio, no solo el bebé hace ejercicio durante el camino, sino también nosotros.

Es recomendable buscar el portabebés o fular adecuado porque es como encontrar un par de vaqueros: tenemos que encontrar el que nos guste, nos siente de maravilla y nos quede bien. Si no estás segura, un asesor en porteo puede ayudarte a encontrar la mejor solución para ti y tu bebé.

Habla

A Álex le parece maravilloso que los adultos le hablen con frases sencillas y le expliquen sus acciones en pequeños pasos. Escucha con atención y le encanta la voz humana. Las «conversaciones» con los adultos le parecen estupendas. Coge sílabas como «ba», «ga», «bu» y produce con entusiasmo «monólogos» que hacen sonreír a Julia y Juan. Cuando necesita un descanso del contacto para digerir toda esta información, se aparta activamente.

Álex enseguida es capaz de entender su nombre. También reconoce los nombres de los objetos de su entorno y lo demuestra mirándolos.

Se las arregla misteriosamente para dividir este torrente interminable de sonidos en palabras y frases individuales y, de vez en cuando, les encuentra sentido. Las repeticiones y pausas en el habla le ayudan a hacerlo.

A partir de los diez meses, puede entender instrucciones muy breves y sencillas, como «Dame la pelota». Sin embargo, esto solo es posible si la situación y el lenguaje corporal de Julia y Juan le ayudan y hay una pelota por ahí. Si está de pie en el cuarto de baño cuando dice esto, resulta muy difícil. Tiene que captar la situación con todos sus sentidos, verla y sentirla, y luego también entender algunas palabras. Las frases largas todavía no significan nada para Álex.

Las palabras «mamá» y «papá» se adaptan muy bien a sus meses de práctica con las monosílabas, porque aquí simplemente hay que doblarlas. «¡Mamá, mamá, mamá!». Cuando en algún momento se menciona la palabra «mamá» o «papá», la persona en cuestión suele reaccionar con gran entusiasmo y se siente muy halagada. Repite las palabras «¡Yupi, mami!», sonriendo y repitiéndosela varias veces; así es como Álex aprende la palabra.

Hacia el final de su primer año, Álex recopila vocabulario con diligencia, quiere saber los nombres de todas las cosas y personas que la rodean y mantiene largos monólogos balbuceantes. Empieza a aprender palabras sueltas a su manera. Agua se convierte en «aba», y zapato en «ato».

Ahora también utiliza gestos, como decir adiós con la mano. Esto puede dar lugar a escenas divertidas como la siguiente: está del brazo de mamá cuando pasa una vecina. Álex sigue atentamente todas las conversaciones e intenta averiguar cuándo es el momento de despedirse y cuándo de saludar. Interpreta el lenguaje corporal de su madre y, como desgraciadamente no tiene ganas de hablar con la vecina en ese momento y está buscando la manera de marcharse, Álex saluda de repente en medio de la conversación. Se irrita porque los dos adultos empiezan a reírse.

Sueño

Álex ha desarrollado un ritmo diurno y nocturno y ya ha dormido toda la noche varias veces. Julia y Juan saben ahora que «dormir toda la noche» significa que Álex duerme entre cinco y seis horas seguidas.

Durante la segunda mitad de la noche, duerme más inquieta y se despierta más a menudo.

De alguna manera, suponían que Álex dormiría relajadamente doce horas por la noche, preferiblemente desde las ocho de la tarde hasta las ocho de la mañana, pero eso no ocurre. Álex sigue repartiendo su necesidad de sueño a lo largo de todo el día. Sin embargo, se ha adaptado bien a una fase de sueño más larga por la noche y a dos o tres siestas durante el día. Puede estar despierta entre dos y tres horas antes de volver a cansarse.

Los rituales le ayudan mucho, pero cualquier cambio de ritmo —ya sea debido a la dentición u otras alteraciones— puede estropearlo todo.

> Cuando se acuesta más tarde, no suele dormir más; es como si tuviera *jet lag*: todo se mezcla y Álex duerme mucho peor.

¡No es tan fácil desarrollar un ritmo de sueño! Álex tiene que aprender a rendirse al sueño y a sentirse segura y relajada.

Alrededor de los ocho meses, Juan y Julia se preocupan brevemente porque Álex se golpea rítmicamente la cabeza contra el duro borde de la cama antes de dormirse. Sus padres asocian este comportamiento a problemas graves, pero a esta edad no es así. Álex solo busca formas de calmarse e intenta todo tipo de cosas. Al poco tiempo, Álex se da cuenta de que esto tampoco funciona. Juan y Julia pueden ayudarla con la autorregulación, pero no tanto como ellos creen (ver «Los dos problemas de Álex para dormir», página 55).

En un vistazo: de los 6 a los 12 meses

Pensamiento y juego

Álex aprende por ensayo y error cómo se comportan las cosas y si existen conexiones. Mira los objetos, se los lleva a la boca, los gira o los golpea contra algo y los lanza para entender sus propiedades. Practica cosas como abrir y cerrar, encender y apagar, apagar y encender y se interesa por objetos que también utilizan sus padres, preferentemente utensilios de cocina. Empieza a clasificar cosas como «coches» y «animales».

ÁLEX Y LA PELOTA:
Álex se ha dado cuenta de que
una pelota es lisa y redonda.

Sentimientos y relaciones

Álex puede expresar casi todos sus sentimientos, pero aún no es capaz de regularlos por sí misma. A veces se siente extraña con personas y situaciones nuevas y tiene ansiedad por separación. Le encanta el contacto y está aprendiendo a leer las caras y los sentimientos de los que la rodean. También experimenta por primera vez las prohibiciones y necesita claridad para entenderlas. Sin embargo, rara vez consigue cumplir las prohibiciones.

Movimiento

Durante estos meses, Álex practica el gateo y, más adelante, la reptación. Al mismo tiempo, se sienta y agarra incluso cosas muy pequeñas, como migas. Empieza a moverse y, hacia el final del año, se sube sola a las cosas hasta que puede ponerse de pie.

Habla

A Álex le encanta «hablar» y le encantan las conversaciones. Hace cadenas silábicas como «Mamá, mamá». Recoge vocabulario con diligencia y hacia el final del año pronuncia sus primeras palabras muy sencillas, que cambia para adaptarlas a sus capacidades «ato» para «zapato» o «aba» para «agua».

Sueño

El ritmo día-noche se ha desarrollado todavía más; a veces Álex duerme ahora de cinco a seis horas durante toda la noche. Álex y sus padres siguen jugando a detectives y buscando lo que ella necesita para poder dormirse y permanecer dormida por sí sola.

¿Qué es importante para los padres durante el primer año de vida?

Si aún no sabes exactamente qué son los momentos de orientación y de seguimiento, vuelve a leer el resumen de la página 29. Básicamente, solo hay una pregunta en la vida con bebés y niños: «En esa situación, ¿necesita mi hijo que le guíe o que le siga?».

Momentos de orientación con bebés

Como has visto con Álex, la primera vez es muy confusa y desafiante para los bebés y pueden necesitar mucha orientación.

Sin embargo, ¿cómo guiar a un niño tan pequeño? Tu bebé quiere algunas cosas de ti en estos primeros días, y una de las más importantes es la seguridad. «Crear seguridad» es una palabra grande y abstracta, y ni siquiera sabes cómo debería ser concretamente. Afortunadamente, hay formas muy prácticas de hacerlo.

> Cuando cojas a tu bebé en brazos para cambiarle el pañal, dile exactamente lo que vas a hacer. Tu bebé está ocupado con cosas completamente distintas, internas, y agradece mucho que le des información con frases como «ahora voy a levantarte».

Si, además, en las primeras semanas te aseguras de apoyar bien la cabeza de tu hijo o de cogerle de lado para que el reflejo de Moro, a menudo desagradable, no le asuste, entonces ya habrás creado un importante momento de seguridad. La vida se compone precisamente de esto, de muchos pequeños momentos.

Cuando le cambies los pañales, puedes contarle lo que está pasando en pasos muy pequeños, como se describe en el resumen del capítulo dos. «Ahora desabrocho el *body*..., ahora limpio».

> Una de las frases más importantes para los padres es: «Di lo que hacen tus manos».

Tu bebé intenta establecer conexiones y dar sentido y estructura a esta vida extraña. Quiere reconocer procesos y orientarse. Puedes ayudarle mucho poniendo palabras a lo que haces. Si estás bañando, vistiendo o cambiándole los pañales a tu bebé, o cualquier otra cosa que hagas con él, díselo. Mírate las manos y dile lo que están haciendo.

Hay una diferencia entre que tu bebé experimente a menudo que alguien le agarra la nariz inesperadamente desde arriba y se la limpia, y que se lo digas respetuosamente: «Mira, necesito tocarte la nariz un momento... espera, quédate quieto... listo, genial». Esta es la mejor manera de que tu bebé aprenda a confiar en ti y a trabajar bien contigo más adelante.

Por supuesto, aún no entienden muchas palabras, pero sí comprenden que algo nuevo les está ocurriendo y pueden aprender poco a poco a predecir lo que va a pasar. Tú te vuelves predecible para tu hijo, lo que genera relajación, confianza y seguridad.

Especialmente en los primeros meses, tu bebé tiene que aprender a enfrentarse a los estresantes cambios de temperatura, los cambios bruscos, las funciones corporales desconocidas, los ruidos, los olores, el ruido y la luz brillante. Con preparación, todo esto será más fácil para tu bebé.

> Si quieres, también puedes ser un guía inteligente y ajustar el ritmo de tus acciones. El cerebro de tu bebé aún no está tan bien conectado y los estímulos tardarán mucho más en hacer el complicado recorrido por las vías neuronales.

De hecho, puedes anunciar cambios especialmente importantes, como coger a tu bebé en brazos, y luego contar 1... 2... y 3 antes de actuar, porque tu voz y las palabras solo llegan realmente a tu bebé al cabo de unos segundos.

Las rutinas constantes son importantes para la seguridad y la comprensión del mundo. Tu bebé está aprendiendo a establecer conexiones y si se da cuenta de que siempre le das de comer y le cambias primero y luego le acuestas y apagas la luz, pronto será capaz de anticipar las rutinas y relajarse. Acabará aprendiendo las rutinas, pero probablemente tarde más de lo que te gustaría. Se necesita mucha repetición.

> Otra cosa que tu bebé quiere de ti es: menos. Una regla general podría ser: si es terriblemente aburrido para ti, entonces es perfecto para tu bebé, ya que tu bebé todavía percibe los estímulos sin filtrar.

Fíjate en la cantidad de estímulos que tú filtras cuando vas de compras, por ejemplo. Oyes la música, hueles los olores, el pitido de la caja registradora, el frío de la estantería refrigerada, el colorido de las verduras, los estados de ánimo, la chaqueta de piel... puedes percibir todo esto, pero también puedes bloquearlo. Puedes decidirlo hasta cierto punto. Tu bebé es consciente de todo al mismo tiempo y con toda su fuerza. Necesita que seas un buen gestor de estímulos.

Si puedes, intenta no tener demasiadas citas y actividades en un mismo día, al menos durante los primeros meses. Tu bebé aún está ocupado con sus cosas internas y su autoorganización.

A medida que pasen los meses, podrás ir conociendo a tu bebé y observarlo más de cerca. ¿Qué tipo de personalidad tiene tu bebé? ¿Agarra cada nueva oferta con entusiasmo y está deseoso por conocerlo y experimentarlo todo? ¿Se sobreexige y luego llora por la noche por exceso de estimulación? ¿O tienes un bebé «sin complicaciones» que simplemente se duerme o desconecta en cuanto todo es demasiado para él y se protege así?

> Tan solo hacen falta unos meses —como en cualquier relación— para descubrir esto y mucho más. Disfruta del emocionante proceso de conocer a tu bebé como persona.

Como buen guía, tendrás en cuenta la personalidad de tu hijo y verás si necesita mucha protección o si puede soportar bien muchos estímulos.

¿Cómo puedo calmar a mi bebé?

Todo lo que te recuerda a la época en el vientre materno ayuda a calmar a tu bebé, sobre todo en los tres primeros meses: la cercanía, el porteo, el calor. Sí, incluso la estrechez. Le gusta estar «acurrucado» con la espalda encorvada, igual que en el vientre materno. Eso le tranquiliza. En general, los bebés porteados de vez en cuando lloran menos que los demás. Sin embargo, esto no funciona si empiezas a llevar al bebé cuando ya está llorando; es mejor que empieces a llevarlo a primera hora del día. ¿Quizá prefieras dejar la compra en el cochecito y llevar al bebé sobre tu cuerpo? Incluso puedes disfrutar haciendo las tareas domésticas con el bebé en el portabebés, por ejemplo. En cuanto el bebé se duerma, podrás descansar.

Echemos un vistazo rápido a las necesidades de tu bebé para que no tengas que pensar demasiado en lo que le gustaría:

Hay ciertas *necesidades básicas*:

- ¿Tiene hambre o sed?
- ¿Hace demasiado calor o demasiado frío o está húmedo?
- ¿Está cansado y necesita descansar?
- ¿Necesita cercanía y contacto humano?
- ¿Lleva ya un rato sobre tu cuerpo?
- ¿Quizás tenga un dolor agudo?

También existen las llamadas *necesidades de desarrollo*, que se dan sobre todo en los tres primeros meses: descanso, resonancia contigo y contacto físico. Entre los tres y los seis meses se añaden la experimentación con cosas, el contacto visual y hablar contigo. A partir de los seis meses, el abanico de necesidades se amplía: la experimentación se complementa con el movimiento propio para alcanzar cosas. El ritmo y la estructura también son una necesidad para la mayoría de los bebés. Eso es todo. Eso es todo lo que tienes que pensar para la vida de tu bebé.

La necesidad de dormir se pierde rápidamente en la vida cotidiana porque nuestro ritmo de sueño es muy diferente. Tu bebé volverá a estar cansado al cabo de una a tres horas; y durante las primeras semanas, a veces después de solo diez minutos.

¿Qué necesidades tienes tú de sueño, descanso y tiempo para ti mismo?

Te hago una petición, porque esta necesidad a menudo se pasa por alto: **encuentra a otras personas. Crea una red cuanto antes.** Activa a tu familia si puedes y si quieren tener un bebé. Si no es posible, recurre a profesionales y canguros. En Alemania tenemos un sistema de apoyo muy amplio que muy pocos padres conocen o aprovechan. Las matronas de familia pueden apoyarte hasta un año y medio después del parto, hay voluntarios en *Wellcome*, centros de padres e hijos, agencias de «abuelas de alquiler», centros de asesoramiento, innumerables cursos, cafés para padres y mucho más. Si no quieres todo esto, empieza a crear tu propia red de padres. Intercambia ideas, busca a otras personas y encuentra apoyo.

Sin duda, tu bebé está acostumbrado a que lo cuiden otras personas. Siempre hemos vivido en tribus o familias numerosas, siempre había varios adultos cuidando de un bebé. Es posible que hayas oído la frase «hace falta un pueblo para criar a un niño». En el mundo occidental hemos tenido durante muchos años la creencia firme y opuesta de que «un niño pertenece a la madre» y por eso nos causamos tanto estrés innecesario. En mis cursos *online* recibo muchas preguntas de madresangustiadas sobre si unas horas de separación perjudicarán el vínculo con el bebé. Me gustaría decir una vez más y con toda claridad: no, beneficiará a todos. A partir de ahora, construye un pueblo feliz para tu familia.

Si te sientes estresada, aún más. Los sentimientos de estrés son normales en esta fase. Busca un alivio específico y persistente, aunque parezca difícil. ¿Dónde puedes crear pequeños oasis? ¿A qué puedes renunciar, posponer o dejar fuera de tu rutina diaria? Esta es solo una fase de tu vida, en retrospectiva te parecerá muy corta. No siempre será así, aunque a veces lo parezca.

Tal vez habrás visto con Álex en qué punto de su desarrollo se encuentra el niño y que se ocupa de cosas muy básicas.

Para ponerlo en términos concretos: tu bebé no puede manipularte. Ni siquiera un niño superdotado puede pensar lo suficiente como para manipularte. Solo experimenta todos los estados emocionales y reacciona ante ellos, por eso llora más a menudo en situaciones estresantes para ti. Muchas personas tienen entonces pensamientos como «era evidente que el bebé también se iba a poner a llorar ahora; lo hace a propósito, quiere fastidiarme». Son pensamientos completamente normales, pero surgen en un cerebro adulto. Puede que sea así con tu vecino, pero no con tu bebé. Así que es mejor observar con sinceridad los estados de ánimo que te rodean.

> Tu bebé es una especie de sismógrafo emocional y te muestra con fiabilidad lo que realmente está pasando.

Esto no tiene por qué estresarte, no significa que siempre tengas que estar de buen humor. Esa es una tarea imposible y superflua; déjate llevar. Todos los sentimientos están bien.

¿Cómo puedo cambiar las cosas?

A veces querrás cambiar cosas, como tu patrón de sueño, y espero que utilices este libro para ver si es posible desde el punto de vista del desarrollo. Si llegas a la conclusión de que es posible, entonces necesitas otro requisito previo. Yo dirigí grupos de bebés durante algunos años y cuando una madre (sí, por desgracia solo eran madres) se me acercaba con un deseo de cambio en la vida de su bebé, yo solía hacerle la misma pregunta: «¿Quién quiere ese cambio? ¿Y por qué lo quiere?». Muy a menudo se trataba de mamás que habían oído, leído o pensado por sí mismas que un determinado comportamiento «debería» producirse en ese momento.

Sin embargo, a tu bebé no le interesa lo que «debería» ser o lo que tú piensas. No tiene acceso a pensamientos, ideas, opiniones o conceptos. Solo cuando hay una necesidad real, un deseo tangible de cambio en ti o en tu pareja o en el propio bebé, entonces tienes posibilidades de que funcione. Además, para que se produzca el cambio, hay que tener paciencia. El bebé tiene que volver a aprender, y eso puede llevar algún tiempo.

¿Cómo puedo crear un buen vínculo?

Ya lo hemos mencionado y seguro que lo has oído antes: es muy importante crear un buen vínculo con tu bebé ahora. Sí, es cierto, pero no es algo que deba preocuparte. No tengo ni idea de por qué tantos padres se preocupan por crear un buen vínculo. Me temo que con el tiempo los expertos hemos hecho que todo el mundo se sienta inseguro y de alguna manera lo hemos convertido en un problema.

El vínculo afectivo se produce por sí solo a través de las rutinas e interacciones diarias con tu hijo. Se trata de los pequeños detalles, y la palabra «vínculo» no tiene por qué asustarte. Di lo que hacen tus manos para que tu bebé confíe en ti y se sienta seguro. Llévalo en brazos de vez en cuando. Míralo con cariño más a menudo. Tu bebé ganará confianza en ti y se dará cuenta de que le proporcionas seguridad y protección cuando lo alimentas, lo calientas y le hablas más a menudo. Verás que es casi imposible que no hagas esto con tu bebé. Lo haces automáticamente.

Momentos de seguimiento con los bebés

El vínculo afectivo también surge de los momentos posteriores, surge del paquete completo de ambos momentos, por así decirlo.

> No solo le hablas a tu bebé, tu bebé también te habla a ti. Espera y verás. El vínculo se crea en silencio, no tanto durante la acción.

En el cerebro del bebé suceden muchas cosas mientras espera, mientras tú simplemente estás ahí. Tu presencia es suficiente.

Con el paso de los meses, se desarrollan cada vez más «conversaciones» entre vosotros. Tú dices algo, tu bebé responde con sonidos y tú escuchas. Luego imitas los sonidos del bebé, que responde con otros sonidos, y así sucesivamente, como en una conversación de verdad. Es muy inteligente por tu parte imitar los sonidos de tu bebé; esto es, el comienzo del habla. Tu bebé tiene entonces la sensación: «¡Genial, ya puedo hablar, haré más de eso! Parece que es la dirección es la correcta». Las palabras pueden desarrollarse lentamente a partir de esto. Esto es tan divertido que automáticamente se desarrolla otra cosa importante entre vosotros: diversión. La alegría, la risa y la diversión son valiosísimas.

> Si tuviera un solo consejo para los padres, este sería: ¡Que haya diversión! Tu hijo no querrá mucho más de ti, dado que en la diversión hay inherente mucho amor. Eso basta para una vida infantil feliz.

¿Cómo afronto los sentimientos desagradables?

Muchos padres creen que tienen que «deshacerse» de toda sensación desagradable y a veces desarrollan métodos extremadamente extenuantes para conseguirlo. Es normal y comprensible, porque es muy, muy difícil aguantar el llanto de un bebé.

Quizás puedas recordarte a ti misma que todo el mundo tiene momentos de enfado, tristeza o estrés cada día y tu bebé no es una excepción.

Simplemente quiere que se le permita sentir esos sentimientos, quiere todo el espectro.

> **Tu bebé también libera estrés llorando y gritando. Es un proceso lógico.**

Si te es posible no dejar solo al bebé mientras llora, estupendo, pero no te exijas demasiado. Es como la máscara de oxígeno de un avión: ¿por qué vas a ponértela antes que a tu hijo? Tú eres el ayudante, así que primero necesitas el oxígeno. De lo contrario, pronto no quedará nadie para ayudar. Si te sientes abrumada en este momento, haz todo lo que pueda suponer «oxígeno» para ti ahora. Si se trata de poner a tu bebé en un lugar seguro y salir un momento a respirar, hazlo. Probablemente ya habrás leído que corres el riesgo de poner en peligro la vida de tu bebé si le tocas o le sacudes demasiado fuerte en un momento de estrés. Si el estrés es excesivo, aléjate y haz algo por ti misma. Si tú te tranquilizas un poco, esto también puede ayudar a tu bebé; los sentimientos se transmiten.

Un consejo práctico: varios padres ya me han dicho que los auriculares con cancelación de ruido les permiten acompañar el llanto.

Sin embargo, es y sigue siendo difícil, sobre todo porque muy pocos adultos tuvimos un buen apoyo para llorar cuando éramos bebés. Si tienes más de diez años, es muy probable que el llanto no fuera acompañado de amor y aceptación cuando eras bebé. Simplemente, la gente aún no era consciente de ello. Por lo tanto, es muy posible que tus propios sentimientos, muy antiguos, se desencadenen cuando lloras y de repente te encuentres con dos bebés, por así decirlo, y te sientas perdida por dentro. Eso sería absolutamente normal.

Como psicólogo, Thomas Harms ha realizado un gran trabajo en el campo del llanto de los bebés durante los últimos veinte años y ha creado una red europea de «asesores del llanto» competentes con sus «primeros auxilios emocionales». En internet, si buscas *emotionelle-erste-hilfe.org* puedes encontrar un asesor que te ayude durante unas horas y dé lecciones de forma muy práctica. Encontrarás sus libros en el anexo.

¿Cómo puedo crear momentos compartidos?

Los momentos de seguimiento más frecuentes se producen durante el juego. Durante este tiempo, el juego es más una exploración; hay que explorar los juguetes antes de jugar con ellos. También necesitas menosde lo que probablemente ya tienes en la guardería porque a toda la gente cariñosa le gusta regalar cosas a tu bebé. En realidad, en un hogar no se necesita nada extra. Tu bebé experimentará diferentes colores y texturas cuando esté tumbado o jugando sobre una manta de lana, sobre un suelo liso o sobre una sábana. Quiere explorar cosas, así que un sonajero puede tener sentido por los sonidos, pero por lo demás, todas las cosas emocionantes que se encuentran en un hogar servirán. Desde cucharas y ollas hasta latas y cajas, la cocina en particular es un tesoro para los bebés. Deja que tu bebé lo pruebe todo a su ritmo y dale espacio y tiempo para explorar las cosas. Él encontrará su propio camino, tú no tienes que hacer nada.

> Sería maravilloso que pudieras prestarle atención de vez en cuando mientras juega. Obsérvalo, entra en su apasionante mundo, donde cada momento se saborea al máximo y se exploran cosas nuevas a cada minuto.

Es estupendo entrar en la visión del mundo de tu hijo. Además, tú también puedes descubrir el mundo de nuevo. No dudes en dedicarle unas palabras. Dile lo que está haciendo, para que tenga la sensación de estar haciendo algo importante y correcto y aprenda las palabras de cada objeto. «Sí, estás agitando el sonajero». Eso es lo único que tienes que hacer aquí; tu hijo siempre buscará los retos que necesita para dar el siguiente paso en su desarrollo. No lo olvides: todo es solo una fase que tu bebé superará.

Por favor, date tiempo para crecer en tu nuevo papel y darle forma a tu manera. Simplemente lleva tiempo. De hecho, se necesita mucho menos de lo que crees. La mayor parte del desarrollo de tu bebé lo haces tú sola y eres espectadora, acompañante y gestora del entorno.

DORMIR DURANTE LA INFANCIA TEMPRANA

Un bebé empieza con muchas pequeñas siestas repartidas a lo largo de las veinticuatro horas del día. Poco a poco, las fases de sueño nocturno se alargan, luego durante el día son tres, más tarde dos y después solo una siesta diurna. Muchos niños cambian a una sola siesta diurna en torno a los dieciocho meses, hasta que a los dos o tres años solo duermen por la noche.

Antes de dormirse, se reactiva la necesidad de apego de tu hijo, porque dormirse es una situación de separación para él. Estar solo sigue siendo amenazador. ¿Qué pasa si el tigre dientes de sable aparece a la vuelta de la esquina? Tu hijo también ha desarrollado la conciencia de que mamá y papá pueden irse de verdad.

Para muchas familias, la cama familiar resuelve el problema de conciliar el sueño por la noche. Al despertarse, el niño comprueba repetidamente que todo está bien en el entorno, y la cercanía, el calor, la respiración y el olor familiar de los padres ayudan mucho. Desde el punto de vista del niño, dormir solo no ofrece ninguna ventaja.

Si no puedes dormir del todo cuando tu hijo está tumbado a tu lado, una cama familiar no es práctica. Una cama baja en otra habitación puede ayudar a tu hijo a dormirse contigo y, si es necesario, a decidir por sí mismo si quiere acompañarte a tu dormitorio por la noche. El hecho de poder cambiar de situación por sí mismo en caso necesario suele ser muy útil para el niño.

De vez en cuando se producen alteraciones nocturnas debidas a enfermedades, cambios en el ritmo circadiano, pesadillas, terrores nocturnos o monstruos debajo de la cama. El sueño en los primeros años suele ser una montaña rusa con altibajos. La adaptación a la guardería y otros cambios en la vida, como una mudanza o nuevos miedos, también pueden influir enormemente en el comportamiento del sueño. El sueño es diferente de una noche a otra. Igual que ocurre con los adultos.

Si deseas cambiar algo en lo que respecta al sueño, puede ser muy útil hacerlo junto con un entrenador del sueño o un consejero del sueño. La solución individual para la situación se elaborará y aplicará conjuntamente.

Conciliar el sueño no es algo que se pueda inducir desde el exterior, tiene que ver con la confianza, dejarse llevar y permitirse conciliar el sueño. Es un asunto muy sensible y sutil en el que los mensajes no verbales y los sentimientos desempeñan un papel fundamental.

Recuerdo una noche en la que me senté junto a la cama de mi hijo y yo no quería irme a dormir. No quería acompañarle a dormir en ese momento. Quería tener por fin tiempo para mí y librarme de mi hijo por esa noche.

En ese momento, pensé: ¿Cómo se supone que va un niño pequeño a relajarse y a dormir bien si le da miedo que mamá quiera irse? Así, lo que estoy haciendo es enseñarle a luchar contra el sueño porque tiene que asegurarse de que no me voy. Le estoy enseñando específicamente a no dormir.

No podía cambiar lo que sentía en ese momento, pero podía reconocerlo y eso me ayudó bastante. Podía ser sincera. Todos mis ingeniosos rituales de sueño servían para engañar a mi hijo para que se durmiera y yo pudiera descansar más rápido. Cuando lo admití honestamente y no me sentí culpable por ello —después de todo, estaba demasiado estresada y agobiada— me disculpé brevemente con mi hijo. «Perdí» la tarde y acepté quedarme allí sentada. Mi hijo se durmió.

Y no, no puedes usar eso como un nuevo gran truco. Aquella noche fue un sentimiento sincero, una toma de conciencia espontánea y lo sentí de verdad. Deberíamos preguntarnos qué sentimos realmente en nuestro interior y darnos cuenta de que nuestro hijo reacciona muy intensamente a ello, sobre todo en una situación tan delicada como quedarse dormido. Los sentimientos se transmiten muy rápidamente entre tú y tu hijo.

¿Por qué dormir suele ser un problema en nuestra cultura? Dormir es una necesidad básica absoluta. Cuando uno está cansado, se duerme. En realidad es muy sencillo.

Seamos sinceros: a menudo nos gustaría que nuestro hijo no durmiera cuando está cansado, sino que se adaptara a nuestros horarios de sueño. Que se duerman lo más temprano posible y se despierten tarde. En ningún caso deben dormirse en el coche, solo lo justo durante el día para que puedan seguir durmiendo por la noche. Estamos muy ocupados controlando su sueño. A menudo, a acostar a nuestro hijo lo llamamos «supervisión de la hora de dormir» y lo convertimos en un proyecto complicado.

En general, un ritmo de sueño ayuda mucho, por supuesto; es importante acostumbrar al niño a un ritmo. Y también es comprensible que en nuestra vida cotidiana, a menudo estresante, queramos «dar el día por terminado» a una hora determinada. Pero, ¿esto encaja siempre con el sueño? Cada persona simplemente tiene que entregarse a él, no se puede hacer que ocurra a una hora determinada. La necesidad de dormir es como la necesidad de comer: un poco diferente cada día. Unas veces se está cansado antes y otras después, como probablemente ya sepas. Solo podemos ayudar con paciencia, flexibilidad y cariño hasta que el niño aprenda a dormir solo.

El sueño con niños de 4 a 6 años

A veces, con el paso de los años, dormir se convierte en una batalla con tu hijo. En ese caso, tal vez te vendría bien un nuevo punto de vista.

Michaeleen Doucleff, madre y periodista, pasó varios años visitando culturas lejanas en busca de distintos enfoques de la crianza de los hijos. Puedes encontrar su libro en el anexo.

Con su hija a la hora de acostarse le pasó algo parecido a lo que me pasó a mí con mi hijo. Se dio cuenta de que había enseñado deliberadamente a su hija, que era un poco mayor, a no dormir. Cada noche era una batalla para acostarse.

En sus viajes había comprobado que la crianza se enfocaba de forma muy diferente en otras culturas. ¿Cómo se puede enseñar algo a un niño de forma relajada? Según sus observaciones, el principio de «una taza de demostración, una taza de práctica y una pizca de reconocimiento» daba como resultado una habilidad recién aprendida. Se preguntó por qué no utilizarlo para dormir.

¿Cómo se les enseña a dormir?

En realidad, tu hijo solo necesita aprender dos cosas para dormir:

1. ¿Cómo se siente el cansancio en mi cuerpo?
2. ¿Qué hago entonces?

Así que empezó a tratar de ser un modelo para su hija. ¿Cómo se percibe el cansancio? Le mostró a su hija que tenía que bostezar, frotarse los ojos, y le dijo que todo cuerpo se sentía cansado y débil. A continuación, ella misma se preparaba para irse a la cama y se tumbaba. Cuando su hija se unía a ella por iniciativa propia o se preparaba con ella, le reconocía su comportamiento. Sonreía y se acurrucaba con ella. Luego practicaban juntas cómo estar tranquilas y relajarse poco a poco. No había presión, solo una invitación a dormir. Se trataba de dormir porque uno está cansado, sin tener en cuenta la hora.

Tras muchas tardes practicando la calma y la sensación de cansancio, la hija empezó a hacerlo por sí misma. Poco a poco, irse a la cama dejó de ser una lucha para convertirse en lo que puede ser dormir: una agradable y acogedora pausa de recuperación que te prepara para el nuevo día. Su hija había aprendido a interpretar las señales de su cuerpo y a reaccionar ante ellas, y a partir de entonces se acostaba cuando estaba cansada, más o menos a la misma hora que antes, pero ahora mucho más relajada.

---

*

TU HIJO PEQUEÑO

Lo más importante es que no te olvides de que haya diversión mientras ejerces de padre o madre y de que a tu hijo solo le interese el amor y la conexión. Divertíos juntos.

Por favor, no compares demasiado a tu hijo con Álex. El desarrollo nunca es igual en cada niño. Es probable que tu hijo sea más lento en un área, más rápido en otra, que no muestre algunas cosas en absoluto, o que muestre otras con mucha más intensidad… todo eso es perfectamente normal. Tu hijo es único.

El desarrollo desde los 12 a los 18 meses

Pensamiento y juego

Bueno, ya está. Álex ahora tiene su cuerpo bajo control hasta cierto punto. Esto le permite explorar nuevas zonas del piso. ¿Qué hará ahora con estas nuevas oportunidades? El tiempo apremia, tendrá que pasar por la mayor parte de su desarrollo en los primeros cuatro años —no hay tiempo que perder.

Tiene que explorar y probar cosas todo el tiempo. No hay otra forma de que su cerebro aprenda, solo puede aprender a través del tacto.

Álex aprende sobre los objetos llevándoselos a la boca, golpeándolos contra algo, mirándolos, girándolos, frotándolos o tirándolos. Ya trae al mundo algunas nociones básicas de física; por ejemplo, sabe que los objetos siempre caen hacia abajo. Sin embargo, aún no es capaz de predecir con exactitud la trayectoria de todos los objetos. ¿Por qué su manta ligera y calentita cae casi inmediatamente, pero una pelota vuela muy lejos? ¿Qué tiene que hacer para que algo vuele, qué músculos y qué ángulo necesita? Tiene que experimentar todas estas cosas muy a menudo para que las conexiones y las vías neuronales de su cerebro funcionen correctamente. Sabe instintivamente que el ensayo y error te hace inteligente.

Hacer algo «mal» es parte de ello

Álex aprende por ensayo y error. Sus padres preferirían que se sentara tranquilamente en la alfombra a jugar con la costosa caja de formas e intentar durante horas ver si el triángulo encaja en la forma del cuadrado. Para ellos, así es como se aprenden las cosas, pero desde el punto de vista de Álex, todo el piso consiste en emocionantes formas, colores, texturas y objetos diferentes cuyas propiedades hay que probar a fondo. El hecho de que sus padres piensen que esto tiene algo que ver con la «desorganización» y con que a menudo utilice las cosas de forma «incorrecta» es un misterio para él; al fin y al cabo, se trata de explorar el mundo. ¿Cómo va a aprender a utilizar algo correctamente si antes no lo ha utilizado «incorrectamente» y ha probado todas sus posibilidades?

Álex se plantea cada día un montón de preguntas y experimentos de investigación científica como: ¿cuánto zumo de naranja cabe en la huevera? ¿Cómo se llenan las cosas líquidas, cuándo llega el punto de inflexión y cómo se detiene este impulso de nuevo? ¿Se comportan las cosas líquidas de forma diferente a las cosas de grano más grueso, como la arena o la harina? ¿Cuándo se desborda algo y cómo se evita?

¿Puedes apretar el panecillo con un solo dedo? ¿O puedes encender y apagar el interruptor de la luz una y otra vez? ¿Y también cabe el dedo en el hueco de la nevera? ¿El mando a distancia entra transversalmente o solo longitudinalmente en el hueco que hay debajo del televisor? ¿Cuánta fuerza necesito para levantar un vaso y volverlo a dejar? ¿Qué diferencia hay a este respecto entre un vaso vacío y uno lleno?

> Álex también está aprendiendo ahora que hay límites y que hay algunos experimentos que se le permite realizar y otros no. Es importante que se le enseñen los límites; él quiere averiguar qué funciona y qué no en este mundo, y eso forma parte de él. Aprende a todos los niveles. Obviamente, a veces hay límites físicos y a veces límites establecidos por los humanos. Pero, ¿los límites humanos son igual de fiables? ¿Son los mismos todos los días, como la gravedad?

Puede aprender poco a poco a entender las prohibiciones, pero eso no significa que pueda cumplirlas. Su control de los impulsos no está totalmente desarrollado, por lo que hacer es mucho más fácil que dejar de hacer. ¿Qué es una prohibición tan exigua comparada con la oportunidad de aprender y experimentar algo?

Una prohibición es extremadamente frustrante para él porque TIENE que probarlo todo para entenderlo. En ese caso, necesita una alternativa similar. A Álex le parece indignante que le ofrezcan un aburrido bloque de construcción como sustituto de algo que realmente le gusta, como las emocionantes ranuras de ventilación del ordenador.

Julia y Juan tienen que estar atentos a lo que aprende Álex. Siguen su juego y se dan cuenta, por ejemplo, de que ahora es el turno de los recipientes. Su hijo quiere probarlo todo con recipientes: llenos, vacíos, medio llenos, lo mismo vierte líquidos que mete cosas sólidas.

Intentan ver la necesidad de aprendizaje que hay detrás de la acción y luego encuentran una alternativa permitida. Lo que siempre funciona es jugar con agua en el fregadero, porque el agua es muy cambiante. Álex tardará hasta la edad preescolar en comprender plenamente el comportamiento del agua.

Planificar y encargarse de sus propias cosas

Julia y Juan sienten que tienen que hacer todo por su hijo, pero por desgracia Álex no está interesado en absoluto en su servicio. Lo que le interesa es aprender. Quiere ayudar. A menudo se siente muy frustrado cuando sus padres le ponen el pan de molde delante porque quería hacerlo él mismo.

Alguien le ha quitado el proceso. Aun así, ni él mismo se da cuenta de la razón, solo sabe que en ese momento se siente frustrado. Juan y Julia empiezan a adivinar las razones, y en algún momento él simplemente dice «sí». Las razones todavía no significan nada para él, ni tampoco el lenguaje. Así que en un momento dado sus padres creen que se trata de la forma en que debe cortarse el pan, por ejemplo, y encuentran sus exigencias incomprensibles y agotadoras. Están molestos porque Álex espera mucho de ellos; y Álex, a su vez, se siente en desventaja porque no se le ha permitido probar las cosas a su propio ritmo y según sus capacidades. Se pregunta: ¿cómo puede cortar con éxito una barra de pan? ¿Qué pasos intermedios hay que dar para aprender? Esto le interesa mucho.

A sus padres les resulta bastante difícil dejar que Álex haga las cosas por sí mismo porque consideran que su proceso de aprendizaje es agotador. Es mucho más rápido y eficaz si lo hacen ellos mismos. Sin embargo, también quieren que Álex sea independiente y competente, un equilibrio constante en la vida cotidiana que a veces funciona mejor y a veces peor.

Alrededor de los 18 meses de vida, Álex ha dominado algo muy difícil: puede utilizar herramientas. Cuando se pone delante de la encimera de la cocina y quiere ver qué pasa ahí arriba, se da cuenta: soy demasiado pequeño. La encimera es alta. Así que tengo que hacerme más alto. ¿Qué altura tengo? ¿Qué necesito para ser más alto? ¿Basta con usar una cuchara y estirar el brazo hacia arriba? No, no puede ver nada. Así que tiene que levantar la cabeza; y como está pegada al cuerpo, tiene que poner todo el cuerpo en algún sitio sobre ella. Mmm... ¿Qué necesito para esto? Mira a su alrededor e intenta averiguar qué podría ser... Finalmente, su mirada se posa en una silla. Está junto a la mesa, pero Álex ya sabe que, a diferencia de la mesa, sí puede mover la silla. Así que arrastra alegremente la silla hasta la encimera y se sube a ella. ¡Tachán! Por fin puede ver lo que quiere ver. Es un gran paso adelante en su pensamiento. Empieza a imaginarse algo sin probarlo antes.

> Crea la escena en su cabeza y la representa; una habilidad crucial para el resto de su vida.

Sin embargo, esto todavía no funciona muy a menudo; la mayoría de las veces, todavía tiene que probar lo que funciona y lo que no.

Ahora también es capaz de memorizar acciones exitosas y repetirlas si es necesario. Ya es capaz de recordar. Reconoce a las personas, los objetos y los lugares, por ejemplo, el arenero del parque infantil, que frecuenta poco.

Cuando la tía Toni vuelve de visita, saca el rompecabezas en el que trabajaron juntas durante su última visita. Es evidente que esta tía y este puzle van de la mano. Sin embargo, la tía Toni ha traído otro regalo estupendo, y esta vez puede alegrarse porque Álex está interesado en el regalo y no solo en la caja. Es algo que se ilumina tanto y hace tanto ruido que sus padres deciden inmediatamente no comprarle pilas nuevas. También puede ser que la cosa se pierda antes, quién sabe.

Hay que aprender a vestirse

Juan y Julia suelen subestimar la rapidez con la que Álex aprende cosas prácticas. Ahora quiere ayudar a vestirse y desvestirse, y lo demuestra tirando de la ropa. Todavía no puede hacerlo todo solo, pero ya puede intentarlo si sus padres dividen la tarea de ponerse la chaqueta en pequeños pasos para él y le ayudan con los pasos individuales. Ahora puede entender y seguir incluso pequeñas instrucciones como «extiende el brazo» o «dame la mano». Cada día aprende más.

Cambiar pañales es ahora a veces una lucha. Esto se debe a que ya no quiere hacer cosas que Álex puede hacer; interrumpe su investigación. Le gustaría hacer más cosas al cambiarle, pero como tarda tanto y aún no puede hacer tantas cosas, sus padres suelen sustituirle. Y quedarse ahí tumbado es muy aburrido. Sin embargo, puede volver a participar plenamente cuando se trata de un truco nuevo, como tirar del calcetín por encima del dedo del pie. ¿Qué parte del proceso de vestirse puede practicar? ¿Cómo puede formar parte del equipo? Lleva muchos meses aprender a vestirse, pero cuando Álex lo haga, sus padres no tendrán que volver a hacerlo por él.

Aprender a base de práctica

Álex está aprendiendo a caminar y, una vez que lo domine, pronto estará encantado de llevar cosas grandes o pequeñas, ligeras o pesadas, de A a B. Esto le permitirá practicar el ir y llevar cosas de un lugar a otro al mismo tiempo y trabajar poco a poco el concepto de «líneas» en su mente. Una línea es cuando transportas algo en línea recta a alguna parte. Lo que más tarde dibujará en papel, ahora lo está probando con todo el cuerpo. Y así es como funciona una curva, tanto motriz como mentalmente. Desde fuera parece que coge cosas al azar y las deja caer en otro sitio, pero Álex siempre tiene una razón para lo que hace. Y normalmente en varios niveles, entrena su pensamiento, sus secuencias de movimiento y muchas otras habilidades al mismo tiempo. Así que hay que mirar mucho más de cerca y suponer que tiene una razón misteriosa para lo que hace.

CÓMO… UTILIZAR ESQUEMAS DE JUEGO

Descubrir activamente el mundo

¿Sabías que tu hijo nunca desordena? La desorganización sería algo arbitrario y significará que tu hijo simplemente esparce las cosas por la habitación porque le apetece. Sin embargo, tu hijo tiene razones muy serias e importantes.

La gran mayoría de los niños juegan siguiendo los llamados patrones o esquemas de juego. Tu hijo utiliza los objetos de una determinada manera para comprender la naturaleza del mundo. Podrías verlo de la siguiente manera:

> para poder dividir en matemáticas más adelante, tienes que haber desmenuzado una barra de pan cuando eras pequeño. Tienes que haber aprendido que puedes dividir cosas enteras. Y para poder hacerlo después teóricamente en tu cabeza, primero tienes que haberlo experimentado concretamente con tu cuerpo.

Los niños asumen exactamente los proyectos que necesitan para su siguiente paso. No hay una edad concreta a la que tu hijo aprenda exactamente tal o cual esquema, sino que tu hijo juega con muchos de estos esquemas de forma individual. Al hacerlo, combina y amplía los esquemas, omite algunos y juega intensamente con otros.

Cuando tu hijo no juega con un bonito juguete nuevo (como a ti y al fabricante os gustaría), sino que esparce las piezas por la habitación, está practicando el patrón de «división», un paso importante para el desarrollo del cerebro. También puede alinear todas las piezas del juguete y practicar el patrón de «líneas», que es igual de importante. O bien puede que envuelva el juguete nuevo en un trapo y practique el esquema de «envolver». O Tal vez el del «transporte». En cualquier caso, puedes estar seguro de que utiliza el juguete de la forma que tiene más sentido para su desarrollo individual.

Estos son los esquemas de juego más comunes:

- **Líneas de juego.** Los niños colocan sus coches o peluches unos junto a otros en fila, conducen un vehículo sobre una línea, dejan caer cosas de arriba abajo o las lanzan hacia arriba. De este modo, desarrollan la comprensión de longitudes, alturas, distancias, cantidades y, más adelante, también la línea del tiempo.
- **Esquema de transformación.** A la mayoría de los niños les encanta transformar algo en otra cosa. Al cocinar, por ejemplo, la clara de huevo transparente se transforma en algo blanco en cuestión de segundos. Así, el niño adquiere experiencia con los procesos químicos y las propiedades físicas.
- **Esquema de conexión.** Tu hijo practicará cómo atar cosas, pegarlas, conectar vagones para formar un tren y, por supuesto, construir con Lego o bloques de construcción. Experimentan lo que encaja y adquieren experiencia con la estabilidad, la estática y la construcción.
- **Esquema para envolver.** Los niños envuelven objetos en tela y en papel, o incluso a sí mismos. Aprenden todo tipo de cosas sobre tamaños y materiales y adquieren experiencia con el sentido del tacto.
- **Esquema de transporte.** Los niños transportan sus juguetes, arena o incluso muebles enteros de A a B. Esto les permite poner a prueba su fuerza y experimentar las cantidades. Es muy difícil comprender el hecho de que un objeto o una cantidad siempre permanece igual, esté donde esté; entenderlo suele llevar hasta la edad preescolar.
- **Romper y esparcir.** A los niños les gusta hacer montones de diferentes objetos, ladrillos de Lego, peluches, arena, galletas,

hojas, harina... y luego volver a romperlos o esparcirlos. Un trozo de pan puede dividirse en trozos pequeños, una galleta puede desmenuzarse casi por completo. Un puzle solo puede dividirse en las mismas piezas, una manzana puede dividirse en trozos de distintos tamaños. Aquí puedes aprender todo tipo de cosas sobre geometría y matemáticas, cantidades, formas y volúmenes.

- **Esquema de clasificación.** Para aprender estructuras y categorías, a los niños les gusta clasificar objetos según diferentes características. Esto les proporciona su primera experiencia con los sistemas de categorización y los criterios utilizados para ello. Al explorar este esquema, es posible que ahora los alimentos del plato deban estar estrictamente separados y no tocarse bajo ningún concepto.

- **Esquema de llenado y decantación.** Los niños vierten arena o agua de un recipiente a otro o introducen objetos sólidos en un recipiente. Al hacerlo, adquieren experiencia con el volumen, las cantidades, la capacidad de los recipientes, las velocidades de flujo, los puntos de inflexión y otras propiedades físicas.

- **Esquema de orientación.** Tu hijo se cuelga boca abajo en algún sitio o mira a través de sus propias piernas, se tumba debajo de una mesa o en las barras inferiores de un carrito de la compra. Adoptan diferentes perspectivas para que en el futuro sean capaces de comprender distintos puntos de vista.

Existen otros esquemas de juego, pero estos son los más comunes.

¿Qué pueden hacer los padres?

Como puedes imaginar, todo esto se vuelve increíblemente complejo en la práctica. Los esquemas de juego se solapan y complementan entre sí, no se utilizan en absoluto o se utilizan simultáneamente y se ensayan de formas completamente distintas en situaciones y edades diferentes. Incluso como adulto, uno amplía el esquema de «ordenación» a la organización de su oficina.

Si te gusta el estímulo y la pedagogía, puedes observar a un niño y averiguar qué esquema está aprendiendo. A veces se interesan más por otros aspectos de un objeto y otras por el esquema subyacente. Si miran con interés las esferas de los relojes, les gusta que les hagan girar en círculos mientras corren, se sientan delante de la lavadora mirando el centrifugado y más tarde giran con entusiasmo los volantes de los vehículos, entonces el esquema subyacente es «rotación». Si lo deseas, puedes proponer objetos y situaciones que se correspondan.

O bien, puedes simplemente sentarte, dar a tu hijo tiempo libre y oportunidades para explorar y confiar en su misterioso plan de desarrollo interior. Tu hijo sabe mejor que tú lo que necesita aprender y buscará las experiencias adecuadas. Dale libertad para probar cosas y todo el tiempo libre posible para jugar.

Julia y Juan han comprado un montón de bloques de construcción para Álex. Como todos sus compañeros, aprende a construir las cosas en el mismo orden. Primero las apila una encima de otra, luego una al lado de otra en filas y meses después las combina.

Actualmente puede colocar dos o tres bloques uno encima del otro. Tiene que apuntar con precisión, no es tan fácil y colocar un bloque encima de otro requiere concentración. Como siempre, cuando aprende un nuevo esquema, en este caso el apilamiento, no se limita a utilizar los elementos previstos, sino que apila todo lo que cae en sus manos. Lo importante es que esté uno encima del otro y que pueda practicar este esquema con el mayor número posible de objetos diferentes. También es importante mover la torre casi inmediatamente después de terminarla ya que no se trata del producto acabado, sino de practicar.

Otra actividad que también le encanta a Álex es meter y sacar cosas. Las cosas pueden estar dentro de otras cosas, hay que explorarlo de todas las maneras posibles. Todos los días saca la ropa de los armarios, los libros de las estanterías y limpia los armarios inferiores de la cocina. Siempre despeja las mismas zonas del piso de forma selectiva, el mismo cajón, la misma estantería, hasta que ha comprendido este rincón y pasa al siguiente.

> Álex tiene que repetir todo a menudo para aprenderlo de verdad. Ya se trate del puzle que hace todos los días de la misma forma o de despejar, todo es cuestión de repetición.

Esto ya le ha llevado muy lejos, por ejemplo, ahora sabe qué cosas van juntas. Su muñeca va en la cama de la muñeca. La cuchara en el plato. Cada día descubre un poco más de su mundo.

Los mejores juguetes para Álex ahora son las esponjas de cocina, las ollas, los cuencos, las cucharas y todo tipo de utensilios de cocina. Pero solo los originales, ¡por favor! No los juguetes de imitación para bebés, en los que se ve enseguida que no se puede hacer nada de verdad con ellos. Ahora en serio, ¿se supone que se va a pasar horas jugando con una cosa pintada en un bloque de madera mientras el original está parado en la cocina? La margarina de madera es solo de madera. La margarina en la vida real a veces es blanda, a veces dura, huele, se puede prensar, se puede desenvolver e incluso hacer cosas deliciosas con ella. Mamá y papá tampoco usan imitaciones, Álex se da cuenta. Así que no parece que sirva para crecer.

> A Álex le apasiona ayudar en casa y quiere sentirse útil. Su deseo es ser un miembro valioso de su familia y hacer una contribución significativa dentro de sus posibilidades.

Quiere experimentar que él mismo puede marcar la diferencia. Son cosas pequeñas para sus padres, pero muy grandes para él. ¿Ya puede estirar el brazo solo cuando se pone la chaqueta? Genial, ¡ya es grande! Ya puede traer los zapatos, pelar el plátano, poner la margarina en la nevera, ayudar a ordenar los calcetines, recoger la compra, barrer algo o recoger algo. Para Álex es una fiesta cuando se le permite remover con una cuchara los alimentos para las comidas familiares. A Álex le gustan mucho todas estas cosas, no suponen «trabajo» para él. A diferencia de los adultos, no distingue entre «juego» y «trabajo» y no cree que uno sea mejor que el otro.

Primero hay que desarrollar los libros y la pintura

Sus padres están deseando leerle por las tardes e intentan que Álex se interese por sus primeros libros ilustrados. Sin embargo, por desgracia, Álex solo hojea los libros. Se preguntan si Álex no tiene interés por la lectura. Les gustaría que Álex se convirtiera en un ávido lector como ellos, pero Álex primero tiene que «abrirse paso» por el libro —como cualquier otro objeto— antes de poder interesarse por el contenido. Da vueltas y vueltas hasta que comprende las características de un libro. Ahora ya puede reconocer los objetos de su vida cotidiana en un libro. Algunos de sus compañeros también han superado ya la fase de hojear, les gustan mucho los libros y señalan con el dedo las ilustraciones con entusiasmo.

Si le dan papel y lápiz, garabatea salvajemente sobre él, lo cual resulta divertido. Todavía no quiere dibujar nada en particular, sino probar primero el proceso. Sostiene el lápiz en el puño, lo golpea con fuerza sobre el papel y le hace agujeros. A Julia y Juan no les parece tan bien, se habían imaginado que pintar era otra cosa. Pero Álex empieza su carrera de pintor con estos «garabatos». Pronto le siguen los «garabatos oscilantes», en los que mueve el bolígrafo alocadamente de un lado a otro.

Sentimientos y relaciones

Álex expresa ahora sus sentimientos de forma clara, directa y sin restricciones. Cuando se enfada, todos a su alrededor lo saben. Si alguien le cae bien, le abraza o le ofrece juguetes estupendos. Si su mamá coge a otro niño en brazos, la aparta enérgicamente. Ya puede sentir y expresar sus sentimientos, pero aún tardará unos años en poder regularlos por sí mismo.

Todavía está aprendiendo a leer las caras y presta mucha atención a lo que la gente siente y muestra. Busca el contacto visual y le encanta interactuar con la gente.

Cuando ve llorar a otros niños, ya tiene ideas sobre cómo ayudarles. Va hacia ellos, les consuela, quizás les trae un paquete de refrescos o les ofrece su propio juguete para consolarles. Este comportamiento sigue siendo muy inmediato, ve que alguien llora y hace algo; y hace lo que sabe.

> **Pasará un tiempo hasta que desarrolle una empatía «real», es decir, hasta que sea capaz de empatizar con los sentimientos de los demás y actuar en consecuencia.**

Sus padres pueden notar la diferencia en el hecho de que ahora no puede reconocer si su amigo quiere su tipo de consuelo. Le impone su juguete porque ha aprendido que el juguete ayuda, tanto si la otra persona lo quiere como si no. No acepta resistencia, a veces Álex le empuja el juguete con fuerza en el brazo.

> **Álex aprende mucho por ensayo y error, pero también por imitación. Observa atentamente su entorno y empieza a imitar su comportamiento.**

Habla por teléfono, cocina, remueve, pulsa la *tablet*, quiere hacer todo lo que hacen los mayores. Le encanta jugar a dar y recibir con los adultos, le parece estupendo dar algo... no le gusta tanto cuando no se lo devuelven. Se siente incómodo hasta que se lo devuelven. El juego consiste en un toma y daca.

Soportar la frustración

Es maravilloso que Álex comprenda ya tantas reglas. Sin embargo, también puede desesperarse bastante cuando estas reglas cambian de repente.

También pueden ser pequeños detalles que ha observado en su entorno. Por ejemplo, Juan casi siempre lleva zapatos negros por la mañana, y cuando un día se pone zapatos marrones, Álex se echa a llorar. ¿Lo acababa de entender y ahora es diferente?

¿Por qué? Julia y Juan están muy confusos y tardan mucho en entender el problema. Álex todavía no sabe expresarlo muy bien y solo señala los zapatos, tira de los cordones y llora. A esta edad, los pequeños a menudo necesitan mucha imaginación para abrirse camino en su mundo de pensamiento, en el que las cosas todavía se ven de forma muy diferente. Y no siempre lo consiguen, porque su cerebro funciona de forma muy diferente al de un adulto.

No siempre tiene que tener éxito. Ahora Álex se siente frustrado con frecuencia. Y es que las cosas no funcionan como él quiere, porque la gente no le entiende bien, porque se ha puesto un límite, porque quiere más de lo que ya es capaz... hay muchas razones.

Sus padres creen que su trabajo es mantener la frustración lejos de él y hacer que vuelva a ser feliz rápidamente. No obstante, a Álex le gustaría decir: «Escuchad, es muy importante para mi vida aprender a lidiar con la frustración. ¿Cómo se supone que voy a aprender eso si nunca me pasa? Quiero saber qué se siente, cómo se llama y cómo afrontarlo». Álex también quiere aprender que a menudo no hay nada que puedas hacer, que tienes que soportar el sentimiento y que simplemente desaparecerá. No todo en la vida sale bien. Se tarda mucho en aprender eso, unos cuantos años. Por eso es bueno que la vida ofrezca tantas frustraciones en este momento, aunque a Álex le parezca de todo menos genial en este momento.

Cuando está enfadado o triste, una vez más solo quiere comprensión y que una persona grande lo soporte con él. A veces también quiere una solución, pero es más importante que se le permita sentir. A Álex se le da muy bien liberar la rabia mediante reacciones violentas. Luego se acaba la frustración y todo queda como si nunca hubiera pasado nada. Álex no guarda ningún rencor.

> Además de lidiar con la ira y la tristeza, Álex también lucha contra la ansiedad por separación. Le parece estupendo tener a sus padres al menos a una distancia que le permita llamarles.

Ahora suele tener conflictos porque está desesperado por explorar el mundo y marcharse. Por otro lado, también le da bastante miedo... en cuanto ocurre algo que no puede identificar, tiene mucha prisa por volver con papá o mamá. Si están a una distancia a la que no puede llamarles y que le oigan, es aún más aterrador. Por eso les presta mucha atención y se arrastra o corre detrás de ellos en entornos desconocidos en cuanto intentan marcharse.

Comprender las normas

Álex está empezando a entender las reglas. A veces se pone delante del enchufe, mueve la cabeza y dice «no, no». Pero eso es como los cajones; ha tenido que vaciarlos muy a menudo hasta que los ha entendido. Así, por ejemplo, mira a papá y se acerca al enchufe. ¿Cómo reacciona papá? ¿Su reacción es una regla fija o es diferente cada día? A Álex esto le resulta mucho más difícil con las personas que con los cajones. Algunas reglas parecen fijas, como la del enchufe, pero otras no lo parecen en absoluto. A veces es así y a veces asá, a veces oye la palabra «excepción», ¿qué puede ser eso? Tarda más en entender las reglas cambiantes.

Y luego viene el siguiente problema: Álex ya puede entender a grandes rasgos cuál es la regla, pero aún no puede cumplirla.

> Solo puede tener un pensamiento y sentir una emoción a la vez; la anterior es sustituida completamente por la siguiente.

Aunque tuviera la intención de cumplir la norma, el sentimiento y el pensamiento desaparecen al cabo de muy poco tiempo. Además, el impulso de desarrollarse y la necesidad de explorar son mucho más fuertes. Así que le «sucede» que lo hace de todos modos. A veces ocurre lo mismo con sus padres cuando están delante del cajón con el chocolate o el próximo vaso de vino. En realidad, no deberían... pero existe ese fuerte impulso... se resisten durante un rato... y entonces ocurre que se comen el chocolate o se beben toda la botella de vino.

Álex sonríe a menudo después de saltarse las normas de esta manera porque aprendió de bebé que todo vuelve a estar bien cuando él sonríe. Entonces los mayores le devuelven la sonrisa y todo el mundo vuelve a ser feliz. Cuando rompe las normas, sin embargo, esto no funciona en absoluto y a Álex le llaman «provocador» en su lugar. La tía Toni también lo llama «sonrisa descarada» y dice que a Álex hay que «sacarlo de ahí ya, porque si no te tomará el pelo todo el tiempo». Hay algunas discusiones entre los adultos al respecto. Julia y Juan intentan explicar la etapa de desarrollo de Álex, pero a la tía Toni le cuesta entenderlo. Ella prefiere prestar atención a lo que realmente se puede ver y es esta sonrisa. Ella ha aprendido de otra manera y no se fía de estas explicaciones de nuevo cuño. No le parecen el mundo interior de Álex, sino más bien excusas. Quiere a Álex y desea lo mejor para él, pero su forma de conseguirlo es completamente diferente.

El juego con amigos

¿Y su grupo de niños pequeños, que pronto debería llamarse grupo de corredores? A Álex le encanta relacionarse con otros niños, pero aún no es capaz de entablar amistades. Le gusta gatear o correr con otros niños, saludarles, intercambiar juguetes (y a menudo se horroriza cuando no se los devuelven, cosa que sabe de otra manera por sus padres).

> Observa atentamente a otros niños y puede aprender bien de ellos, ya que su comportamiento es más parecido al suyo. Todavía es un poco torpe cuando interactúa con ellos y no entiende del todo las reglas sociales. Todavía no es capaz de desarrollar un verdadero juego en grupo, es demasiado complejo.

A veces, cuando hay niños mayores cerca que ya tienen planes de juego más maduros, se crea una especie de juego. Sin embargo, Álex aún no puede concentrarse en nada durante el tiempo suficiente, así que suele durar poco.

No obstante, el contacto con otros niños es maravilloso para Álex, aunque todavía no de la forma que sus padres esperan.

Movimiento

¡Álex ya puede andar! En algún momento de estos meses da sus primeros pasos. La mayoría de ellos gateaban al principio, pero otros también se desplazaban hacia delante sobre el vientre, rodaban por la habitación o incluso se movían con una especie de movimiento serpenteante. De una forma u otra, todos entrenaron sus músculos y su movilidad durante muchos meses y finalmente consiguieron caminar.

Los primeros pasos de Álex parecen como si cayera de una pierna a otra. Levanta los brazos para mantener el equilibrio. A veces le gustaría que le cogieran de una mano mientras camina, solo por seguridad. Julia y Juan aprenden en el grupo de niños pequeños que es mejor no dar al niño las dos manos y guiarle desde arriba. Esto se debe a que entonces el niño camina como un oso, primero por la izquierda y luego por la derecha. Sin embargo, Álex prefiere aprender a andar como una persona que usa los brazos y las piernas en cruz. Por eso necesita al menos una mano libre con la que practicar el equilibrio.

Todavía tiene que practicar la parada, al principio se deja caer para estar seguro o se agarra a algo. Ahora Julia tiene que practicar mucho para no protegerle demasiado. Una vez intenta agarrarse a su pista de canicas y Julia la sujeta rápidamente para que no vuelque. La siguiente vez, Álex cree que puede sujetarlo, lo agarra a toda velocidad y se cae junto con la canica. Tiene que aprender solo.

> A Álex ahora le gusta usar cosas que se puedan empujar cuando empieza a correr. Incluso cosas pesadas, quiere desarrollar músculo. Sus padres tienen la tentación de quitarle las cosas pesadas, pero Álex no quiere y protesta.

Cuando gatea, por ejemplo, le gusta encontrar el camino más difícil para superar obstáculos, subir, bajar o atravesar algo. Sus padres sonríen y se preguntan por qué no toma el camino más fácil. La respuesta de Álex sería que está aprendiendo de nuevo. Quiere aprender todas las variaciones de un movimiento y busca específicamente las dificultades para aprenderlas también. Quiere hacer un esfuerzo consciente. Solo cuando ya dominas un movimiento y eres bueno en él, buscas la forma más eficaz.

Álex también tiene los dedos «bajo control» en el sentido más estricto de la palabra. Ahora puede utilizar los dedos individualmente, un logro completamente nuevo. Por supuesto, hay que practicarlo, hace todo tipo de agujeros, raya la alfombra y las superficies lisas.

> El «agarre de pinza» ahora funciona, puede coger cosas muy pequeñas con el pulgar y el índice, por ejemplo las migas del suelo.

Poco a poco se hace evidente que Álex trabaja principalmente con la mano derecha. En su grupo de niños pequeños hay una niña que parece estar convirtiéndose en zurda. Julia aprende de su bien informada madre que hoy en día sabemos que la lateralidad de un niño es inherente y debe aceptarse tal como es.

Comer por sí mismo, una obra de arte

Álex quiere hacer todo lo posible por sí mismo ahora, especialmente comer por sí mismo es genial. Sujeta la cuchara en cruz con todo el puño, aún no hay otra forma —y todavía derrama mucho—. Tarda mucho en conseguir la proeza de llevarse la cuchara directamente del plato a la boca sin derramarla. Tiene muchas ganas de hacerlo él solo y no puede tener en cuenta las pérdidas que se producen durante el transporte.

> ¿Cómo consigue llevarse la cuchara a la boca a pesar de que se le mueve mucho si todavía no puede doblar bien la muñeca? Todas estas son cosas que Álex solo puede aprender mediante la práctica frecuente y a base de ensayo y error.

Ahora también tiene que jugar con la boca, porque lo que te metes en la boca primero tienes que explorarlo con las manos. Sus padres se dan cuenta de que Álex mastica mucho cuando está lleno. Por eso le dan la oportunidad de masticar otras cosas durante el día, para que satisfaga esta necesidad y no tenga que hacerlo tanto al comer.

Ahora también le dejan probar a beber de un vaso, y aquí también fallan muchas cosas al principio, hasta que Álex acaba encontrando el punto de inflexión adecuado.

Habla

Álex está empeñado en descifrar los extraños sonidos que emiten los adultos a su alrededor. Aprende cada vez más vocabulario a medida que Juan y Julia le cuentan con detalle lo que está pasando y lo que están haciendo. A los dieciséis meses, Álex tiene un vocabulario pasivo de unas doscientas palabras. No obstante, la postura, la voz, el lenguaje corporal, las expresiones faciales y los gestos siguen siendo mucho más fáciles de entender para él.

Álex utiliza ahora lo que se llama una «estrategia de palabras clave». Escucha y al mismo tiempo se fija en las expresiones faciales y los gestos que acompañan a lo que se dice. No tiene que entender todas las palabras, le bastan unas pocas y completa el resto con el lenguaje corporal.

«Dame la taza» funciona de maravilla, aunque no conozca la palabra «la» o «taza»; puede ver que papá extiende el brazo y le mira a él y a la taza. De este modo, ahora puede entender peticiones con más de una palabra. Sin embargo, sigue malinterpretando a menudo las palabras, y cuando su mamá le advierte: «Cuidado, el cuchillo está afilado», él dice «guau».

Intenta hablar por sí mismo y cada vez emite sonidos y palabras más específicos; pronto es capaz de decir unas diez palabras. Álex adapta las palabras a sus capacidades y las cambia para poder dominarlas. Así, «guau-guau» para perro o «bzzz» para abeja. Sus padres se dan cuenta de que tienen que simplificar y acortar su propio lenguaje para Álex.

Álex aún no es capaz de formar frases propiamente dichas, pero aquí también utiliza un truco inteligente: emplea la expresión y el lenguaje corporal para formar frases diferentes a partir de una sola palabra. Un «¿coche?» con tono interrogativo puede significar «¿Vamos a ir pronto en el coche?», mientras que un «coche» entusiasta es más probable que indique un nuevo descubrimiento automovilístico. Sus padres leen su tono de voz y responden con «Sí, vamos a ir a dar una vuelta» o «Es cierto, es el nuevo *Audi*. ¿O querías decir el *Nissan*?».

En un vistazo: de los 12 a los 18 meses

Pensamiento y juego

Álex explora ahora detalladamente su entorno inmediato. Aprende por imitación y ensayo y error, por lo que primero debe explorar los objetos de todas las formas posibles antes de poder utilizarlos de la manera «correcta». La repetición es fundamental. Aprende reglas y límites, pero aún no es capaz de cumplirlos, ya que el impulso de desarrollo es demasiado fuerte. Prefiere jugar con objetos cotidianos.

Sentimientos y relaciones

Álex expresa sus sentimientos directamente y sin restricciones. Empieza a practicar el aguante a la frustración, por eso son importantes los numerosos momentos de frustración en su vida cotidiana. Le encanta ayudar en casa y quiere hacer pequeñas tareas por sí mismo. Se interesa por los demás niños, pero sigue siendo torpe en el contacto con ellos.

Movimiento

Álex ha aprendido a andar. También puede subirse a sillas y llevar cosas. También puede utilizar los dedos de las manos y coger cosas muy pequeñas con el pulgar y el índice. Además, está decidido a comer solo, aunque a menudo se le escapan algunas cosas. Sin embargo, practicar es muy importante para que su cerebro y sus músculos aprendan los procesos.

Habla

Álex aprende cada vez más vocabulario y pronto puede decir algunas palabras. No obstante, adapta las palabras a sus capacidades, como «ato» para zapato, pero también «Bzzz» para insectos. Puede seguir instrucciones cortas, pero entiende los gestos, las expresiones faciales, el tono y la postura y deduce el resto de la situación.

El desarrollo desde los 18 a los 24 meses

Pensamiento y juego

En algún momento de estos meses, Álex da un paso mental decisivo:

> empieza a reconocerse como «yo». Se reconoce en el espejo, como puede verse en el hecho de que ahora funciona la «prueba del colorete».

Si a Álex se le pone una manchita de colorete en la mejilla sin que se dé cuenta y se mira en el espejo, se la quita. Hasta hace poco, saludaba amistosamente a la niña en el espejo o miraba detrás del espejo para encontrarla. Ahora ya lo sabe: ¡Soy yo!

Es una toma de conciencia muy emocionante que repercute en todos los ámbitos de su vida. Álex se reconoce ahora como persona. No es una parte de sus padres, sino ella misma. Puede actuar por sí misma. Esta toma de conciencia la deja literalmente alucinada y deberá probarla en su totalidad en los próximos meses y años.

Actuar de forma independiente es un plan maravilloso, pero Álex pronto se da cuenta de que a menudo hay todo tipo de obstáculos en el camino.

En primer lugar, está su propia motricidad. Se pone muy desagradable cuando no tiene éxito en algo. A menudo, no es capaz de reunir la paciencia que tenía en su primer año de vida para intentarlo una y otra vez sin quejarse hasta que lo consigue. Muchas cosas salen mal porque sus capacidades físicas simplemente no siguen el ritmo de los grandes planes que tiene en la cabeza.

Quiere ayudar activamente a cocinar y conocer los procesos, pero fracasa porque la sartén pesa demasiado. Es muy frustrante.

Y la cosa se pone todavía peor, porque también hay límites puestos por la gente, a menudo en situaciones completamente inapropiadas. Sus padres simplemente no le permiten utilizar el cuchillo de pan o probar por fin la cocina por su cuenta. Esto es completamente inaceptable, ya que Álex está convencida de que tiene todas las habilidades necesarias.

Voluntad propia

Ahora está desarrollando su propia voluntad. Eso tampoco es tan fácil; tiene que darse cuenta de lo que realmente quiere. Es una sensación nueva en su cuerpo. Quiere algo... pero ¿qué? ¿Quizá esto... o quizá no?

> Álex tardará muchos meses en conocer su propia voluntad lo suficientemente como para poder sentir realmente lo que quiere; y pueda cumplirlo. Al principio, se siente abrumada y vacila constantemente con sus deseos.

Sus padres han leído que en la fase de autonomía, que ahora empieza, es importante dejarles tomar sus propias decisiones. Julia y Juan creen que la autonomía es lo que debe ser para ella: la oportunidad de vivir su vida de la forma más autodeterminada posible. Por tanto, se comprometen plenamente a darle tanta libertad de elección y autodeterminación como sea posible.

> Sin embargo, Álex suele definir la autonomía de otra manera: ella quiere hacer cosas. Ser independiente a un nivel muy práctico. Tan a menudo como sea posible.

Sus padres subestiman su capacidad para aprender cosas prácticas rápido y bien. En cambio, su madurez mental y su capacidad para tomar decisiones están sobrevaloradas.

Los tres acaban cada día en situaciones extrañas. Empieza por la mañana, cuando mamá o papá le dan a elegir entre queso o mermelada en el pan del desayuno. Aquí es donde el cerebro inaaaazamaduro de Álex se interpone.

> Aún no es capaz de entender el concepto de «o – o». «¿Quieres esto o aquello?» es una pregunta imposible de responder para ella.

Como todavía se comunica principalmente a través de gestos, expresiones faciales y sonidos, mira las cosas que mamá le ha puesto delante. Hay mermelada, al lado hay queso. Y mamá ha dicho las dos palabras. Por el tono y los gestos, se da cuenta de que mamá quiere algo de ella. Bien, ¿qué podrá ser? Como esto ocurre a menudo, aprende rápidamente que mamá quiere que señale una de las dos palabras y así lo hace. Señala la mermelada. Mamá entonces toma el camino del queso. ¡Alarma! ¿Por qué? ¿Por qué ha desaparecido la otra? Álex se queja y mamá le vuelve a preguntar si prefiere queso. Álex dice que sí. Entonces desaparece la mermelada, lo que la desespera de nuevo.

Le encantaría decirles a sus padres: «Sabéis, para mí sería más importante que me dejarais preparar la tostada yo sola. De eso se trata para mí. Quiero aprender el proceso y hacerlo yo misma en la medida de lo posible. Soy una aprendiz, aún no se me da bien pensar y tomar decisiones».

Debido a su diferente forma de entender la autonomía, siempre acaban en callejones sin salida. Las cosas siguen yendo bastante bien para Álex cuando se trata de comer, ya que esto es concreto y tiene una consecuencia directa, que puede aprender rápidamente, pero sus padres quieren que Álex tome muchas decisiones. Se han dado cuenta de que esto a veces puede evitar una rabieta, al menos de momento. Sin embargo, lo que funciona no es la decisión, sino otra cosa: la distracción. Álex solo puede concentrarse en una cosa a la vez. Pensar la distrae de sus sentimientos. «Oh, mira eso, un pájaro» tendría el mismo efecto.

Otras decisiones, como la del «parque infantil», pueden causar estrés a toda la familia. Juan y Julia quieren dar libertad de elección a su hija de un año. Si realmente quiere quedarse en el parque infantil, intentan permitírselo, aunque eso les provoque estrés, porque tienen mucho que hacer por la tarde. Lo hacen por Álex, quieren hacerla lo más feliz posible. Por desgracia, Álex no lo aprecia en absoluto.

Si le dieras voz de nuevo, diría: «Mamá, papá, es muy amable por vuestra parte permitirme tomar tantas decisiones, pero desgraciadamente aún es demasiado pronto para mí. Solo puedo tomar buenas decisiones cuando puedo prever todas las consecuencias. No puedo decidir si debemos quedarnos en el parque. ¿Acaso sé lo que pasará si vamos muy tarde? ¿Que no podremos hacer todo tipo de cosas y todo el mundo estará sobrecargado de trabajo? No, no lo sé. Vosotros tenéis que estar al tanto de todo por mí.

> Tenéis que tomar la decisión y sí, puede que proteste, pero eso no significa que puedas dejarme la decisión a mí. Es demasiada responsabilidad y me sobrepasa».

> Álex a menudo intenta tomar la iniciativa, pero en realidad no quiere que funcione. Solo le interesa intentarlo. Quiere probar cosas, resistirse y ejercer su voluntad.

¿Pero dirigir a toda la familia? Mejor no. Como consecuencia de su deseo de quedarse en el parque, todos vuelven a casa sudados, sucios, cansados y, sobre todo, demasiado tarde. Eso es lo que Álex «quería». Sus padres están abierta o secretamente molestos con ella y sus «exigencias» y ahora intentan terminar el programa de la tarde apremiados por el tiempo. Álex no tiene ni idea de cómo ha surgido este extraño ambiente. De alguna manera, ella parece ser la responsable, pero ¿por qué? Está demasiado cansada y agotada para estar tranquila y alegre. Se ha sobrecargado totalmente con su deseo de quedarse más tiempo en el parque porque ni siquiera podía prever las consecuencias para ella misma.

Aprender la vida cotidiana y la pintura

Álex sigue imitando acciones cotidianas, pero poco a poco se van haciendo un poco más complejas. A Álex le gusta especialmente vender pasteles de arena y le gusta ofrecer a los adultos muchos pasteles muy secos. El juego es siempre el mismo: el comprador tiene que decir «Mmm, qué rico» y comprar otro pastel. Aun así, la compra no debe tomarse al pie de la letra, Álex a veces le da al comprador dinero y el pastel desmigajado, porque aún no ha comprendido del todo que se trata de un intercambio, dinero por pastel.

> Para ella es importante que el juego se desarrolle siempre exactamente igual y se repita muy a menudo. El adulto que le sigue el juego tiene que esperar mucho tiempo, demasiado, hasta que Álex por fin añade una pequeña variación por su propia voluntad. Su cerebro simplemente quiere repetir el proceso tantas veces como sea posible. Está aprendiendo.

Desgraciadamente, esto es muy aburrido para un cerebro adulto, y por eso el entusiasmo de sus padres por la venta de pasteles suele decaer rápidamente. Prefieren la variedad y un juego con tantas variaciones como sea posible, algo con lo que Álex todavía no puede hacer nada.

A Álex le gusta seguir experimentando con todos sus sentidos. Le entusiasma untar y aplastar diferentes materiales, como arena, plastilina, espuma de baño, nata, pintura... hay que probarlo todo. De bebé, sentó las bases de la pintura extendiendo y untando diferentes materiales con la mano.

Ahora está empezando a pintar; bueno, al menos le gusta garabatear sobre papel, o sobre otras superficies. Lo hace por el puro placer de los movimientos rítmicos y hace movimientos de barrido con el brazo sin bajar la mano y con una posición del lápiz poco convencional. Sostiene el lápiz en el puño, que mantiene recto o a veces cruzado, de modo que presiona o golpea el papel y hace puntos o agujeros. Garabatea en círculos, salvajemente en círculos, garabateando de un lado a otro; simplemente disfruta con el movimiento. La pregunta de un adulto «¿Qué se supone que es esto?» es un misterio para ella. No se supone que sea nada, se supone que tiene que ser divertido y practicar el movimiento. Sus herramientas favoritas son los lápices de cera resistentes.

> Sigue trabajando para comprender el mundo y clasifica las cosas, aunque todavía de forma bastante general. Todas las mujeres son «mamá», todo lo que se conduce es un «coche», «pelota» son todas las cosas redondas.

Los adultos se ríen cuando se equivoca al clasificar y, por ejemplo, describe una oveja como un perro. Es una pena que no pueda decir con gracia: «Lo siento, a veces todavía estoy trabajando en el "cambio de nivel global a básico", así que estoy cambiando el nivel superordinado "animal" al nivel subordinado; y solo lo hago con la poca información de mi vida cotidiana, así que un poco de respeto, por favor».

Álex ya ha explorado suficientemente la forma de las cosas, sabe que una pieza cuadrada no cabe en un agujero triangular y puede emparejar formas con facilidad. También es capaz de clasificar cosas, por ejemplo, puede poner tenedores con tenedores y cucharas con cucharas en el cajón de los cubiertos. Lo hace con entusiasmo porque satisface dos necesidades a la vez. Por un lado, puede ayudar a ordenar y, por otro, seguir aprendiendo a clasificar.

Ayúdame a hacerlo yo misma

A Álex le encanta ayudar. Quiere ver exactamente lo que pasa en la encimera de la cocina y sus padres no quieren seguir sujetándola porque si no siempre está lloriqueando y tirándole de los pantalones.

> Ven una «torre de aprendizaje» en casa de un amigo y enseguida les entusiasma la idea. Álex puede subirse y bajarse sola de este taburete con barandilla para mirar la encimera y aprender.

Subir y bajar del taburete de forma independiente es importante porque su capacidad de atención es todavía muy corta. Quiere mirar un momento, aprender, tal vez hacer algo... y luego pierde el interés. Y vuelve un poco más tarde y mira de nuevo. Es capaz de dosificar su pensamiento y, gracias a la torre de aprendizaje, Juan y Julia no tienen que hacer constantemente grandes preparativos para mirar y luego decepcionarse porque solo se queda dos minutos.

A Álex le gustaría mucho tener sus propias tareas, pero todavía no es capaz de abordarlas y completarlas de forma estructurada, o al menos no siempre. No obstante, ya es capaz de cascar un huevo o remover, verter o ir a buscar algo. Le encanta fregar los platos (jugando con el agua). También le gusta quitar la nieve, rastrillar la hierba, pasar la aspiradora, ordenar los calcetines, hacer la colada, pasar la fregona, barrer, regar las flores. Además, practica la higiene personal, como lavarse los dientes, peinarse y lavarse las manos.

Lo que a veces sorprende a Álex es la actitud de los adultos por ser tan desordenada y caótica. Lo oye de vez en cuando. Le gustaría protestar y decir que necesita que alguien le enseñe a ser ordenada, pero aún no sabe cómo hacerlo. Poco a poco está superando la fase de limpieza y ahora puede empezar a aprender a estructurarse. Esto no va a funcionar de inmediato, sino que, como casi todo, es un proceso que lleva muchos meses.

Lo que Álex necesita sobre todo es una visión de conjunto. Necesita que alguien divida el orden en pasos muy pequeños. Necesita oír: «El bloque rojo va ahí. Ahora el bloque azul va ahí». Así, sí, pero... ¿Será lo mismo mañana y la semana que viene? Tiene que haber una estructura fiable para que pueda aprenderlo en algún momento.

> Solo puede ser ordenada con muy pocas cosas; Álex se siente absolutamente abrumada con las estanterías llenas. Ella prefiere pocos juguetes que cambien con más frecuencia.

Si no ve un juguete durante un tiempo y luego lo vuelve a ver, puede ser interesante de nuevo. No puede con el exceso de oferta bienintencionada, pero, por supuesto, sigue queriendo explorar y mirarlo todo... y entonces se produce el caos.

Amplía su pensamiento a través del juego

Álex sigue descifrando la función de todas las cosas y ahora ha dado otro paso decisivo en su pensamiento: puede jugar al «juego del símbolo». Ya no necesita el objeto real, sino que puede coger un bloque de construcción, por ejemplo, e imaginar en su cabeza que ahora es un teléfono. Ese fue un paso difícil para su mente. Transformar el objeto concreto de su imaginación en otra cosa. Realiza la acción con este símbolo exactamente igual que con el objeto real, es decir, camina por la habitación con el bloque de construcción en la oreja, parloteando. También sigue imitando acciones cotidianas, como jugar con sus coches, empujar un peluche en un vehículo y cocinar o ir de compras. En su juego se ve que ya ha comprendido algunas rutinas, por ejemplo, da de comer a un peluche y luego lo acuesta, igual que ha aprendido a hacer consigo misma.

Los contenedores también siguen siendo fascinantes y se llenan de arena, agua, castañas... todo tipo de cosas y se vierten de nuevo. A Álex también le gusta cargar su camión volquete con piedras y volcarlo. Puede jugar completamente absorta en sí misma y balbucear para sus adentros en su propio idioma.

A Álex le gusta construir torres cuando juega. Sigue apilando hacia arriba y ahora puede con unos tres o cuatro bloques.

> Sigue el misterioso plan interno de que todos los niños apilen hacia arriba en la primera fase, luego horizontalmente en filas, y solo después combinen las dos cosas y construyan cosas más complejas.

En general, sigue ciertos patrones cuando juega: transportar y acumular son otros temas en los que está trabajando actualmente. Lleva objetos de A a B y los amontona. De este modo, aprende que primero se apilan las cosas y luego se vuelven a descomponer, lo que constituye la base de las matemáticas. También aprende todo tipo de cosas sobre el transporte, como qué cabe en sus manos o en el cubo y qué no, hasta dónde puede llevar algo y cuánto tarda en hacerlo. Actualmente se plantea estas difíciles preguntas de investigación (véase «Cómo… Utilizar Esquemas de juego», página 98).

> Lo que sigue siendo importante es que perciba los estímulos con un ligero retraso. Si le das a Álex una instrucción breve, entonces es bueno esperar un poco, quizá contar hasta diez… a menudo una reacción viene primero.

A Álex le lleva tiempo ordenar todas las imágenes, olores, sensaciones y voces… alguien quiere algo… qué ha sido eso… cómo ha ido… ¡ah, ya veo!

Sentimientos y relaciones

Ahora que Álex se ha convertido en su propia «yo», sus emociones se expanden. Ahora también puede percibir las «emociones secundarias» que solo puedes tener una vez te ves como tu propia persona.

> Son emociones vinculadas al sentido del yo, como la vergüenza, el orgullo, la envidia y la culpa. Esto hace que la vida sea un poco más complicada, pues antes Álex no sentía vergüenza ni culpa. Eso empieza a ocurrir ahora poco a poco.

Por otro lado, ahora también puede sentirse orgullosa de sus capacidades, lo que le parece hermoso.

Álex se enfrenta ahora sobre todo al hecho de que quiere actuar por su cuenta y eso a menudo no funciona. Entonces, para bien o para mal, tiene que aceptar ayuda, y eso no le gusta nada. ¡Ella ya es grande! Puede hacerlo sola. Es su propia persona, ¡así que hace sus propias cosas! Si no puede ponerse la chaqueta porque no puede subir la cremallera, o no le dejan hacerlo porque sus padres tienen poco tiempo, se frustra mucho. Álex grita, se niega a hacer nada y por un momento piensa que el mundo es un gran valle de lágrimas.

Realización de la propia voluntad y establecimiento de límites

A Álex no le resulta tan fácil ser tan ambivalente y luego imponerse de forma creíble. A veces trata de compensarlo hablando alto y con vehemencia; cuando grita especialmente alto, todo el mundo entiende que habla en serio. El hecho de que unos minutos más tarde hable igual de en serio de otra cosa complica un poco las cosas para todos los implicados, aunque también es verdad que resulta muy difícil darse cuenta de lo que se quiere exactamente.

> A veces Álex simplemente se opone, sin que haya una razón «sensata» para ello. Esta fase tiene poco que ver con la razón; se trata de aprender a reconocer y hacer valer su voluntad.

Lo practica, como todo lo demás, con cada pequeña cosa. La ocasión no es importante. Del mismo modo que ha practicado sin cesar el vaciado de cajones, ahora practica los conflictos con otras personas y con su propio punto de vista. Todavía no le convence mucho, pero con el paso de los meses y los años irá mejorando (para más información sobre cómo tratar este tema, véase «Autonomía y límites», página 143).

También es la primera fase de separación de sus padres. A veces es un poco duro, pero eso es simplemente una cuestión de falta de práctica. En los momentos de calma, Álex decía: «Mamá, papá, mis fuertes sentimientos no son contra vosotros. Por favor, no os lo toméis como algo personal. Estoy buscándome a mí misma. Estoy buscando lo que me gusta, lo que no me gusta, lo que puedo y lo que no puedo hacer y todavía no sé expresarlo bien. A menudo no doy en el blanco y me siento totalmente abrumada por los sentimientos y el callejón sin salida en el que me he metido. En esos momentos, tenéis que tomar el relevo por mí para que la cosa no se agrave del todo; necesito un límite. Uno que me moleste, pero que me dé estabilidad. Necesito la sensación de que no estoy completamente perdida y de que alguien sigue teniendo el mundo bajo control cuando yo no lo tengo».

> A Juan y Julia les resulta muy difícil porque los sentimientos de su hija de un año son muy extremos. Ahora las situaciones se agravan de forma rápida e inesperada; todo iba bien y, de repente, el caos reina en cerebro del niño.

Y ese arrebato emocional nunca se produce en situaciones relajadas, sino sobre todo cuando las cosas son estresantes y difíciles de todos modos. (Para más información sobre cómo manejar los sentimientos, véase «Sentimientos y rabietas», página 205).

Jugar juntos

En los muchos momentos mágicos que se dan, Álex disfruta jugando a juegos de movimiento con sus padres, sentada en el puff, todavía sentada sobre la rayuela, siendo balanceada... todo esto es estupendo y le divierte mucho, a menudo chilla de alegría. En general, jugar es maravilloso y le permite aprender con todos sus sentidos.

Disfruta hojeando libros ilustrados con mamá o papá, a menudo incluso más rápido de lo que el adulto puede leer; también le encantan los mimos.

> También le parece estupendo jugar juntos, pero es diferente para ella que para los mayores. Para Álex es un gran juego cuando repite algo muchas veces y la otra persona observa. O el adulto dice unas palabras sobre lo que está haciendo y sonríe, eso es suficiente, en esos momentos «jugar juntos» es perfecto.

Cuando está con otros niños, Álex pasa ahora de la fase de «juego individual» a la de «juego paralelo». Esto significa que juega junto a otros niños y que a menudo hacen lo mismo uno al lado del otro. De vez en cuando se pasan un juguete, o ella le lleva algo a otro niño, o conducen o corren el uno detrás del otro.

O realmente quieren tener lo que el otro tiene en ese momento. Como carecen de habilidades lingüísticas, aún no son capaces de discutir de forma constructiva quién debe quedarse con el juguete. Por lo tanto, esto se resuelve de forma puramente física: el más rápido o el más fuerte se queda con el juguete. A Álex le sorprende mucho que a menudo los adultos exclamen horrorizados. Ella oye la palabra «compartir». ¿Qué concepto es ese? ¿Por qué iba a regalar su juguete? Ahora lo quiere de verdad; sus impulsos son fuertes. ¿Qué razón hay para que lo deje ahora?

> Aún no ha desarrollado la empatía, la idea de que al otro niño le gustaría tener el juguete está muy lejos de su mente. Hay que explicárselo muy a menudo y, sobre todo, mostrárselo de forma concreta.

Si compartir es algo que también se practica en la vida cotidiana de su familia («Venga, vamos a compartir el último trozo de pizza»), aprenderá a hacerlo por sí misma, pero todavía no.

¡Pelea!

En este momento, sus habilidades sociales están solo moderadamente desarrolladas y funcionan según el principio de ensayo y error. El niño no da el juguete, así que empuja al niño, coge el juguete y todo va bien. Entonces, los adultos reaccionan —no tan bien después de todo. ¿Hay algún otro método? ¿Cómo funciona? Álex necesita modelos y a menudo tiene que ver cómo resuelven la situación los mayores. Decir «¡Para!» o «Por favor», o esperar o disculparse… Álex solo puede aprender todo esto poco a poco ya que es muy complejo.

Sus padres se preguntan por qué Álex empuja y pega y si tal vez podría ser antisocial. Eso les preocupa mucho. No le han dado ejemplo, ¿de dónde viene eso? Álex diría: «No pasa nada, ya aprenderé. No soy estúpida porque aún no sepa matemáticas. No soy antisocial, soy presocial. Jugar con los demás es difícil, todavía estoy al principio. No se me da muy bien hablar y no soy capaz de empatizar y evaluar las reacciones de los demás. Tardaré otro año, quizá otro año, ¡pero es una tarea en progreso!».

En algún momento, Juan y Julia aprendieron de un amigo que la gran mayoría de los niños pequeños empujan, pegan o incluso muerden (a sí mismos o a otros) en algún momento. Solo es importante que «se mantengan alerta» y muestren siempre a Álex inmediatamente con una actitud clara, sin ser groseros por supuesto, que esa no es una solución. Y, a continuación, demostrar inmediatamente cómo es la solución adecuada. Mamá y papá son modelos y entrenadores para Álex.

> Al fin y al cabo, no tiene mucho sentido tener normas si no sabes por qué te reprenden y cómo hacerlo de otra manera.

Este amigo les asegura que sus medidas están funcionando, pero mucho más lentamente de lo que pensaban. Aprender las reglas sociales es un proceso que lleva muchos meses y años.

Movimiento

Álex ya camina con seguridad. Ahora se atreve a agarrarse a los escalones. Sin embargo, sigue caminando en un paso de postura, es decir, se apoya en el escalón con las dos piernas antes de subir el siguiente escalón con una pierna.

Otro truco es chutar un balón sin caerse. No es nada fácil. Para ello, tienes que cambiar el equilibrio a una pierna y luego equilibrar el impulso. Emocionante. Ahora también puede lanzar una pelota, pero todavía no tan bien en una dirección determinada.

A Álex le encanta trepar por los muebles, los juegos, las paredes, las escaleras y demás. Por desgracia, no tiene ni idea de los peligros que esto entraña y, fascinada por su propia habilidad trepadora, puede acabar en todo tipo de lugares elevados. Es aquí donde sus padres a veces tienen que ser rápidos.

> También se vuelve cada vez más hábil con las manos. Abrochar una cremallera es interesante porque aquí puede aprender mucho; tiene que dosificar la fuerza de tal manera que pueda seguir tirando uniformemente hasta llegar arriba.

Si se le deja practicar, pronto será capaz, al menos, de abrir cremalleras y quitarse ella sola sus primeras prendas. Vestirse y desvestirse es un juego muy bueno, y Álex puede aprender mucho y desarrollar nuevas habilidades.

Álex ya puede comer sola. Es muy lenta y todavía se le cae mucha comida, pero lo está consiguiendo. Sigue sabiendo muy bien cuándo está llena. Su cuerpo le indica claramente cuándo está llena. Y a veces está llena justo antes del último bocado, que es lo que su cuerpo le indica, y ella le hace caso.

> Sus padres procuran no forzarla a comer el último bocado para que el plato quede vacío. Quieren que no se olvide de escuchar su sensación de saciedad.

Sus necesidades alimentarias cambian casi a diario, dependiendo de lo activa que sea, o de si está creciendo o enferma o demasiado excitada o cualquier otra cosa. A veces sus padres se preocupan si come menos durante un tiempo porque, por ejemplo, crece menos deprisa. Álex puede tranquilizarlos, ella misma lo sabe muy bien. Es una decisión que puede tomar muy bien porque no tiene nada que ver con el pensamiento. Simplemente lo siente en su cuerpo y actúa en consecuencia. No existe un «tengo que comer ahora» o «no tengo que comer ahora» o «tengo que comer otra cosa», todo es un proceso muy sencillo. Tener hambre significa comer. Estar lleno significa parar. Fin de la historia.

Habla

Poco a poco, Álex va entendiendo mejor, pero aún tiene que descodificar muchas frases con ayuda de gestos, expresiones faciales, entonación y situación. Hablar por sí misma es más difícil para Álex, ahora puede decir unas veinte palabras, y llegará a unas cincuenta a finales de año. En su grupo de niños pequeños varía mucho el número de palabras activas que utilizan los niños, algunos ya hablan mucho, otros todavía solo unas pocas. Ambas cosas son normales. Y «palabras» sigue significando que es su variación personal de la palabra «correcta».

> No puede hacer nada con sus padres corrigiendo sus errores, porque aprende con el ejemplo. Una opción para Juan y Julia es repetir la palabra con entusiasmo y correctamente, para que Álex vuelva a oírla correctamente.

Sin embargo, esto no es necesario todo el tiempo, si sus padres hablan con ella, responden a sus preguntas y en general participan en la conversación, entonces la aprenderá con el tiempo.

Álex se da cuenta con satisfacción de que «da coche» o «más agua» se entiende bien y de que puede conseguir algo con ello. Si no se le entiende, puede sentirse muy frustrada, le molesta mucho no tener forma de comunicar sus necesidades, sentimientos y grandes ideas.

Una frase como «Por favor, cierra la puerta» o «Por favor, no vayas a la puerta» es difícil de distinguir. Con la segunda frase, puede que solo entienda «puerta», complete el resto por sí misma e inmediatamente corra hacia la puerta, aunque no deba hacerlo. Otro factor en este caso es que no oye ni entiende muy bien la palabra «no». Se trata más bien de la imagen que la frase crea en su cabeza; «puerta» crea una imagen, «no» crea... exactamente, nada. Lo más sensato es decirle siempre exactamente lo que quieres, no lo que no quieres.

En un vistazo: de los 18 a los 24 meses

Pensamiento y juego

Álex se reconoce ahora como su propia «yo» y quiere actuar con independencia. En la práctica, quiere hacer todo lo posible por sí misma. Sin embargo, a menudo le sigue resultando difícil decidir por sí misma, ya que carece de visión de conjunto. Le gusta ayudar en casa, lo que considera un juego. Ya puede utilizar símbolos y herramientas.

Sentimientos y relaciones

Álex ahora experimenta con frecuencia momentos de frustración, ya que a menudo quiere hacer más de lo que ya es capaz. Sus sentimientos pueden ser muy fuertes y cambiar de repente. Su voluntad es nueva para ella y tiene que ir descubriendo poco a poco lo que realmente quiere. Sin embargo, sigue siendo muy cambiante, un momento quiere una cosa y al siguiente algo completamente distinto.

Muestra interés por los demás niños, pero aún no ha desarrollado sus habilidades sociales. A veces empuja y pega porque todavía no tiene otras ideas sobre cómo interactuar con los niños. Tiende a jugar junto a ellos más que con ellos; jugar juntos durante periodos más largos es aún demasiado complejo.

Movimiento

Álex ya puede caminar con seguridad. Se sube a los muebles y cosas por el estilo y sigue sin ser consciente del peligro. También es cada vez más hábil con las manos y, con la práctica, puede subir y bajar cremalleras, por ejemplo. Puede comer sola y sabe calcular la cantidad de comida que necesita.

Habla

Álex comprende unas doscientas palabras y puede decir por sí misma entre veinte y cincuenta palabras, aunque sigue simplificando las palabras. Hace frases de una o dos palabras. Aun así, sigue necesitando expresiones faciales, gestos, tono y lenguaje corporal, así como la situación para comprender bien.

¿Qué es importante para los padres durante el segundo año de vida?

Si todavía no sabes exactamente qué son los momentos de orientación y seguimiento, vuelve a leer el resumen de la página 29. Básicamente, solo hay una pregunta que hacerse en la vida con niños: «En esta situación, ¿necesita mi hijo que yo le guíe o que le siga?».

Momentos de orientación con niños de 1 año

A la edad de un año, se tiene, entre otros, tres problemas:

1. Se tienen sentimientos muy fuertes, a menudo repentinos, pero aún no se es capaz de manejarlos muy bien. Tampoco se controlan bien tus impulsos.

2. Uno llega a conocer su voluntad, pero esto no funciona tan bien al principio y a veces se quiere una cosa y a veces la otra.
3. Todavía no se ha desarrollado el lenguaje lo suficiente para poder resolver problemas mediante explicaciones o negociaciones. El aprendizaje y la comunicación se realiza principalmente a través de acciones.

En su mayor parte estos tres problemas simplemente requieren de más tiempo y desarrollo. Es importante ser consciente de que no hay una solución única, el desarrollo dista mucho de estar completo y estamos en medio de él. No es fácil para tu hijo pequeño porque todo está bastante mezclado con sus emociones.

Sigue siendo importante que le des a tu hijo pequeño seguridad y orientación. De nuevo, «dar orientación» se trata de un término muy abstracto; y ni siquiera sabes lo que tienes que hacer en términos concretos. He descrito exactamente cómo hacerlo en el capítulo sobre guiar y seguir, es muy sencillo: le dices lo que estás haciendo. Esto ya lo haces automáticamente en tu vida cotidiana para todo tipo de cosas, ahora solo tienes que hacerlo más conscientemente con tu hijo de un año. Mírate las manos y di lo que estás haciendo.

Fíjate bien, ¿cuáles son los detalles individuales que necesitas ahora para el proceso? «Ahora, cogeremos el cepillo de dientes... ¿Dónde está la pasta de dientes...? Ahí. Bien, ahora la pondremos en el cepillo de dientes... Bien, hecho».

Cuando cambies los pañales, te vistas, comas, siempre que haya una rutina que el niño esté aprendiendo, cuéntasela. Sobre todo si vas a hacer algo inesperado con tu hijo, como limpiarle la nariz o cogerle en brazos, díselo de antemano, ya que esto también tiene que ver con el mantenimiento de los límites y el comportamiento respetuoso. Esto se lo enseñas a tu hijo sobre la marcha.

Di lo que estás haciendo, aunque tengas la sensación de que es aburrido y ya lo hayas dicho mil veces y tu hijo ya lo sepa; ya sabes, se trata de repetir. Puede que tu hijo haya memorizado detalles sueltos, pero aún está trabajando para entender bien todos los procesos con todos los pasos intermedios. ¿Cómo te has lavado las manos? ¿Primero jabón, luego agua o viceversa? ¿Cómo empiezo a lavarme los dientes? ¿Cuál es mi tarea al cambiar los pañales? ¿Cogí primero la cuchara y el plato al comer y luego me senté o fue al revés? Al decirle a tu hijo lo que está pasando, le das orientación y seguridad y, al mismo tiempo, te haces cargo de él de una manera cariñosa. Conoces el camino. Sabes lo que viene a continuación. Eres muy competente y puedes confiar en ti. Comunícaselo a tu hijo a través de muchos pequeños detalles. Eso es liderazgo.

Al mismo tiempo, aprende las palabras de las cosas y los procesos y puede trabajar contigo porque sabe lo que le espera. De hecho, aprendes a trabajar en equipo en el cambiador de pañales. Tú haces algo y tu hijo te ayuda lo mejor que puede, pero tu hijo tiene que saber exactamente lo que está pasando.

Si quieres que tu hijo trabaje contigo, en primer lugar tienes que decirle los detalles individuales y, en segundo lugar, tienes que esperar un poco. Tu hijo todavía procesa la información muy lentamente. «Extender el brazo» puede llevar un rato; a veces puedes contar hasta ocho o diez hasta que lo haga. Dale tiempo. Da a los miembros de tu equipo la oportunidad de contribuir tan a menudo como sea posible, porque eso es lo que quieren hacer.

Naturalmente, la vida cotidiana es como es y no siempre funciona, pero eso no importa, tu hijo no necesita la perfección. Cada día es diferente, a veces funciona mejor, a veces peor, eso es completamente normal. No es un «error» si no lo haces, simplemente, no encaja en tu vida.

¿Cómo puedo crear seguridad y estructura?

Ya hemos establecido que tu hijo quiere aprender todo el tiempo. Solo aprende tocando y necesita explorar objetos. Sé un líder sabio también en este caso y ayuda a tu hijo a satisfacer esta fuerte necesidad. Demasiados «noes» frenan las ansias de desarrollo de tu hijo y son muy frustrantes. No queremos alejar toda frustración de tu hijo, pero probar cosas es de vital importancia. Tu hijo no puede hacer frente a demasiadas restricciones. Así, tendrá la oportunidad de hacerlo de todos modos, tendrá más rabietas o aumentará el ritmo y hará las cosas tan deprisa que tendrás pocas posibilidades de decir «no».

> Crea un «entorno del sí», término utilizado en educación. Como gestor inteligente, organiza tu casa de forma que tengas que decir «no» muy poco.

Pon todos los jarrones arriba. Pon solo los cuencos y ollas de plástico en los armarios inferiores. Mira cómo puedes hacer que tu casa sea «a prueba de niños» y no pienses solo en los enchufes y la cocina (que también, claro). Tu hijo será capaz de memorizar y ceñirse a unos pocos espacios «prohibidos», pero esto puede llevar algún tiempo. Si hay demasiados, no tendrá memoria ni control de sus impulsos para cumplir las normas.

Si eres de los que se preocupan por el orden, no está todo perdido. Sé que todo el mundo piensa que los niños pequeños son muy desordenados, pero en realidad les encanta la estructura y el orden. Como a todas las personas, les gusta tener una visión de conjunto. Tienes que enseñarle a tu hijo a mantener el orden a largo plazo mediante:

- Un lugar fijo para todas las cosas.
- Muchas, muchas repeticiones.
- Muy pocas cosas.

Tu hijo perderá rápidamente la noción de muchos objetos. Si esto te interesa, puedes estudiar el método Montessori, donde puedes ver exactamente cómo debe ser una estructura sencilla para niños pequeños. En el anexo encontrarás bibliografía al respecto. Por favor, no te equivoques, un niño de un año aún no puede tener las cosas permanentemente organizadas, solo puede abrirse camino poco a poco y que le enseñes una y otra vez que el bloque azul va en esta caja después de jugar (o por la noche).

Si en general el orden no es tan importante para ti, tu hijo también puede aprender que ordenar juntos de vez en cuando también es maravilloso. Esto también debe dividirse en pequeños detalles. Guarda muchas cosas y asegúrate de que tu hijo guarda dos. Dile exactamente dónde van esas dos cosas y ayúdale a ordenar. Así aprenderá a guardar cada vez más cosas.

El deseo de orden difiere mucho de una persona a otra, como ya habrás notado en tu familia.

El tema de las repeticiones también es importante en este contexto. Tu hijo necesita muchas. Si se pone delante del enchufe y dice «no, no» con convicción, para luego tocarlo de todos modos, es completamente normal. Su control de los impulsos aún no está suficientemente desarrollado. No te lo tomes como algo personal. Eres como el cajón que tu hijo ha tenido que vaciar muchas veces para comprender. Ahora tiene que probar tu reacción y entenderla, lo cual es más difícil. Y aún más difícil es renunciar a las ganas de descubrir y explorar solo por una exigua prohibición. No pienses que tus medidas no funcionan, porque sí lo hacen. Solo que no inmediatamente. Pueden pasar meses antes de que lo que muchas veces has dicho o hecho mejor surta por fin efecto. El liderazgo a menudo requiere paciencia.

El tema de los límites es fundamental a esta edad. Podrías memorizar la frase: *Todos los sentimientos están permitidos, pero no así todos los comportamientos*. Dada la importancia que tiene el hecho de establecer límites durante todo el periodo del niño pequeño, hay un capítulo intermedio aparte sobre «Autonomía y límites», página 143.

Espero que te hayas hecho una idea general de la etapa de desarrollo en la que se encuentra Álex; así podrías ahorrarte mucho estrés. Ya puedes anticiparte a muchos problemas. Como buen líder, después de un día infructuoso piensa en cuál ha sido el problema. Quizás te hagas honestamente alguna de las siguientes preguntas: ¿fue prudente hacer una parada rápida en la tienda de bricolaje después de un día estresante? ¿Sabía antes de ir a comprar que mi hijo no sería capaz de hacerlo con soltura? ¿Se puede organizar de otra manera la próxima vez? ¿He sobrecargado hoy la voluntad de cooperación de mi hijo? ¿Había demasiados compromisos? ¿De verdad puedo dejarle jugar solo con los demás y esperar que lo hagan durante mucho tiempo sin mi ayuda? ¿Cómo puede alguien que no es capaz de controlar sus impulsos no dejar todo hecho un «desastre» si no pongo las cosas fuera de la vista? Tal vez haya formas en tu vida cotidiana de gestionar las situaciones con antelación para que transcurran sin problemas.

¿Cómo puedo favorecer su autonomía?

La suposición de que tienes que servir a tu hijo y hacerlo todo por él durante los primeros años hasta que pueda hacerlo por sí mismo es muy común. Se ve y se oye por todas partes que los adultos se sacrifican para que el niño esté lo mejor posible, lo cual, por supuesto, suele ser maravilloso. Si eres de los que disfrutan convirtiendo la comida, la habitación del niño o un juego en una obra de arte, sigue haciéndolo.

Sin embargo, a menudo tu hijo es incapaz de apreciarlo y tú te sientes frustrada porque te has esforzado mucho. Así que hazlo solo si te produce placer.

> A tu hijo no le interesan los productos acabados, sino el proceso en sí. Este año aprenderá a utilizar herramientas y puede aprender y realizar mucho más de lo que tú crees. Confía en tu hijo para hacer mucho más a nivel práctico.

Por supuesto, no puedes meterles en la cocina y decirle: «Toma, ¡haz la tarta!». Tu hijo necesita una fase de aprendizaje en la que primero te observe y luego, poco a poco, haga él mismo algunos de los detalles. Esto puede convertirse rápidamente en más y más.

En general, yo soy de la opinión de que para los niños solo hay que comprar pocas cosas, pero una «torre de aprendizaje» resulta muy útil (por supuesto, una silla con reposabrazos altos también sirve). Tu hijo puede utilizar este taburete con barandilla para regular por sí mismo cuánto tiempo quiere mirar y si quiere participar. Hemos visto que Álex decide por sí misma cuánto tiempo puede ver y cuándo es suficiente.

> No me canso de repetirlo: el trabajo en la cocina y las tareas domésticas son el juego perfecto para tu hijo. Solo tú divides la vida en trabajo y juego, tu hijo no tiene esta separación.

Para tu hijo, todo es un juego. Juegan a lavar la ropa, a preparar la cena y luego a construir una torre de bloques. No hay ninguna diferencia. A esta edad, solo tienes que ser capaz de elegir libremente las actividades, porque solo tu hijo sabe cuál es el siguiente paso en su desarrollo.

También le apasiona ayudar y quiere sentirse útil. Quiere formar parte de la familia y le gustan las tareas. No les gusta estar ocupados lejos de los adultos para que no estorben. Sin embargo, la mayoría prefiere el original y, sobre todo, tu presencia.

Si jugar con tu hijo te parece aburrido, y a muchos adultos les pasa, aunque rara vez lo admitan, ¿por qué no hacer cosas juntos en casa? Podéis formar un equipo doméstico y hacer juntos las tareas de forma agradable. Sí, al principio te llevará mucho más tiempo, pero piensa a largo plazo, merece la pena. Tu hijo puede desarrollarse muy bien gracias a las distintas actividades, tú tienes la sensación de que, de alguna manera, sigues haciendo algo significativo y hacéis algo juntos. Si además hay algo de diversión, estarás apoyando a tu hijo perfectamente.

También en este caso resulta práctico comprar algunos objetos de menor tamaño. Y es que tú no barrerías el suelo con algo del tamaño de una pala de nieve. Hay versiones más pequeñas y muy asequibles de escobas, fregonas y otros utensilios que se adaptan al tamaño de tu hijo.

Comer también es un punto importante que tu hijo querrá hacer de forma independiente a una edad muy temprana. Una vez que haya superado la fase de los derrames y tu hijo pueda comer con cuchara, puedes ir ampliándola poco a poco. O incluso antes, como prefieras. Pero recuerda siempre las proporciones: es muy difícil practicar el vertido con un biberón de 1 litro, por ejemplo, cuando eres tan pequeño como tu hijo. Tampoco tú sirves las bebidas de recipientes de 20 litros, ya que no podrías controlar y mantener el punto de inflexión con tu tamaño. ¿No tienes una vieja jarra de leche de un servicio de café? Tiene el tamaño de las manos de un niño y es estupenda para practicar el vertido.

Si hay que tener cuidado con el servicio de café… ¡Tanto mejor! ¿Cómo vas a aprender a enfrentarte a los peligros si nadie te enseña? Si solo te dan plástico, aprendes que puedes tirar las cosas porque solo tienes que volver a recogerlas. Enséñales a manejar el cristal y las cosas peligrosas durante los próximos años. Como niño pequeño, también tiene que aprender a tener cuidado. Tu hijo es más competente en cosas prácticas de lo que crees. Confía en él y en sus habilidades.

Sueño

Si dormir es un problema para ti, lo cual sería bastante normal, echa un vistazo al capítulo intermedio «Dormir durante la infancia temprana» en la página 87.

CÓMO... PENSAR

Buscar soluciones juntos

De vez en cuando se puede hacer algo llamado «pensamiento compartido sostenido». En realidad, solo hablamos de ello cuando realmente pensamos juntos. Sin embargo, como padre o madre, inteligente, puedes empezar con niños de un año y desarrollar la inteligencia de tu hijo durante los próximos años dejándole participar en pequeños problemas cotidianos y animándole a pensar conjuntamente. Parece complicado, pero en realidad es muy sencillo. Piensa en voz alta de vez en cuando sobre problemas cotidianos:

«Mmm... el suelo del pasillo está sucio por los zapatos, ¿qué se puede hacer? ¿Se puede quitar con una escoba? No, es suciedad húmeda, necesito un paño o tengo que esperar a que se seque... dónde está el paño... aquí... limpiar una vez... y luego lavar el paño... vaya, sale mucha suciedad... lo colgaré aquí para que se seque... ya está, hecho».

Le enseñas a tu hijo problemas cotidianos de forma relajada para que empiece a pensar por sí mismo. En algún momento, empezará a presentarte sus propias soluciones; ese es el objetivo. Sé entusiasta, aunque las soluciones aún no sean perfectas. Si planteas en voz alta la cuestión de cómo sale un bebé del vientre materno y tu hijo corre entusiasmado a por el taladro de juguete, entonces el planteamiento es estupendo, lo que ocurre es que aún no están bien ajustados todos los detalles. Puedes explicarle por qué su solución no funcionaría. Para que tu hijo pueda llevarte el café a la cama dentro de unos años, tiene que aprender los procesos ahora.

Una vez que tu hijo haya superado la edad infantil, los «diálogos metacognitivos» se desarrollarán lentamente hasta la edad preescolar. Las preguntas se vuelven más complejas y podéis reflexionar sobre ellas juntos. Si tu hijo hace preguntas, puedes decirle algo como: «Buena pregunta. Yo también me lo he preguntado». Podrías plantear tu propia sugerencia y decir: «Creo que es así... ». Y luego responder a la pregunta con: «¿Tú qué crees?». Esto le enseña a tu hijo a abordar y resolver problemas por sí mismo.

Lo más importante es que no olvides que haya diversión durante toda la crianza y que a tu hijo solo le interesa realmente el amor y la conexión. Divertíos juntos. A la inmensa mayoría de los niños les encanta reír, pero entienden el humor de un modo distinto al tuyo. A tu hijo solo le hacen gracia las cosas cuando sabe exactamente cómo funcionan en realidad, y ahora, de repente, son diferentes. No puede hacer nada con chistes de palabras, el lenguaje es aún demasiado nuevo para eso. A tu hijo de un año le hacen gracia las cosas que se utilizan «incorrectamente» como, por ejemplo, ponerse una maceta como sombrero, ponerse un calcetín en la mano, poner una cara rara, hablar con voz falsa, o una escoba que de repente habla. De esta manera puedes divertir de verdad a tu hijo, reconectar al instante y hacer que las cosas «desagradables» resulten muy fáciles en cuestión de segundos. Si resulta divertido, tu hijo suele hacerlas sin problemas.

Momentos de seguimiento con niños de 1 año

Este año, la danza social entre orientar y seguir es un reto para nosotros, los adultos, porque los sentimientos de un niño de 1 año suelen ser fuertes y pueden cambiar muy deprisa. Tu hijo necesita que le guíes en situaciones en las que hay un objetivo y un proceso. En los momentos en que está sintiendo, jugando o descubriendo, a menudo necesita tu apoyo cariñoso. Estos son los momentos de seguimiento.

¿Cómo puedo acompañar los sentimientos?

Este año no es tan fácil para tu hijo pequeño enfrentarse a los sentimientos y a la voluntad recién despertada. Imagina que tienes sentimientos muy fuertes pero aún no tienes ni idea de qué son, qué sientes, cómo regularlos y todavía no puedes expresarlos. No resulta tan fácil, ¿verdad?

Te quedas ahí y lo único que puedes hacer es eso: quedarte ahí y gritar o llorar. ¿Qué otra cosa puedes hacer cuando no hay lenguaje ni idea de qué hacer ahora? Simplemente estás abrumado por estos sentimientos en tu cuerpo.

Tu hijo de un año suele encontrarse ahora en esta situación. Algo no funciona. O parece distinto de lo habitual. Una rutina cambia. No puede hacer algo. Todavía no puede hacer algo. Y surgen sentimientos fuertes. La vida se derrumba por un momento y todo parece un desastre. ¿Qué necesitaría en ese momento? En momentos así, necesitas a alguien que simplemente vea lo que pasa, te comprenda y tenga palabras para ti. Alguien que más tarde te muestre lo que puedes hacer ahora, pero primero viene la comprensión.

Con solo decir lo que tu hijo siente en ese momento, tendrá palabras para ese extraño estado. Ven tu cara, sienten tu mirada y oyen «Sí, eso ha sido difícil, estás triste». Esta información es importante para que tu hijo aprenda (muy lentamente y a lo largo de muchos meses) que existe una palabra para describir este extraño estado de malestar. Así aprenderá poco a poco a clasificarlo. En este año, aún no puedes preguntarle qué le ocurre. Si has leído o escuchado en alguna parte que debes preguntárselo, eso vendrá más adelante. En primer lugar, necesitan palabras para sus estados emocionales.

> Cuando le preguntas qué siente ahora y luego qué quiere se siente totalmente abrumado. Porque ese es el problema: no saben lo que sienten ni lo que quieren.

No quiere algo ahora mismo, eso lo sabe, y el resto es un gran misterio.

Tu conoces a tu hijo, solo tienes que mirarle y observar su cara. Está triste; está enfadado; tiene miedo. Observa el estado, reconócelo y nómbralo. Basta con conocer los sentimientos básicos, es decir, triste, asustado, enfadado, feliz... con eso es suficiente.

Eso es lo más importante para tu hijo; que haya alguien que sepa lo que está pasando. Es evidente que el mundo no es un desastre, parece que ya ha sido así antes. Esto da mucha seguridad, tu hijo se siente visto y comprendido, y puede calmarse mejor.

La frustración es ahora un sentimiento importante. Tu hijo necesita momentos de enfado. Naturalmente, no debes frustrar a tu hijo a propósito, pero no le quites todos los momentos de frustración que la vida nos brinda en abundancia. Al fin y al cabo, es mucho más fácil lidiar con sentimientos como la alegría y la diversión que con la ira, el enfado y la tristeza. Eso hay que aprenderlo. Se llama «tolerancia a la frustración».

A veces nos parece inadecuado y demasiado poco decir simplemente lo que siente el niño. A menudo esperamos que la sensación mejore inmediatamente y tomamos medidas para que cese de alguna manera. Sin embargo, basta con hacer algunos sonidos, un gesto tranquilizador, contacto físico o no contacto físico, y simplemente tomarnos nuestro tiempo y soportarlo juntos. También podemos asegurarnos de respirar lo más tranquila y profundamente posible para que nuestra respiración vuelva a calmar al niño. Por encima de todo, tu hijo necesita tiempo. Y a alguien con quien compartir el sentimiento, porque todavía es demasiado grande para llevarlo solo. Independientemente de si estabas muy ansioso, triste o enfadado; todo sentimiento llega, se queda un rato y luego vuelve a desaparecer. Simplemente desaparece y puedes seguir adelante. Tu hijo quiere experimentar este proceso. Esto le permite madurar. Esa es la consecuencia de los sentimientos.

El grado en que tu hijo experimenta sentimientos depende mucho de su personalidad y tiene poco que ver con una educación «correcta». Las experiencias varían, y puede que también lo veas en los adultos que te rodean.

Si tiene sentimientos muy fuertes, el asesoramiento emocional puede ser un verdadero reto para ti. Echa un vistazo al capítulo intermedio «Sentimientos y rabietas», página 205, donde se describe esto con más detalle.

¿Cómo acompaño el juego?

Tu hijo está descubriendo muchas cosas este año, explorando su entorno inmediato con gran detalle. Sigue el ejemplo de tu hijo diciéndole lo que está haciendo o sosteniendo. Con frases muy sencillas como: «Un bloque rojo» o «Sí, el triángulo cabe ahí», tu hijo aprenderá palabras para los objetos. También puede percibir en tu voz y tu tono que valoras lo que está haciendo y que le ves. De este modo, no solo aprende vocabulario sobre los objetos, sino también autoestima y conciencia de sí mismo. Tu hijo llega a conocer su personalidad y sus preferencias. También puede concentrarse un poco más cuando le prestas atención, de modo que tu hijo aprende a concentrarse durante más tiempo.

Puedes incorporar fácilmente esta medida tan sencilla a tu vida cotidiana porque no te lleva nada de tiempo, incluso puedes decir brevemente lo que ves al pasar. Si tienes tiempo, también puedes sentarte un rato mientras tu hijo juega y decirle lo que ves. El truco está en no interferir ni apoderarse del juego, porque el niño es el que manda cuando juega. Tú síguelo y dale la sensación de que puede hacerlo a su ritmo y con sus propias iniciativas.

Un gran reto para ti si te quedas sentado durante mucho tiempo puede ser el aburrimiento. Puedes sentir un gran placer por tener un hijo tan maravilloso y que sus acciones te parezcan muy simpáticas, pero, si somos sinceros, a la larga los juegos de un niño de un año resultan aburridos para el cerebro de un adulto. Hace tiempo que has superado ese punto de desarrollo cerebral. Tu hijo pequeño está repitiendo sus acciones una y otra vez, mientras que como adulto varías un juego para hacerlo divertido. Además, puedes hacer algo práctico; seguro que tienes que doblar la colada o realizar alguna otra actividad importante.

No necesitas muchos juguetes porque a tu hijo le interesan sobre todo los objetos cotidianos. Como se trata de explorar y descubrir, puedes ir rotando los juguetes. Unas pocas cosas en la habitación, que luego se cambian cada semana, son más adecuadas para tu hijo de un año que una habitación infantil llena de juguetes. Guarda los juguetes en el sótano o el desván durante unas semanas y luego vuélvelos a cambiar por objetos de la habitación infantil.

Dale a tu hijo espacio para explorar. Ellos quieren explorar el mundo y tú estableces el marco en el que pueden hacerlo. Quieren probar cosas y poner a prueba y ampliar sus habilidades. Lo que tu hijo no puede hacer esta semana, quizá pueda hacerlo la siguiente; el ritmo de desarrollo es rápido.

Ahora está desarrollando cada vez más su personalidad y se está convirtiendo en su propia persona, con sus propias preferencias, ritmo, intereses, rasgos de carácter y estados emocionales.

> El desarrollo del juego complejo con otros niños todavía no es posible para tu hijo debido al desarrollo del cerebro, pero este año está pasando lentamente de la fase de «juego individual» a la de «juego paralelo». Esto significa que habrá periodos más cortos y más largos de contacto con otros niños, normalmente con juguetes.

Por favor, no esperes que tu hijo haga amigos todavía. Tardará algún tiempo en hacerlo, ya que todavía necesita desarrollar mejor sus habilidades sociales.

Tu hijo aún es torpe en el contacto y probablemente necesite moderación de vez en cuando. Si pega, empuja, pellizca o muerde, suele deberse a la falta de lenguaje y de práctica.

> No te preocupes, el 80 % de los niños pequeños muestran un comportamiento «antisocial» en algún momento. Personalmente, preferiría llamarlo comportamiento «prosocial», solo se puede ser antisocial si ya se ha aprendido el comportamiento social.

Muéstrale siempre con el ejemplo cómo tratar a los demás, ya que esto es difícil de aprender. Tu función de modelo es crucial, a esta edad mostrar es antes que hablar. Así que si te pasas mucho tiempo explicándole cómo debe comportarse, no le gustará a tu hijo. Solo observará las acciones.

¿Qué hago en caso de conflicto?

En caso de conflicto, es importante que hables muy poco y actúes mucho, con cariño pero con una actitud clara. Ponte en medio en caso de disputa. Di «basta» y, si no se detiene inmediatamente, tal vez tengas que sacar a tu hijo de la situación. Si se trata de un juguete, dile: «Es de Pedro» y devuélveselo. Si es necesario, discúlpate con el otro niño. En realidad, lo mejor es que en esta fase seas tú mismo quien se disculpe, en tu propio nombre, con el otro niño.

Lo normal es que tu hijo aún se sienta abrumado a la hora de disculparse; e incluso si se disculpa, no será capaz de entender el significado. Puede que aprenda la acción, pero puede que le ocurra como a un niño de una de las escuelas infantiles con las que colaboro: se da una fuerte palmada en la mano derecha e inmediatamente después se la acaricia con la izquierda y murmura «perdón». Este niño nos muestra muy bien que, aunque se puede aprender a disculparse, en realidad todavía no tiene sentido. Aún faltan los criterios que conforman una disculpa auténtica: remordimiento, perspicacia, compasión por la otra persona, deseo de reparar el daño.

Si tu hijo es la «víctima» y le quitan el juguete, observa primero cómo lo afronta él mismo. ¿Es un problema para tu hijo? ¿O solo para ti? ¿Qué hace? Deja que pruebe qué hacer ahora. Si es un problema para tu hijo, consuélale e intentad solucionarlo. Nunca intentes educar al otro niño, eso es responsabilidad exclusiva de sus padres.

> Este año, limítate a dar ejemplo de lo que quieres que haga tu hijo. Tardará meses, pero en algún momento será capaz de hacerlo si ha observado con suficiente frecuencia y ha desarrollado las habilidades necesarias. Sin embargo, necesita esta larga fase en la que observa y aprende.

Resolver disputas es un buen ejemplo de cómo se entrelazan los momentos de orientación y los de seguimiento. Jugar suele ser una de las situaciones en las que puedes relajarte y seguir los impulsos de tu hijo, a menos que surja una discusión, en cuyo caso vuelves inmediatamente a la posición de guía.

«Hace falta un pueblo para criar a un niño», recuerda siempre el refrán. No puedes hacerlo todo tú. Por desgracia, mucha gente sigue esperando eso de sí misma.

Espero que ahora haya más personas en tu vida que te apoyen en tu nuevo papel de madre o padre. ¿Estás creando un pueblo para tu familia? ¿Aunque sea uno muy pequeño? Tienes que trabajar en ello activamente, la sociedad no te está dando mucho apoyo por el momento. Sin embargo, nunca en la historia de la humanidad ha sido plan de pasarse la mayor parte del día encerrado solo en un piso con mil tareas *más* un niño.

Por lo general, ya no estamos acostumbrados a vivir con varias personas, sino que en muchos casos antes vivíamos en pareja o solos. Si ahora de repente la abuela aparece más a menudo, nos resulta muy raro. Tal vez puedas encontrar una forma que te convenga, porque no solo tú necesitas más gente, sino también tu hijo. Ellos quieren conocer a gente diferente para poder desarrollar todos los aspectos de sí mismos. Tú solo puedes ofrecerles tu personalidad, pero ellos necesitan personalidades diferentes para desarrollar su propio «no como su tía» y «parecido a su tío». Para muchos, la guardería ofrece estas nuevas personas, lo ideal es que encuentres nuevas amistades, intercambios con otros padres, citas para que tu hijo juegue y consejos y apoyo de los profesores (si te enfrentas actualmente a esta decisión, consulta «Cómo… Guarderías», página 173).

> Una gran parte de tu trabajo como padre o madre inteligente es quitarte de en medio. Deja que sea tu hijo quien lo haga. Confía en él, pues conoce el camino mucho mejor que tú.

AUTONOMÍA Y LÍMITES

La fase de autonomía es la más importante y, para los adultos, suele ser la etapa de desarrollo más difícil de la infancia. Esta fase solía denominarse «fase desafiante», pero no es correcto en cuanto al contenido, porque esta fase no va dirigida contra ti, aunque a veces pueda parecerlo. Tu hijo solo está dando el siguiente paso para convertirse en su propia persona. Es muy difícil convertirse en una persona propia con preferencias, características y habilidades. En algún momento del segundo año de vida, tu hijo comprende que puede actuar independientemente de los demás y que existe un «yo». Es un gran paso y cambia por completo su visión del mundo. Una vez que lo ha entendido, ahora tiene que descubrir cómo funciona: siendo su propia persona.

Los tres problemas de la fase de autonomía

Problema 1: Límites naturales y establecidos

- **Límites naturales.** Cuando tu hijo era un bebé, dependía totalmente de ti. A lo largo de muchos meses, adquirió habilidades prácticas y se familiarizó con su cuerpo. Ahora quiere utilizar estas habilidades, pero en muchos casos esto todavía no funciona. Tu hijo tiene muchas ideas que le parecen estupendas, pero no consigue ponerlas en práctica. Por ejemplo, quiere vestirse solo y fracasa por culpa del botón. Quiere ayudar a cocinar y sacar la sartén, pero pesa demasiado. Es demasiado pequeño para alcanzar la estantería. De modo que experimenta muchas limitaciones cada día.

- **Qué puedes hacer.** Puedes ayudarle a resolver este problema dándole más independencia. En el último año ha dado pasos de gigante; ha aprendido a sentarse y a andar sin tu ayuda. Para habilidades culturales como cocinar y vestirse, ahora necesita tu apoyo. Los niños son mucho más competentes y capaces de aprender a nivel práctico de lo que crees.

Solo tienes que dividir el aprendizaje en pasos muy pequeños, como siempre haces cuando le orientas.

Fíjate bien en lo que le sigue costando a su hijo. ¿Cuál es el problema con un calcetín, por ejemplo? Se tambalea mucho, se abre por todas partes, hay que separar el elástico y, al mismo tiempo, subirlo por el pie. Son demasiados pasos al mismo tiempo. Puedes practicar tirando primero hacia arriba, por ejemplo. Empieza por el principio y tu hijo sigue tirando del calcetín hasta donde pueda. Un poco más cada día.

Echa un vistazo a las actividades cotidianas para ver por qué esto aún no es posible. ¿Es el aparato demasiado grande para su hijo? ¿Puedes ofrecerle un aparato más pequeño? ¿Necesita aprender antes otra habilidad, la llamada habilidad precursora? Por ejemplo, para ponerse un calcetín en el pie, necesita tener suficiente fuerza en las manos para abrir el orificio y mantenerlo así durante mucho tiempo. ¿Es este el problema de su hijo? ¿Quizá pueda practicarlo con una goma para el pelo?

¿O tu hijo aún no ha entendido el principio? ¿Quizá solo se pone el calcetín en el pie y cree que ya se lo ha puesto? Si es así, puedes volver a demostrárselo. La pedagogía Montessori también puede serte de gran ayuda en este sentido; encontrarás bibliografía al respecto en el anexo.

Si te parece demasiado complicado, basta con hacerlo una y otra vez y decir lo que estás haciendo: lo normal es que tu hijo encuentre su propia forma de hacerlo.

Deja siempre que tu hijo haga el último paso de una actividad para que tenga la sensación de haber conseguido algo. Abrochar el velcro de los zapatos, subir o bajar una cremallera... cualquier cosa que pueda hacer. Si le das tiempo para practicar, irá mejorando cada semana.

- **Establecer límites.** El segundo problema en este momento es que su hijo también se enfrentará a los límites que tú le pongas. Esto a menudo no encaja con su plan. En la mente de un niño pequeño todavía no hay varias maneras de realizar algo, al principio solo hay una. Solo existe el plan A. El plan B todavía no existe. Las alternativas solo pueden venir de fuera.

Pensemos de nuevo en lo fuerte que es el impulso de desarrollarse. Tu hijo se sentirá muy frustrado si no puede hacer realidad su deseo de desarrollarse, por lo que debemos darle muchas oportunidades de practicar. Dale espacio a tu hijo, de lo contrario puede frustrarse constantemente.

Al mismo tiempo, es importante aprender a manejar la frustración. En la vida te encuentras constantemente con límites, así que también tienes que aprender eso. De modo que no pienses que tu tarea consiste en hacer siempre todo lo posible para tu hijo. Es una tarea imposible y absolutamente innecesaria. En lugar de eso, pon límites inteligentes y adecuados a su desarrollo.

- **Qué puedes hacer.** En primer lugar, necesitas un entorno que favorezca los «síes» en casa para tu hijo, que lo que necesita es explorar. Esto significa que debes organizar el entorno de forma que puedas permitirle muchas cosas. Si tienes que decir constantemente «no», tu hijo y tú acabaréis desquiciados. Reorganiza el piso: los jarrones arriba, las macetas abajo. Haz la casa a prueba de niños y no pienses solo en la cocina y las escaleras, sino también en lo que tu hijo puede y no puede tocar.

  Quedarán algunos rincones donde impere el «no». Asegúrate de que sean pocos, ya que tu hijo no puede memorizar muchas cosas por el momento.

  Sigue diciendo «no» o «para». Hazlo una y otra vez. No esperes que funcione inmediatamente, ya que aprende muy lentamente y a través de muchas repeticiones. Debes ser como la gravedad: fiable y constante. Esta es la forma en que tu hijo aprendió a andar, sabía que se caería hacia delante si se inclinaba demasiado.

  Tu hijo aún no responde especialmente bien a las palabras, así que normalmente tienes que tomar medidas adicionales. Dile «no» o «basta» y, si continúa, sácalo de ese rincón. Es probable que tengas que repetir esta acción una y otra vez. Tu hijo está aprendiendo, así que hay que repetir las cosas literalmente cientos de veces. Piensa a largo plazo; pueden pasar semanas o meses hasta que tu hijo entienda este límite y sea capaz de ponerlo en práctica. Volveremos sobre este problema con más detalle un poco más adelante.

Tu gran ventaja durante este tiempo es que tu hijo aún no cuestiona las normas y los límites. Ahora puedes trabajar muy bien con él. Sé persuasiva a la hora de comunicar tus normas: así son las cosas. Ahora puede tener mucho sentido visualizar tus (¡pocas!) normas. Imprime fotos de tu rutina nocturna y cuélgalas en un lugar bien visible. A ser posible, de modo que puedas doblarlas o tacharlas en cuanto termines la tarea. El enunciado es entonces algo así como: «En nuestra casa la norma es que primero comemos, luego nos lavamos los dientes, después nos vamos a la cama y luego leemos en voz alta». Es un hecho que se produce de forma tan irrefutable como que las cosas siempre se caen.

Ten el menor número posible de normas y límites, pero anúncialos y aplícalos una y otra vez, estoicamente y sin mucha emoción.

Problema 2: Su propia voluntad

El segundo problema es que la voluntad recién descubierta de tu hijo aún no está plenamente desarrollada. Tu hijo apenas está empezando a explorarla. Cuando le llega una pregunta o una petición del exterior, intenta clasificarla emocionalmente. Entonces dice sí o no, sin tener ni idea de las consecuencias. ¿Es esto lo que realmente quiere en ese momento? Tu hijo solo lo sabrá cuando vea las consecuencias, y a menudo ni siquiera entonces.

Al principio, solo conoce la primera etapa de su propia voluntad: estar en contra de todo. Esta es la más fácil. Tu hijo ve lo que quieres y dice «no». No tienes que tomártelo como algo personal, también diría que no a la silla que se interpone en su camino. Se trata de practicar el «no». A menudo no hay una buena razón para decir que no, y en muchos casos tampoco tiene sentido para el niño.

Hacen falta muchos meses y años para que tu hijo aprenda a percibir y clasificar su propia voluntad y a utilizarla con sensatez en su propio interés, y de forma adecuada. Se trata de una tarea realmente difícil que mantendrá ocupado a tu hijo durante sus primeros años de vida y más allá.

Un gran malentendido entre padres e hijos durante esta etapa es que la fase de autonomía tiene mucho que ver con la toma de decisiones. Los adultos tenemos la idea de que la autonomía tiene algo que ver con la libertad de elección. Para ti sí, pero tú ya has pasado por la pubertad, te has cuestionado cosas y has encontrado tu propio camino. También puedes prever las consecuencias y tomar decisiones inteligentes. Como habrás visto en la historia de Álex, tu hijo todavía tiene muy poca visión de conjunto para la mayoría de las decisiones. Todavía no se cuestiona las cosas y se siente abrumado por la mayoría de las decisiones.

Puede que tu hijo sea más competente a nivel práctico de lo que crees, pero su cerebro aún se está desarrollando.

Es posible que hayas leído o escuchado muchas cosas sobre cómo tu hijo debe tomar sus propias decisiones y ahora estés intentando ponerlo en práctica. Desgraciadamente, estos consejos tan bienintencionados y sensatos no suelen especificar la edad del niño. Yo soy de la opinión de que hay que dejar que los niños decidan por sí mismos en la medida de lo posible, pero antes deben tener una visión general de las consecuencias.

¿En cuáles de estas disyuntivas puede prever tu hijo las consecuencias por sí mismo?: ¿se pone gorro o no? ¿Llevar el cochecito a un largo paseo? ¿Cuánto tiempo debe permanecer en el parque infantil? ¿Debe cepillarse los dientes? ¿Mejor vestirse ahora? En ninguna.

Hay algunas decisiones, por el contrario, que ya puede tomar, como de qué color ponerse hoy la camiseta, o cuánto comer, o si se cepilla los dientes con el cepillo azul o con el amarillo.

Fíjate bien en lo que pueden decidir si eso es lo que quieres para tu hijo. Solo pueden decidir cosas que están ocurriendo ahora mismo y que tienen pocas consecuencias para el futuro.

En la mayoría de los casos, sin embargo, tiene más sentido orientar cariñosamente sobre lo que hay que hacer ahora. En primer lugar, tu hijo necesita orientación en este mundo. Enséñale cómo funcionan las cosas, ese es el primer paso. Tu hijo es muy inseguro en esta etapa, aunque no lo parezca. La voluntad desquiciada de tu hijo le llevará de aquí para allá y acabará constantemente en callejones sin salida creados por él mismo.

La seguridad y la orientación son muy importantes para tu hijo. Nadie puede hacer nada con libertad si antes no se siente seguro.

En situaciones desconocidas, lo primero que hay que hacer es establecer una sensación de seguridad en uno mismo. Tal vez hayas llegado alguna vez a una estación de tren o un aeropuerto de una ciudad completamente desconocida. ¿Recuerdas esa sensación? Primero has intentado orientarte; ¿cómo llego ahora al hotel? ¿Hay taxis? ¿Adónde van los autobuses?

Así es como se siente tu hijo pequeño en la vida cotidiana, a menudo acaba en esta «sensación de ciudad desconocida». Para tu hijo pequeño, gran parte de la vida es una ciudad desconocida, cada día nueva. Necesita que le proporciones, por así decirlo, barandillas dentro de las cuales pueda poner a prueba su voluntad y sus deseos. Quieren aprender a tomar decisiones sensatas, pero al principio necesitan que alguien les diga si esa decisión tiene sentido en esa situación o no.

Si tu hijo realmente no quiere algo, te parará y te dirá «no». Por cierto, la frecuente toma de decisiones preventiva no evita el «no», ni tampoco la consecuente rabieta. Si la rabieta se produce y tu hijo simplemente necesita llorar, como todo el mundo, aprovechará la siguiente oportunidad posible para hacerlo.

Qué puedes hacer tú. La independencia también puede ser muy útil para tu hijo con este problema. Esto les da la sensación de ser eficaces por sí solos en la vida diaria. La autoeficacia es algo que le hace muy feliz a tu hijo. No tienen por qué estar tan «en contra» si tienen áreas en las que pueden actuar de forma independiente. ¿Pueden regar las flores ellos solos? ¿O coger siempre la mermelada de la nevera? ¿O traer los zapatos? O, lo que es más importante, ¿ser independiente a la hora de comer?

Si tu hijo quiere algo o dice «no», comprueba primero si se trata de un momento de seguimiento o de orientación. Si se trata de un momento de seguimiento, no hay ningún problema, ya que estás siguiendo al niño. En la fase de autonomía, es importante que mantengas un buen equilibrio entre los momentos de seguimiento y los de orientación. Hace poco, una madre de mi curso *online* para niños pequeños redujo drásticamente sus rabietas en unas pocas horas porque se dio cuenta, gracias a los vídeos del curso, de que su hijo solo tenía momentos de orientación a lo largo del día. Tenía que seguir todo el tiempo y su «batería de cooperación» estaba siempre vacía.

Si se trata de un momento de orientación, es decir, una situación con un orden y un objetivo, puedes fijarte en lo que es posible en esa situación. ¿Nadie saldrá perjudicado si sigues los deseos de tu hijo? Entonces hazlo con gusto y tu hijo sentirá que has tomado una buena decisión. Quizás lo hagas más a menudo de lo que te gustaría, a veces tienes que adaptar tus límites personales a los impulsos evolutivos de tu hijo. Sería prudente que no cedieras el control en los momentos en que estás al mando. Puedes decir (si tu hijo ya puede hacer algo con el lenguaje): «¿Sabes qué? Esa idea que has tenido es muy buena. He cambiado de opinión, lo haremos como tú digas». De este modo, tu hijo es un miembro capaz del equipo con buenas ideas y no un niño pequeño protestón. Pero tú sigues llevando las riendas.

Pero si este «no» lo altera todo o pone a alguien (¡incluido tú misma!) en una situación de gran desventaja debido a este deseo, entonces tienes que guiar; y lo único que debes preguntarte es de qué modo puedes guiarle bien ahora. ¿Qué necesita? ¿Tienes que acompañar el fuerte sentimiento durante un tiempo y luego volver a guiar? ¿Es suficiente una alternativa? ¿Necesita algo completamente diferente, porque detrás está la necesidad de atención, cansancio, hambre, sed o cercanía física? ¿Está vacía la «batería de cooperación» y ya no funciona nada?

En tales situaciones, suele bastar con que tomes claramente las riendas, te hagas grande por dentro, irradies seguridad y, como se describe en el capítulo 2 sobre orientación, guíes la situación en pequeños pasos. Si los sentimientos son demasiado fuertes para esto, consulta el capítulo «Sentimientos y rabietas» en la página 205 para conocer las medidas a tomar.

Problema 3: sentimientos e impulsos fuertes

Tu hijo tiene una misión de desarrollo interior y no mucho tiempo para cumplirla. En los primeros cuatro años tendrá que recorrer gran parte de todo su desarrollo. Tiene ganas de probar cosas, experimentar y explorar. La intensidad de este impulso depende de la personalidad del niño, pero está ahí. Tu hijo tiene mucha más energía que tú, y probablemente lo notes cada tarde. La energía del desarrollo siempre va hacia delante, por así decirlo.

Además, tu hijo experimenta ahora todo el espectro de emociones, sin frenos. La autoridad moral de la corteza prefrontal del cerebro que dice «no puedes hacer eso ahora» aún no está desarrollada.

Además, tu hijo no tiene ni idea de cómo regular un sentimiento tan fuerte que surge sin más y se apodera de todo su cuerpo. ¿Qué hacer entonces?

Debes comprender que los impulsos de tu hijo están «disparados» en este momento y que aún no es capaz de regularlos. Cuando le dices «no», a tu hijo le resulta extremadamente difícil. Para no hacer algo, necesita la capacidad de parar y detenerse. Esto va en contra del fuerte impulso de desarrollo, que siempre quiere avanzar. Este impulso es tan fuerte que lo mejor que puedes hacer es redirigirlo. Tu hijo aún no ha desarrollado la capacidad de controlar los impulsos.

Qué puedes hacer. Escucha lo que tu hijo quiere y busca una alternativa. Decir simplemente «no» significa que tu hijo tiene que parar y se queda sin nada. Es una exigencia demasiado grande. Fíjate bien y presta atención a lo que su hijo está explorando en ese momento. ¿De qué se trata? ¿Practica el vertido? ¿Qué encaja dónde? ¿Cómo le sienta algo? No siempre tienes que encontrar la razón perfecta, a menudo hay varias razones y, muchas veces, el motivo por el cual tu hijo necesita hacer una cosa ahora mismo sigue siendo un secreto. Intenta encontrar algo parecido y, si no funciona, prueba con otra cosa. Si eso no funciona en ese momento, entonces establece un límite y acompaña los fuertes sentimientos que surgen ante el límite.

Sonreír después de prohibir. No te dejes impresionar por la sonrisa que ponen muchos niños después de explorar sin permiso. Esa sonrisa puede significar «lo siento», o puede ser un intento de volver rápidamente a un estado de ánimo positivo. El niño ve la cara de descontento de sus padres e inmediatamente toma la contramedida que lleva utilizando con éxito desde que era un bebé: sonreír. La experiencia le ha demostrado que el adulto le devuelve la sonrisa con entusiasmo. También puede tratarse de inseguridad y miedo debido al ambiente que ahora se ha vuelto repentinamente tenso.

El adulto suele interpretar la sonrisa tras una acción no permitida como un «gesto de descaro», ya que esto es lo que significaría en realidad para otro adulto o niño mayor. Por tanto, considérala una disculpa sincera o una inseguridad y el deseo de que ahora todo vuelva a estar bien.

Si le orientas lo suficiente y no «eludes» las emociones asociadas, esta fase será más llevadera. Tu hijo conoce las barandillas y sabe que puede confiar en ti. Tú conoces el camino y tienes una visión de conjunto. Puede confiar en ti para que le guíes y veles por sus intereses.

La fase de autonomía es un gran paso en el desarrollo de tu hijo, un paso importante para convertirse en un ser humano. Deberíamos celebrarlo.

Si te sientes muy frustrada por su actitud de resistencia, ten en cuenta que ahora no solo ha surgido el «decir que no», sino también el «decir que sí». Tu hijo ya puede cumplir sus deseos. Cuando era bebé, a tu hijo le resultaba imposible coger la mantequilla de la nevera. Fíjate bien cuántas veces al día tu hijo colabora y hace lo que tú le dices. Seguro que es mucho más a menudo de lo que crees.

※

DE NIÑO PEQUEÑO A LA GUARDERÍA

Tu hijo es pequeño. Solo cabe una cosa. Un pensamiento. Un sentimiento. Cuando llega el siguiente, el viejo tiene que irse, de lo contrario, no hay espacio suficiente.

Por favor, no compares demasiado a tu hijo con Álex. El desarrollo nunca es igual en cada niño. Es probable que tu hijo sea más lento en un área, más rápido en otra, que no muestre algunas cosas en absoluto, o que muestre otras con mucha más intensidad… todo eso es perfectamente normal. Tu hijo es único.

El desarrollo a los 2 años

Pensamiento y juego

Álex tiene ya dos años y ha dado tantos pasos en su desarrollo... ¡Prácticamente ya es mayor! Puede andar, casi correr, trepar, decir frases con dos palabras, comer sola, utilizar herramientas y ya comprende muchas cosas de la vida.

Descubrir el mundo en detalle

Lanzando, golpeando y tocando, Álex ha aprendido muchas propiedades físicas de los objetos con todos sus sentidos.

Por ejemplo, explora las aberturas de los objetos. ¿Qué entra y qué no? Prueba cosas y no percibe qué cosas entran en la categoría de «importantes» para sus padres. Sus juguetes no son suficientes, tiene que probar muchos objetos diferentes para entender el principio. Encuentra un objeto pequeño, cuadrado y duro, ligeramente más largo por delante, y busca la abertura adecuada. ¿Dónde encaja esta cosa extraña? Finalmente, encuentra una abertura que también es bastante angular, como un triángulo, y mete el objeto duro dentro. Encaja. Perfecto. Por desgracia, no sale, pero ha aprendido algo nuevo. Su cerebro ha aprendido. ¡Hurra!

No se da cuenta de que acaba de meter la llave del sótano en la abertura triangular del cartón de leche que hay sobre la mesa. Tampoco se da cuenta de que esta llave es «importante» y que no poder entrar en el sótano es un problema. Ni tampoco de que nadie tiene ninguna posibilidad de volver a encontrar la llave. Álex no tiene tanta visión de conjunto, solo ve pequeños detalles de la vida y los utiliza para construir poco a poco su conocimiento del mundo.

También intenta comprender estas pequeñas aberturas con otros objetos. A Álex le apasiona meter alfileres largos en aberturas largas —ahora hay que proteger bien los enchufes—, los juegos de enchufes son una buena alternativa.

Siempre está buscando nuevos objetos para investigar. Cuando por las mañanas empieza a oler raro al tostar el pan, la familia se da cuenta, tras un rato de desconcierto, de que Álex ha descubierto con éxito que un bolígrafo encaja perfectamente en las ranuras de la tostadora.

Sigue construyendo torres, y ya son muy altas, puede construir fácilmente entre seis y ocho bloques. Ahora también construye filas. Por la casa hay todo tipo de cosas alineadas. ¿Puede poner todos los peluches y todos los coches en fila? Le gustan especialmente los trenes porque satisfacen su deseo de construir filas, y además se mueven, ¡genial!

Este año, Álex trabajará en lo horizontal después de lo vertical. Casi todos sus compañeros siguen este misterioso plan interior: primero se construye a lo alto, luego a lo ancho. Como paso final, combina ambos y construye estructuras como escaleras y sus primeros edificios tridimensionales. Suelen ser obras al azar. Si viniera un educador y le dijera: «Oh, genial, una casa», ella pensaría: «¿Ah, sí? ¿Eso es una casa? Me parece bien». La interpretación de Álex es que es solo una casa, aún no tiene objetivos fijos con sus edificios, construye por construir.

Ser un «yo»

Álex empieza a desarrollar preferencias firmes por determinados juegos. Está desarrollando su propia personalidad, y es que en los últimos meses ha ocurrido algo fantástico: se ha dado cuenta de que es su propia persona. Es un «yo». Funciona independientemente de los demás. Este año habrá que estudiar más a fondo cómo funciona esto y qué efectos tiene.

De momento, para ella independencia significa decir «no», es decir, estar en contra. Todavía le cuesta mucho tener una mente propia, y eso seguirá teniéndola ocupada este año. ¿Qué significa «querer algo»? ¿Quiere esto u otra cosa? ¡Es tan difícil percibirlo con exactitud!

> A veces, Álex cambia de deseo cada pocos minutos. Al principio se trata de decir «no» a algo, lo que la hace sentirse una persona independiente.

Ella puede hacer algo diferente a los demás. Estar en contra es más fácil al principio.

Todavía tiene muchos meses para trabajar en el resto, es decir, tomar decisiones que tengan sentido para ella e incluso incluir otras variables más adelante. De momento, solo se da cuenta de las consecuencias cuando ha dicho «no». Al fin y al cabo, solo está al principio de todo este difícil asunto, con ella misma, sus deseos y sus sentimientos.

Practicar la autonomía

Los padres de Álex se preguntan por qué sus decisiones son a menudo tan confusas y poco meditadas. Ella diría que aún no piensa las cosas. Son deseos e impulsos espontáneos. Solo puedes tomar decisiones «reales» cuando eres capaz de prever las consecuencias. Álex solo puede hacerlo en muy pocas situaciones; a qué quiere jugar o comer ahora, qué color le gusta, si quiere ir a la playa o no, qué libro quiere leer... todo lo que está ocurriendo en ese momento. Si tiene un deseo que se extiende un poco en el futuro, no puede prever las consecuencias.

Sin embargo, ahora tiene muchos deseos de este tipo, y algunos de ellos tienen el potencial de alterar la estructura de su día y de toda su familia.

Como a menudo ella misma no sabe lo que realmente quiere y necesita urgentemente directrices que la orienten, se siente completamente abrumada cuando dirige a la familia y todos siguen sus deseos. Eso no es lo que ella quería.

> Se encuentra en el dilema de intentar estar siempre al mando, pero ser muy infeliz cuando realmente funciona. Está brevemente embriagada por su victoria y parece extremadamente satisfecha, pero luego se siente como alguien que de repente se encuentra en un puesto directivo sin ninguna competencia para el trabajo.

No tiene ni idea, pero aun así tiene que tomar decisiones y vivir con las consecuencias. Se enfrenta al mal humor de sus padres porque están molestos. Su rutina es un caos, todo es diferente o llega demasiado tarde o ya no funciona. Ella no tenía ni idea de que su «decisión» provocaría todo esto. Tan solo quería probar a decir que no, ¿cómo ha acabado teniendo esta enorme responsabilidad?

Julia y Juan también se encuentran en un dilema. Ya leyeron el año pasado que esta es la fase de autonomía. Se trata de practicar la autonomía. Sobrevaloran el hecho de que Álex todavía es muy práctica y no tiene un pensamiento tan avanzado como ellos creen. Piensan que la autonomía es lo que mismo que sería para ellos, es decir, la toma de decisiones por sí misma. Así que les gustaría darle mucha libertad de elección.

Sin embargo, ahora se preguntan: ¿debería ella decidir casi todo por sí misma o deben tomar ellos a veces la iniciativa? ¿Qué deben hacer si surgen situaciones caóticas? Toda esta situación les hace sentirse inseguros. No saben exactamente cuándo deben tomar la iniciativa y, además,

> **la resistencia de Álex es tan fuerte que a veces es más fácil ceder. Llaman a su comportamiento «orientado a las necesidades» y pasan por alto que una de las necesidades humanas más básicas es la seguridad y la orientación.**

Álex, en cambio, no entiende eso de la autonomía. Ella es una aprendiz. Ahora quiere *hacer* las cosas por sí misma. Actuar independientemente. Ayudar en casa. Ponerse ella misma la pasta de dientes. Recoger su chaqueta. Ayuda a barrer. Poner la mesa. Simplemente sentirse útil e independiente. Ella no sabe por qué le hacen (con buena intención) tener que tomar decisiones constantemente.

Sin embargo, percibe en el ambiente que a sus padres les gusta cuando ella toma una decisión. Sin saber lo que eso significa, ya ha oído palabras como «segura de sí misma», «independiente» y «decidida», y siente que a sus padres les gusta eso. Así que aprende a tomar «decisiones» rápidamente.

Como a casi todo el mundo, a Álex le gustaría que se cumplieran todos sus deseos. Ahora tiene que entender, a través de la retroalimentación diaria, que los deseos y las necesidades son dos pares de zapatos diferentes:

> las necesidades son básicas y deben satisfacerse, los deseos no.
> Comer es una necesidad, el tercer helado es un deseo.

A Álex le ayuda que sus padres vean la necesidad que hay detrás del deseo y, por ejemplo, le señalen que en realidad está cansada y le nieguen el deseo. Tardará meses y años, pero esta retroalimentación le ayudará a aprender a autoevaluarse. Entiende qué es un deseo con sentido, cuándo pedirlo y cuál es la mejor manera de hacerlo. Aprende que, a veces, sus deseos pueden molestar a toda la familia. Su deseo de orientación es esencial, ya que necesita mucha seguridad y orientación de los demás en esta fase, pues todo es muy caótico en su interior.

Comienza la etapa de las preguntas

Álex empieza a hacer preguntas concretas sobre el mundo. Quién, qué, cómo... Quiere saberlo todo y absorbe conocimientos. Poco a poco, empieza a descubrir que el lenguaje es una herramienta importante para ella. Los libros le permiten descubrir nuevos mundos.

Hacia finales de año también leerá en voz alta, como les gusta a sus padres. A Álex le encanta acurrucarse junto a su madre o su padre y que le lean. Ahora solo hay diferencias de opinión sobre el contenido. Sus padres tienen muchos cuentos bonitos en la estantería, pero Álex siempre prefiere el mismo libro. Una vez más, todo es cuestión de repetición. Este ritual le da mucha seguridad, y además aprende bien el lenguaje y las palabras nuevas. Como el lenguaje escrito es ligeramente distinto del hablado, puede aprender de memoria nuevas constelaciones de palabras. Es muy tranquilizador cuando ya conoce la historia y no tiene nada que ver con la tensión.

Por desgracia, le gustan sobre todo los libros muy cortos, con historias muy sencillas, muchas ilustraciones y acontecimientos cotidianos. Mientras sus padres se preguntan cuándo podrán por fin leer otra cosa y apenas soportan volver a leer sobre el ratón que se baña, Álex disfruta escuchando la misma historia una y otra vez. La vida cotidiana ya es suficientemente emocionante para ella.

Sacar conclusiones propias

El mundo de Álex es ahora un poco más grande que el cajón que tiene delante. Está dando sus primeros pasitos en las ciencias naturales, descubriendo el clima y el crecimiento de las plantas. Sin embargo, sigue sacando sus propias conclusiones y piensa, por ejemplo, que el sol siempre significa que hace calor. El hecho de que pueda brillar el sol y haga frío todavía no tiene sentido para ella.

Ya puede sacar sus propias conclusiones y las comparte con gusto: «Está lloviendo», dice cuando mamá entra con la chaqueta mojada. O dice «Paula se manchado» cuando descubre una mancha en la camiseta de su amiga Paula. Está orgullosa de sus descubrimientos y le gusta asegurarse de que se cumplen las normas. No quiere dominar a los demás, ni mucho menos, pero quiere demostrar que ha entendido y quiere mantener el orden en su pequeño mundo.

También recuerda cosas que se hablaron «o prometieron» el día anterior. Aquí se guía claramente por sus intereses y recuerda mejor la visita a la juguetería que la visita al dentista. Ahora también conoce algunos colores y los reconoce; si le pides que traiga el vaso azul, lo hace con seguridad.

También da la impresión de que sabe contar porque puede recitar correctamente los números del uno al diez, pero lo aprendió más como un poema.

> Para contar «de verdad» hace falta algo más: comprender las cantidades. Ahora sabe que hay uno y luego otro; y luego, de alguna manera, muchos. Todo lo que hay después de dos sigue siendo un poco confuso en su cabeza, es mucho. Literalmente, no sabe contar hasta tres.

Afortunadamente, sigue practicando el desarrollo del sentido de las cantidades de una forma muy concreta. Para ello, primero forma montones de cosas y luego las vuelve a esparcir por la habitación (véase «Cómo… utilizar esquemas de juego», página 98). Primero tiene que utilizar sus sentidos para aprender que las cosas se pueden apilar y dividir y así poder tener una noción de las cantidades antes de poder hacer esto teóricamente en matemáticas más adelante.

Álex ya ha hecho montones con sus peluches, así como con la arena y otros juguetes. Tiene que probar con muchos materiales diferentes. Así que un día lleva todos los libros que puede alcanzar desde el salón hasta el dormitorio. La distancia es bastante larga para ella y aprende cuánta fuerza necesita, cuánto pesan los libros, cuántos caben en su mano, lo resbaladizos que pueden ser, cuántas veces tiene que andar y cuánto tarda en llegar al dormitorio. De este modo, calcula el tiempo, el transporte, las rutas, las distancias y las cantidades. Hace una gran pila con todos estos libros. A continuación, vuelve a repartirlos por la habitación y experimenta por primera vez la división de cantidades. A sus padres les resulta muy inco prensible esta distribución de los libros por la habitación y les molestan algunos desperfectos en los libros, pero lo sobrellevan hasta cierto punto.

Unas semanas más tarde, Álex intenta lo mismo en la cocina con todos los ingredientes de repostería a su alcance. Durante este experimento, por desgracia, esparce la harina por toda la cocina, un incidente desagradable, pero hay que aceptar estas cosas en los proyectos de investigación. «Donde hay harina, hay harina» o algo parecido a la frase que solía decir su abuelo.

A sus padres no les gusta nada el montón de ingredientes de repostería que ha amontonado en el salón. Regañan a Álex por el desorden sin sentido que ha vuelto a liar. A Álex no se le ocurre mucho que decir en su defensa, por desgracia no conoce el argumento convincente: «¡Eh, yo nunca ensucio! ¡Estoy aprendiendo! ¡Esto son matemáticas para niños pequeños! Me estoy preparando para mi sobresaliente en matemáticas dentro de unos años; seguro que eso sí que lo quieres, ¿eh?».

Hacia finales de año, gracias a esos ejercicios, ha comprendido el difícil principio de la «fila» y por fin ha aprendido a ponerse a la cola que hay detrás del tobogán del parque infantil. Antes de eso, no le veía ningún sentido a esta colección de gente de pie en el parque y moviéndose demasiado despacio según unas misteriosas reglas. Incluso en el supermercado, pensaba que era una molestia estar de pie y no poder hacer nada, no se daba cuenta del porqué de las colas.

Esperar sigue siendo extremadamente difícil; como a todos los humanos, a Álex no le gusta especialmente esperar. A esta edad puede esperar sin hacer nada unos treinta segundos. Después necesita una actividad o una observación.

Álex sigue desesperada por ayudar en casa. No hay nada más emocionante. Álex puede aprender mucho a muchos niveles. Juan y Julia siguen utilizando su torre de aprendizaje en la cocina. Esto le permite a Álex estar junto a ellos y observarles de cerca; al cabo de un rato, exige ayudar. A sus padres les cuesta encontrar siempre las tareas adecuadas y les sigue pareciendo estresante que sea tan lenta y que se equivoque tanto.

> **Sin embargo, han descubierto que Álex puede aprender muy rápido si los adultos dividen la tarea en pequeños pasos, la explican detalladamente y le permiten practicar mucho.**

Como resultado, ya puede hacer pequeñas tareas domésticas, como poner la mesa y barrer, por ejemplo. A Álex le encanta recibir elogios.

Cada vez aprende mejor las rutinas. Se quita los zapatos al entrar en casa. Se lava las manos antes de comer. Es interesante. A veces piensa en ello por sí sola, pero en cuanto otra cosa capta su atención, se olvida y hay que recordárselo en pequeños pasos.

Comprender el tiempo y el pensamiento mágico

El tiempo es algo misterioso. Álex no tiene ni idea del pasado ni del futuro, solo del presente. Cuando se le emplaza a «pronto» o «más tarde», no lo entiende, también podría ser Navidad. A veces le ayudan procesos como «después de comer», que es un poco más concreto para Álex. Es bueno que el adulto utilice una comparación basada en la propia experiencia vital de Álex. Por ejemplo: «Tus padres vienen pronto. El semáforo todavía está en rojo. Tienes que esperar», para que Álex se haga una idea del tiempo y pueda comprenderlo. Lo mejor es que vea el tiempo, por ejemplo en un reloj de arena o en la pantalla de colores de un cronómetro.

Aun así, el tiempo sigue siendo un tema difícil. Tampoco puede hacer nada con las preguntas sobre el pasado y, por desgracia, los adultos siempre están preguntando por el pasado. Cuando la recogen de la guardería, primero se sienta en el coche. Mamá o papá están allí y Álex puede relajarse. El paisaje va pasando. La mujer lleva un vestido rojo. Hay un perrito olisqueando el poste. Huele a coche. El asiento del coche es blando, puede apoyar la cabeza en él. Luego viene la pregunta: «¿A qué has jugado hoy?» o «¿Qué has comido?». Eso no encaja para nada con lo que hay ahora. Ahora es el coche. ¿A qué viene esa pregunta sobre lo que ha hecho hoy? Álex aún carece de la capacidad de rebobinar en su cabeza y proporcionar una descripción estructurada del pasado. Puede que recuerde momentos concretos, pero ahora le resulta difícil relatarlos. Lo intenta por el bien de sus padres y accede cuando le dicen algo y quizá también cuenta algo, cualquier cosa.

Este año marca el comienzo de la fase mágica.

> A Álex no le interesa nada la lógica, pero todo lo mágico le parece totalmente lógico. No sabe distinguir entre lo que los adultos llaman «realidad» y las historias que tiene en la cabeza.

¿No son reales? Para ella sí. A veces cuenta historias que cree que son verdad, y cuando los adultos las tachan de «mentiras», se siente muy ofendida. Y se ofende con razón, porque no es mentira. Para decir una mentira, hay que conocer la verdad y distorsionarla deliberadamente. Sin embargo, en la mente de Álex, la verdad depende de sus emociones y no de los hechos.

Puede decir con gran convicción que ella tuvo el juguete primero. Quiere haber tenido el juguete primero y está realmente convencida de que es así debido a este sentimiento. Tampoco tiene visión de conjunto y no puede rebobinar situaciones en su cabeza y volver a mirarlas como desde arriba. Álex no tiene la distancia consigo misma que sería necesaria para la búsqueda de hechos objetivos. Todo lo que piensa y siente le parece verdad.

Juegos de rol y manualidades

Álex representa cada vez más escenas de la vida cotidiana. Duerme a su muñeca, aparca los coches en el garaje, va de compras, da de comer al peluche y celebra los cumpleaños. Por supuesto, los objetos tienen sentimientos y necesidades, su muñeca tiene un chichón y el osito tiene hambre. Más adelante, también les busca compañeros de juego y les da instrucciones como «ahora eres mi bebé» o «tú compras conmigo». Julia y Juan tienen que ir de compras con ella a menudo. Se dan cuenta de lo difícil que es entender las compras, porque Álex les dice exactamente lo que tienen que comprar o lo tiene todo preparado. Álex ve realmente cómo funciona la compra casi todos los días. Primero pensamos en lo que necesitamos, luego vamos a la tienda, cogemos los artículos pertinentes de las estanterías, vamos a la caja y pagamos allí.

> En su juego se ve que solo ha entendido este proceso en parte. De alguna manera hay cosas en el carrito de la compra y luego viene la caja, pero aún no sabe por qué los objetos están en el carrito.

Durante estos meses, aprende a permanecer sola durante breves periodos de tiempo, de unos diez a quince minutos. A veces puede ser mucho más tiempo, cuando está completamente absorta en su juego y parece haber olvidado por completo su entorno. Es maravilloso cuando nadie le molesta. Sin embargo, su atención suele cambiar muy rápidamente y a veces se interesa por aquí y a veces por allá, porque sigue aprendiendo de forma más casual y no intencionada.

Álex también está empezando a hacer manualidades. Este año está aprendiendo a sujetar las tijeras y a cortar con ellas —una hazaña difícil, coordinar los dedos de esta manera—. Todavía no puede cortar recto, todo se basa en el movimiento al cortar.

> Cuando pinta, por lo general, sigue sujetando el lápiz en cruz; poco a poco se va convenciendo de que lo que dibuja debe representar realmente algo.

Si se le pregunta qué debe representar el dibujo, se obtiene una respuesta muy imaginativa, porque su cabeza ya está más adelantada que sus manos, que aún no son capaces de materializar sus grandes ideas. Sin embargo, sus historias sobre lo que se supone que representa el dibujo pueden cambiar bruscamente. En cuestión de dos minutos, la carpa de circo es ahora un tiburón.

Todavía está en fase de garabatear y pinta sobre todo formas o líneas circulares o en espiral, que luego junta para formar un círculo cerrado. También utiliza las acuarelas con mucha generosidad y le encanta aplicarlas unas sobre otras en el cuadro. El atractivo color marrón que resulta de la mezcla no le molesta, disfruta con el proceso y no con el resultado. Le gustan las experiencias sensoriales con pinturas de dedos, pinceles gruesos, amasar o construir con arena. Pronto será capaz de ensartar cuentas de madera en un cordel y le encantan los rompecabezas de clavijas.

No obstante, su lugar favorito para jugar es al aire libre, donde puede tener una gran variedad de experiencias motrices y sensoriales con arena, tierra, piedras, agua, hojas, hierba y ramitas. Álex se relaja enseguida. El entorno, que cambia con frecuencia pero es tranquilo, satisface su deseo de vivir nuevas experiencias y, por fin, no hay nada que pueda romper.

CÓMO... DESARROLLAR LAS HABILIDADES BLANDAS

Lo que no aprendas ahora te resultará difícil más adelante

Hace poco hablé con un directivo de una gran empresa. Me dijo que, cuando contrata a gente nueva, casi nunca se fija en las «habilidades duras», es decir, las que se han aprendido. Al fin y al cabo, se pueden aprender a cualquier edad, unos cuantos cursos de formación y ya está. Casi solo se fija en las «habilidades blandas» de los nuevos candidatos, y es que si no las has aprendido de niño, será difícil hacerlo de adulto.

> Las habilidades blandas incluyen habilidades como el trabajo en equipo, la empatía, la iniciativa, la creatividad, la autogestión, la resolución de conflictos, la autoestima, la motivación, la pasión y la resolución de problemas. ¡Qué bien que tu hijo las practique todos los días!

Esto es exactamente lo que hacen en el juego libre; tienen que desarrollar sus propias ideas para jugar y motivarse, desarrollan pasiones, se conocen a sí mismos en el proceso, tienen que resolver el problema de cómo meter el brazo torcido de la muñeca en la chaqueta y seguir con ello hasta que el brazo esté dentro. ¿A qué más pueden jugar con este muñeco, cómo pueden desarrollar otras posibilidades? Más adelante, el niño interactuará con otros niños y aprenderá a coordinar y organizar el juego conjunto.

El tiempo de juego libre es esencial para tu hijo. Hay muchas cosas que solo pueden aprender allí y no en actividades organizadas. Dale mucho espacio para ello y crea un entorno en el que pueda probar cosas. No hace falta que introduzcas nada tú, el niño desarrollará los juegos a su ritmo y por su cuenta. Solo tienes que mostrarle que valoras sus ideas y reconocerlo haciendo un breve comentario de vez en cuando como «Sí, qué difícil lo del brazo de la muñeca» o «¡Anda! Un ladrillo rojo». Lo que sale de tu hijo es maravilloso: ese es el mensaje que hay detrás. Es un gran regalo para tu hijo y su desarrollo.

Sentimientos y relaciones

Álex se ha convertido recientemente en un «yo» y está desarrollando un sentido de sí misma. Como resultado, ahora también siente los sentimientos que solo puedes tener cuando eres un «yo»: orgullo, culpa, envidia y vergüenza. Si no te das cuenta de que eres tu propio yo, no te avergüenzas de nada, y eso ha sido bastante práctico hasta ahora. Así que sus vidas también se complican en este aspecto, porque el incumplimiento de las normas o el rechazo de los demás se asocian ahora a veces con sentimientos desagradables. Aunque esto es muy útil para los humanos como animales de grupo para aprender situaciones sociales, a Álex no le sienta nada bien. Primero tiene que aprender a lidiar con ello.

> Sin embargo, Álex ahora también se siente orgullosa, por ejemplo, cuando ha conseguido algo por sí sola. Por eso, los elogios y el reconocimiento son muy importantes para ella en esta fase y recibe atención directa cuando dice «mira» o un orgulloso «lo he hecho sola».

Juan y Julia han seguido el debate pedagógico sobre los elogios y han comprendido que no hay que elogiar tanto. Así que a veces intentan reprimir su impulso natural de elogiar. A Álex esto le irrita un poco. Lee el lenguaje corporal de sus padres y ve claramente que se alegran por ella, pero se esfuerzan por encontrar palabras «neutras» para expresarlo. Álex solo quiere que alguien se alegre con ella por lo que ha conseguido, y no le importa cómo. Lo principal es que pueda compartir su alegría, quiere hacerlo a menudo y es muy importante para ella.

Aprender a manejar los sentimientos

Hasta ahora, Álex solo podía expresar sus sentimientos y dependía totalmente de los adultos para regularlos. No tenía ni idea de qué hacer cuando surgía un sentimiento. Está empezando a aprenderlo muy lentamente. Cuando está cansada o triste, a veces ella misma tiene ideas sobre lo que podría ayudarla. Busca un peluche o su manta, quiere venir al sofá y acurrucarse, o se retrae.

No obstante, eso no funciona en absoluto con los sentimientos fuertes, y Álex sigue teniendo sentimientos muy fuertes, sobre todo rabietas. Hay muchos momentos de frustración en su vida porque algo no funciona o no le dejan hacerlo. Entonces sus emociones surgen e inundan todo su sistema. Ya no puede actuar con sensatez, y mucho menos pensar con claridad. Puede estar de pie o tumbada, llorar o gritar, pero eso es todo lo que puede hacer. Entonces necesita a alguien que le ponga nombre a ese sentimiento y que tal vez lo lleve consigo (véase el capítulo intermedio «Sentimientos y rabietas», página 205).

Álex también practica el manejo de los sentimientos a través del juego. Cuida de su peluche con ternura o a veces lo regaña. Demuestra que puede interpretar los sentimientos y las intenciones de los demás y reaccionar ante ellos. Por ejemplo, se sienta en su querido cochecito en un santiamén cuando ve que su amiga Paula se dirige hacia él. Para ella está claro: aquí gana el más rápido. Cuando Paula empieza a llorar, comenta sus sentimientos sentada en su coche con «Paula está llorando». Le ofrece consuelo y parece triste. Empieza a sentir empatía, pero renunciar al coche por ello sigue siendo ir demasiado lejos para ella.

> **Compartir es difícil, acaba de aprender que es una persona y que las cosas le pertenecen.**

Compartirlas enseguida es difícil. Hay que enseñarle a compartir una y otra vez; a menudo es un adulto el que tiene que dar ejemplo de cómo compartir. A veces consigue esperar o regalar algo, pero su cochecito o su cubo de arena son tan importantes para ella como el móvil o el coche de sus padres. Compartir es complicado y requiere muchos meses de práctica.

> Los miedos también surgen en la fase mágica, cuando los peluches pueden hablar y un calcetín es malo a propósito. De momento, Álex tiene miedo sobre todo a la oscuridad y a los animales malvados. Quiere consuelo y una solución, pero no entiende muy bien una solución lógica. Un ritual mágico o un spray mágico contra los animales malignos la ayudan mucho mejor en este momento.

El primer amigo de los niños pequeños

Álex ahora juega mucho con Paula. Sus padres las llaman amigas. Lo son, pero son amigos de pequeños. No se trata tanto de la persona como tal, sino de que son «amigos» cuando hacen las mismas cosas. Eso puede cambiar muy rápidamente.

A Álex le gusta jugar con los demás en los primeros meses de este año de su vida, pero si te fijas bien, en realidad todavía no juegan entre ellos. Montan juntos en sus coches o corren juntos. Se observan, se pasan juguetes de un lado a otro, cocinan o construyen algo uno al lado del otro.

Sin embargo, el juego real y conjunto depende de un acuerdo y un objetivo común, y los dos solo lo desarrollan lentamente a lo largo de muchos meses. Aprenden lo que quieren y que el otro quiere algo diferente. Aprenden a imponerse o a echarse atrás. Aprenden a regular la ira y a encontrar soluciones que no sean empujar o pegar.

Ambos tienen ya en mente un plan preciso de lo que quieren hacer, pero por desgracia solo tienen este plan. El plan B aún no existe y es muy difícil implicarse en el plan de otra persona. A veces funciona, pero a menudo no.

Álex ya puede jugar a juegos «de verdad» entre ellos durante unos cinco minutos. Esto se debe a que ambos tienen que tener sus propias ideas, así como responder a las ideas del otro y ponerse de acuerdo sobre ellas, y eso todavía no funciona durante mucho tiempo.

Álex empieza a decir por sí misma lo que está haciendo, por ejemplo anuncia: «Ahora voy por una curva»; una habilidad básica muy importante para jugar juntos.

> Poco a poco va dando sus frutos el hecho de que sus padres le digan a menudo lo que hace con sus juguetes mientras juega. Ahora empieza a hacerlo ella misma.

Movimiento

El mundo de Álex es cada vez más rápido. Ya puede correr en cierta medida. Sigue practicando variaciones de correr y andar; salta y practica en todos los lugares posibles. También está aprendiendo a subir escaleras, aunque al principio todavía tiene que apoyar las dos piernas en un escalón antes de subir al siguiente.

Ahora Álex puede incluso lanzar una pelota, aunque no sea en una dirección determinada, ya no vuela a algún lugar completamente imprevisto. Sin embargo, normalmente solo hace un movimiento corto con el antebrazo y aún no mueve el resto del cuerpo.

Si le lanzas lentamente una pelota grande y blanda, podrá cogerla con los brazos extendidos y con la ayuda de su barriga. Sin embargo, hay que apuntarle con mucha precisión, ya que ella permanece casi inmóvil y espera que la pelota caiga en sus brazos. Predecir la trayectoria sigue siendo muy difícil.

Álex es especialmente móvil gracias a sus inicios en la bicicleta de equilibrio. Ahora puede utilizar alternativamente las dos piernas y avanzar rápidamente, a menudo demasiado rápido para los adultos.

También ha practicado a vestirse durante más tiempo y ya sabe ponerse prendas sencillas sin ayuda. Cuando aún le cuesta, sus padres tienen que dividir el proceso en pasos más pequeños, pero siempre le dejan hacer el último paso de todo, así tiene la sensación de haber conseguido algo.

Sigue practicando el trasvase de líquidos; de un recipiente a otro, de una mano a otra. Las manos tienen que trabajar de forma diferente, lo cual es emocionante de aprender. Sus padres han leído que los tapones de rosca son útiles para practicar el movimiento de giro de la muñeca, que necesitará más adelante para aprender a escribir. Así que también le ofrecen botellas con tapones de rosca para que juegue.

Habla

Hasta que Álex es capaz de hablar cincuenta palabras por sí misma, su lenguaje se desarrolla lentamente. A partir del número mágico de cincuenta, empieza de repente el «chute de vocabulario»; aprende cada vez más palabras a un ritmo rápido, pasar de 50 a 400 palabras en pocos meses no es ningún problema para ella. Ahora es fácil entenderla; las sibilantes como «sss» siguen siendo difíciles y a veces dice algo como «aluda» en vez de «ayuda».

Incluso cuando dice nuevas creaciones de palabras inventadas como «garapuas», «bocamillo», o «mapatilla», se da cuenta: se me entiende.

Ahora puede hacer preguntas y las hace, al fin y al cabo tiene que conocer el mundo en todas sus facetas. Pregunta «¿dónde?» y «¿qué?» o quién hace o deja de hacer algo. Algunas de estas preguntas las hace una y otra vez, de modo que Julia y Juan se asombran, porque ya debería saber la respuesta. Sin embargo, como siempre, su cerebro se basa en la repetición y así es como aprende.

Todavía no puede responder a preguntas del tipo «por qué», ya que no puede dar razones objetivas para nada. Si se le pregunta, puede que se le ocurra alguna razón. Puede que tenga algo que ver con la realidad, pero no tiene por qué.

En un vistazo: los 2 años

Pensamiento y juego

Álex sigue muy ocupada convirtiéndose en un «yo» y ahora explora los detalles de su mundo. La autonomía es importante para ella, pero sigue teniendo muchas ganas de ayudar y ser una parte activa y significativa de la familia.

Está aprendiendo los principios de la ciencia y las matemáticas de una forma muy práctica. Ya ha entrado de lleno en la fase mágica, y la lógica le parece extremadamente ilógica.

Representa escenas de la vida cotidiana, crea edificios y hace o pinta sus primeros garabatos.

Sentimientos y relaciones

Álex tiene ahora sentimientos completamente nuevos que solo puedes tener cuando te das cuenta de que eres un «yo»: vergüenza, orgullo, envidia y culpa. También tiene que aprender a manejarlos de una manera completamente nueva. Este año sigue conociendo su voluntad, practica la gestión de la frustración e intenta hacer frente a las rabietas.

La mayoría de las veces sigue jugando codo con codo con otros niños en el llamado «juego paralelo». Sigue practicando cómo tener sus propias ideas y permitir las ideas de los demás, lo cual solo funciona durante muy poco tiempo.

Movimiento

Álex ya puede correr una distancia corta y practica subir escaleras y saltar. Monta en bicicleta de equilibrio, pero sus padres tienen que ser muy rápidos. También puede ponerse y quitarse prendas sencillas sin ayuda.

Habla

Álex ahora hace muchas preguntas, puede entender mucho y decir algunas cosas. Las sibilantes como «sss» todavía son difíciles y a veces dice algo como «aluda» en lugar de «ayuda». Está dando un «estirón de vocabulario», pasar de 50 a 400 palabras habladas en pocos meses es pan comido.

CÓMO... GUARDERÍAS

Apoyo de amigo a amigo

El tema de la guardería para niños menores de tres años es muy controvertido. Algunos padres opinan que los niños deben quedarse en casa los primeros años. Otros padres dicen: «A mi hijo le ofrecen mucho más en la guardería que en casa». Y luego hay innumerables matices intermedios. Por supuesto, muchos padres no pueden elegir porque tienen que volver a trabajar.

Analizar científicamente el impacto de las guarderías en un niño pequeño es extremadamente complejo porque intervienen muchos factores. Desde la calidad de la atención en la guardería hasta la personalidad del niño, pasando por la duración de la atención, el tipo y el momento de la recogida de datos y el apoyo que se ofrece al niño en casa. Como resultado, los estudios han llegado a diferentes conclusiones. Se han encontrado efectos positivos, negativos y neutros. Así que actualmente siempre puedes encontrar un estudio que se ajuste a tu opinión.

A mi entender, primero hay que quitarle dramatismo al asunto. Biológicamente, un niño está diseñado para formar parte de una tribu y ser cuidado por diferentes personas. Nuestra idea de tener al niño al cuidado de uno o dos adultos solamente, dejando a esta persona sola con el niño en un piso durante todo el día y dándole además muchas otras tareas, nunca fue concebida en la historia de la humanidad. Es un planteamiento muy cuestionable en el mundo occidental y conduce rápidamente a una sobrecarga muy comprensible. Otras personas además de la pareja, como abuelos, tíos, amigos, canguros y otros niños, pueden ayudarte y mostrar a tu hijo otras realidades de la vida. ¿Qué sería un buen complemento para tu núcleo familiar? ¿Quizá una abuelita, una niñera, una guardería o encuentros con otras familias? La creencia de que «un niño pertenece a su madre» sigue estando muy extendida y causa mucho estrés y preocupación. Por supuesto que un niño debe estar con su madre o su padre, pero no tiene por qué estarlo las veinticuatro horas del día.

En Alemania aún utilizamos a menudo la palabra «cuidado ajeno» para referirnos a las guarderías, lo que ya le da cierta orientación al asunto. ¿Quién confiaría su hijo pequeño a extraños? La palabra ya no se ajusta a lo que hacemos en realidad, porque el niño se aclimata en la guardería durante varias semanas y es muy importante que los padres no se vayan hasta que el niño haya establecido una relación con un cuidador. El personal educativo ha desarrollado un concepto global de familiarización, que se adapta individualmente a cada niño y suele aplicarse en estrecha consulta con los padres. Se procura que el «cuidado ajeno» se convierta en «cuidado amigo».

Es imposible decir qué guardería es la mejor para tu hijo. Muchas veces no tienes elección, tienes que volver al trabajo. En ese caso, por favor, hazlo sin remordimientos de conciencia y deja que tu hijo adquiera nuevas experiencias en la guardería. Elige una guardería para tu hijo basándote en tu instinto. Un gran espacio al aire libre y muchas actividades son secundarios: lo importante es la actitud del personal educativo hacia los niños y cómo los tratan. Mi experiencia tras muchos años trabajando con educadores es que la inmensa mayoría de ellos eligen esta profesión por pasión, tienen un gran corazón para «sus» niños y están muy comprometidos con ellos.

Fíjate bien en tu hijo y en tu situación vital. ¿Qué os conviene a todos? ¿Qué tipo de personalidad tiene su hijo? ¿Cómo te encuentras tú? En general, ¿puedes disfrutar de tu hijo durante todo el día y estás absorto en él? ¿Eres alguien que piensa en secreto: «Si tengo que poner arena en este cubo una vez más, me va a dar algo»? Reflexiona con sinceridad y, si puedes, toma una decisión individual para ti y para tu hijo, independientemente de la opinión de los que te rodean.

El desarrollo a los 3 años

Pensamiento y juego

Álex sigue sometido a un estrés de desarrollo, tiene que moverse y hacer cosas todo el día. Estar sentado es tiempo perdido para su desarrollo. Sigue adquiriendo conocimientos sobre el mundo; ya entiende muchas cosas básicas, pero está lejos de haber terminado.

Es difícil comprender que las cantidades de las cosas no cambian, aunque parezcan diferentes. Por ejemplo, Álex sigue intentando comprender los líquidos. El nivel del agua viene determinado por su altura, pero, ¿y si es diferente?

Un día, cuando el último zumo debe repartirse a partes iguales entre él y su amiga Paula, se fija bien para ver si ambos tienen la misma cantidad. Sin embargo, el vaso de Paula está sucio por arriba y su madre prefiere coger uno nuevo, más alto y estrecho. Se angustia mucho cuando ella vierte el zumo de este vaso en el vaso más estrecho y alto, porque ahora parece más. Álex no puede convencerse de que sigue siendo la misma cantidad, porque ha aprendido que juzga la cantidad de agua por su altura y algo como el volumen todavía le es ajeno. La equidad es muy importante para Álex y se asegura de que las reglas se cumplan estrictamente. Acaba de entender e interiorizar las reglas y aún no es capaz de «no tomarse las cosas demasiado en serio».

CÓMO... EXPERIMENTO CON LÍQUIDOS

Muchas cosas no cambian cuando están en otro lugar

Jean Piaget fue un psicólogo suizo especializado en el desarrollo. Sus modelos de desarrollo cognitivo siguen utilizándose en la actualidad, aunque desde entonces han sido criticados o complementados. Es especialmente conocido por su «experimento de conservación de líquidos», que ha producido repetidamente resultados similares durante muchas décadas, al menos en nuestra cultura.

Primero se muestran al niño dos vasos llenos de líquido. A continuación, se vierte el contenido de un vaso en otro más estrecho para que el nivel del agua sea más alto. El niño observa.

Aunque haya observado el proceso, el niño suele cometer el mismo error lógico hasta que tiene unos cuatro o cinco años: está convencido de que ahora hay más líquido en el vaso superior. Su explicación es que se ha decantado. El niño aún no se da cuenta de que una cantidad no cambia, aunque se vierta en otro lugar.

La mayoría de los niños también cometen este error con otras cosas, como el número de monedas; «ahora hay más monedas porque están en un montón». Puedes mostrarle al niño que es diferente, pero la mayoría de los niños no pueden aprender esto de forma permanente a los tres años, sino que vuelven a sacar esta conclusión a la siguiente oportunidad.

> El niño primero tiene que construir un conocimiento interno del mundo a través de muchas de sus propias experiencias para llegar finalmente a la comprensión permanente de que una cantidad no cambia solo porque ahora esté en otro lugar.

Para ello, tiene que experimentar mucho y ser capaz de «trabajar» con líquidos y otras cosas.

La vida es apasionante, hay tanto que aprender y conocer.

> Al igual que el año pasado, Álex hace muchas preguntas. Cómo, qué, por qué... ¡simplemente quiere saberlo todo! Juan y Julia a veces muestran signos de cansancio porque tienen que responder a muchísimas preguntas que para ellos son bastante obvias.

Sus respuestas suelen ser «ya lo ves» o «ya lo hicimos ayer», pero Álex no puede verlo. Como el zumo en el vaso, puede concentrarse en una característica de algo. Todavía tiene que aprender que hay varios factores para juzgar algo. Con frecuencia, sus padres tienen que responder a las preguntas una y otra vez, porque hacen falta muchas repeticiones antes de que queden firmemente ancladas en la mente del niño.

Aprender matemáticas mientras se pone la mesa

Álex ya puede asearse y vestirse solo, solo necesita ayuda de vez en cuando. En los últimos meses, Juan y Julia han intentado dividir el proceso de vestirle en pequeños pasos. Por ejemplo, al principio solo se subía el calcetín y luego intentaba ponérselo por encima del talón, que era la parte más difícil. Ahora ya puede hacerlo. También ha aprendido a abrocharse las cremalleras y los botones, y ahora solo necesita ayuda en contadas ocasiones. Se calza mejor de pie. Todavía le cuesta distinguir entre la derecha y la izquierda, por eso sus botas de agua a veces se convierten en «pies de pato» porque se las pone del revés. No obstante, su éxito a la hora de hacerlo solo es mucho más importante, por lo que sus padres a menudo ni siquiera lo mencionan.

Las tareas domésticas siguen siendo la mejor fuente de aprendizaje para Álex, a todos los niveles. A Álex le encanta barrer, cocinar, lavar, limpiar o cuidar las flores. Así aprende secuencias de movimientos, desarrolla su conocimiento del mundo y se convierte en un verdadero miembro del equipo familiar. Ahora es capaz de reconocer y clasificar objetos de distintos tamaños. Sabe que la bandeja de los cubiertos tiene tenedores grandes y tenedores pequeños, que unos van en un compartimento y los otros en el compartimento extra para los tenedores de la tarta. Le gusta especialmente poner la mesa, donde puede practicar de nuevo las matemáticas. ¿Cuántos platos hay que poner en la mesa? ¿Dónde hay que colocarlos exactamente? ¿Cómo se colocan las cucharas junto a los platos para que realmente haya una cuchara junto a cada plato y no falte ninguna? ¿Cómo se determina lo que se necesita y qué relación tiene esto con el tipo de comida? No necesitas tenedores para la sopa, pero sí para las verduras, y tus padres quieren tenedor y cuchara para la pasta. Ya veo. Todos estos son pasos de aprendizaje difíciles que tiene que practicar durante mucho tiempo.

Un día, su madre le encarga a Álex que ponga los platos de la cena en la mesa del salón. Es justo después de Navidad y en Navidad Juan y Julia siempre ponen una mesa extra para sus invitados, que luego utilizan para las comidas de los días siguientes. Ahora esta mesa está siendo desmontada de nuevo, Juan está de pie en el pequeño jardín para guardar la mesa para el próximo año, pero primero tiene que hacer sitio en el cobertizo del jardín. La mesa está tumbada de lado sobre la hierba.

Así que Álex entra en el salón con su tarea, que se toma muy en serio, y la mesa ha desaparecido. ¿Dónde pone ahora los platos? No se le ocurre volver a la otra mesa, la de todos los días, después de todo, lleva unos días comiendo en la mesa de Navidad. Probablemente sea así ahora, Álex siempre se adapta muy rápido a las nuevas situaciones.

Está decidido a tener éxito en su tarea. ¿Dónde está la mesa? La puerta del patio está abierta, así que Álex se pone a buscar con sus platos encima y por fin descubre la mesa que falta. El hecho de que esté tumbada de lado en la hierba no le molesta, le pasan muchas cosas raras en la vida, esta puede ser una de ellas. Su trabajo consiste en poner los platos en la mesa. Así que, con mucho cuidado y meticulosidad, equilibra los platos uno a uno en el borde de la mesa. Álex está muy orgulloso de haber dominado esta tarea contra todo pronóstico.

Cuando Juan se da la vuelta, se sorprende mucho de que de repente haya platos en el borde de la mesa apuntando hacia arriba y Julia también se sorprende mucho cuando encuentra una mesa vacía en el salón y su hijo acaba de salir del jardín sin plato.

El gran malentendido

A Álex le encanta ayudar en la cocina cocinando y horneando. Por desgracia, hay un clásico malentendido entre él y sus padres: sus padres dan las cosas por sentadas y creen que Álex está tan interesado en el resultado como ellos. Quieren una tarta bonita y resultona. Intentan conseguir este resultado con el menor esfuerzo posible, porque ya conocen todos los procesos y ahora solo buscan la forma más eficiente de hacer las cosas. También quieren crear una tarta bonita por el bien de Álex.

A Álex, en cambio, no le interesa el resultado. Le interesa el proceso, porque eso es lo que quiere aprender. Necesita entender y dominar cada uno de los procesos y quiere probarlos todos. A veces incluso añade dificultades adicionales para poder aprender todas las variaciones. Por ejemplo, cuando extiende la masa de la tarta, a veces hace rodar el rodillo desde atrás hacia delante. Le encantan los movimientos bruscos y enérgicos. Las experiencias sensoriales, los olores, el tacto, los movimientos, mezclar cosas y transformarlas en otra cosa... es un festín para él. Naturalmente que el pastel sabe delicioso cuando está hecho, pero eso no es nada comparado con la experiencia de aprendizaje.

Así que Álex acepta entusiasmado la pregunta «¿Hacemos hoy una tarta?» ¡Tiene muchas ganas! Por desgracia, sus padres han formulado esta pregunta de forma engañosa, ya que en realidad debería decir: «¿Te gustaría vernos hacer la tarta? También puedes poner la mantequilla y echar la harina que hemos pesado de antemano. Ojo, así es como lo hacemos, hacemos todas las actividades interesantes muy rápido y tú puedes hacer algunas cosas cortas y sin importancia. Un total de un minuto de tiempo activo para ti, ¿vale? Queremos que salga un buen pastel». Álex tendría que pensarse mucho si acceder a esto, porque así podría ganar más experiencia mientras juega.

A Juan y Julia les resulta extremadamente difícil seguir el ritmo del proceso de aprendizaje y experiencia en su cocina. ¡Hay tanto desorden! Las cosas se caen o se derraman, se pegan por todas partes, no se trabaja con determinación, todo va tan lento... es sencillamente insoportable desde el punto de vista de un adulto.

No se dan cuenta de que Álex se equivocaría mucho menos si confiaran más en él, adaptaran los objetos a su tamaño y dividieran el proceso en pequeños pasos, como al vestirse. Álex se da cuenta de que, de alguna manera, está perturbando el proceso y acaba adaptándose a ser un espectador vestido con delantal la mayor parte del tiempo. Intenta aprender mirando y está encantado con la tarta terminada.

Los padres de su amiga Paula han dejado de hacer pasteles y de cocinar con ella porque el comportamiento de Paula es sencillamente imposible. Ella interfería constantemente en sus actividades. En cuanto se daban la vuelta, Paula la liaba a sus espaldas.

Paula intenta hacer más cosas por sí misma a marchas forzadas.

> Ha empezado a ignorar los «no» de sus padres, no puede evitarlo porque simplemente hay demasiados «no». Si los cumpliera todos, aprendería muy poco y adquiriría muy poca experiencia. Por desgracia, a veces se ve obligada a trabajar en contra de los deseos de sus padres en aras de su propio desarrollo, algo que en realidad no quiere hacer.

Quiere ser una parte valiosa y útil de la familia, demostrar a sus padres lo que ya sabe hacer por sí misma y aprender cosas nuevas cada día con su ayuda.

Los diferentes objetivos conducen repetidamente a dificultades en muchas situaciones —afortunadamente Álex y Paula tienen una alta tolerancia al extraño comportamiento de los adultos.

Narración entrecruzada

Poco a poco, Álex empieza a comprender el tiempo, pero muy lentamente, porque el tiempo es una cosa extraña. A veces corre demasiado deprisa cuando ocurre algo importante y a veces no se mueve en absoluto. Sin embargo, ahora está aprendiendo que las cosas suceden una detrás de otra, de modo que el desayuno llega antes que el almuerzo. Aun así, no siempre se da cuenta, y a veces sigue confundiéndose. Álex utiliza términos temporales como «ayer», «temprano», «tarde» y «mañana», pero también «anteayer» o «pasado mañana», porque aún no se da cuenta de todo. Cuando sus padres dicen que van a llegar «pronto», para él no es información, porque ¿qué es «pronto»? Le ayuda mucho poder ver el paso del tiempo, como con un reloj de arena, un temporizador de cocina o un cronómetro.

A Álex también le resulta muy difícil contar una historia del pasado de forma estructurada. Se sorprende mucho cuando los niños mayores de la guardería hablan del fin de semana en la asamblea de la mañana. Los niños de preescolar pueden contar de forma estructurada lo que pasó el fin de semana. Y en el orden en que sucedió. Una capacidad asombrosa. Álex también quiere poder hacerlo. Así que se aferra a la frase «finge hasta que lo consigas» y cuenta con convicción pequeñas historias sobre una excursión al lago. Cuando se le pregunta, informa con todo lujo de detalles y siempre añade más detalles.

Esto suele ser una prueba de paciencia para el oyente, porque un adulto está acostumbrado a una determinada estructura de relato: un breve esbozo del marco, después algunos detalles y finalmente un cierre significativo. Por ejemplo, sus padres introducen las historias con: «Fuimos al lago el fin de semana». Luego cuentan algunos detalles «y nuestra sombrilla, por desgracia se rompió por un lado y por eso...» y terminan con «todos nos reímos mucho, incluso horas después».

Álex aún no lo consigue, solo cuenta pequeños detalles que le llegan de forma entrecruzada, no se apoyan unos en otros y no conducen a un cierre. También confunde los tiempos pasados.

Así, cuando la cuidadora les dice a los padres por la tarde: «Álex me ha contado que fueron al lago el fin de semana», los padres pueden sorprenderse al oírlo ya que la excursión ocurrió hace meses.

Álex cuenta sus historias con convicción, porque también padece un grandioso exceso de confianza. Cree firmemente que, en general, sabe lo que hace y que todas sus historias se corresponden con la realidad, una cualidad maravillosa.

> **Nuestro hijo de 3 años no puede responder a la pregunta «¿Qué tal en la guardería?» de forma lógica, es demasiado amplia y abstracta y la respuesta está en el pasado.**

Sus padres ahora prefieren preguntar sobre detalles individuales como «¿Has jugado hoy con David?». Una de las preguntas es siempre sobre lo que han comido. Álex se lo piensa un momento y luego dice «¡Fideos!» con convicción. Al cabo de unas semanas, sus padres están a punto de ponerse en contacto con la dirección de la guardería, porque aunque todos los días hay bonitas fotos de la comida colgadas en la guardería, parece que todos los días hay fideos.

> Álex todavía está en la fase del pensamiento mágico. La lógica no le parece lógica, eso tardará unos años más. De momento, vive en la tranquila convicción de que sabe todo lo que necesita, rellenando los huecos con historias e ideas mágicas.

Aún no puede mentir conscientemente, porque para mentir hay que conocer la verdad y tergiversarla a propósito. Álex aún no ha llegado a ese punto. Las «verdades» dependen de sus sentimientos y de la situación; aún no reconoce nada parecido a la objetividad. Los hechos son para él una cuestión muy subjetiva (véase «Cómo… Mentir», página 218).

«Un perro se comió mi zapato» le parece muy plausible si el zapato ha desaparecido, porque ha visto a perros hacer esto con un libro. No tiene sentido para él que no sea lógico en su propia casa sin un perro como mascota.

Álex piensa que también puede cambiar las cosas según sus deseos. Una vez quiere que el helado del postre esté al lado de su plato mientras come. Julia le pregunta qué le pasa al helado cuando se calienta. Álex responde que se derrite. Cuando Juan le pregunta qué le pasa al helado, Álex dice convencido: «¡No se derrite! Porque yo lo pongo así».

Puedes utilizar el pensamiento mágico en beneficio de Álex, ya que le reconforta mucho cuando el peluche cuida de él por la noche, cuando los monstruos de debajo de la cama se ahuyentan con spray para monstruos o mediante algún ritual mágico, o cuando llevas un piedra mágica en el bolsillo para infundirte valor.

La lengua y las mates son divertidas

Su cerebro sigue desarrollándose rápidamente y Álex también está aprendiendo a contar historias cada vez mejor. Se le da bien memorizar y repite rimas, poemas o canta al menos algunas de las canciones de la guardería. Si pierde el hilo, le basta una palabrita para volver a la pista.

Álex empieza a conocer mejor las palabras y, por supuesto, tiene que explorar el principio de las palabras tabú. Álex se da cuenta de que hay palabras ante las que los adultos reaccionan con mucha fuerza, ¡qué curioso! Las llaman «palabrotas». Puede hacer que los adultos reaccionen de repente con mucha fuerza, qué sensación tan agradable. No obstante, si nadie reacciona, se aburre enseguida. Entonces, pronto deja de hacerlo.

A Álex también le hace mucha gracia que la gente se caiga o haga movimientos o muecas graciosas. Le gustan los chistes fáciles. También le gusta mucho usar las cosas «incorrectamente» o hacer ruidos graciosos. E incluso cuando los mayores fingen tener mucho dolor cuando juegan a los médicos, se parte de risa. La ironía o el sarcasmo, en cambio, son un misterio para él, ya que aún no domina el lenguaje.

Poco a poco, va comprendiendo cada vez más el trasfondo, ahora entiende la función básica de algunas cosas y las proclama con orgullo; «necesitamos aire para respirar», «las tijeras son para cortar», «el agua es para beber y lavarse». Los padres de Álex reciben información diaria sobre los nuevos descubrimientos científicos.

> Sus padres también están muy orgullosos de que ya sepa contar muy bien, porque Álex recita secuencias numéricas con mucha seguridad y sin vacilar, hasta diez o incluso más. Consideran que esta es la base de las matemáticas. Sin embargo, Álex aprende matemáticas sobre todo con los sentidos, como cuando pone la mesa.

Su recitación de secuencias numéricas aún tiene poco que ver con una comprensión real de las cantidades. Apenas está aprendiendo que se puede asignar un número a algo. Cuando se trata de contar cosas, sigue equivocándose, por ejemplo, siempre empieza por el principio o sigue contando y vuelve a dar golpecitos en las cosas que hay que contar.

Sin embargo, pronto es capaz de entender cantidades hasta cuatro y traer tres ladrillos cuando se le pide o cuando ve que hay una cantidad de cuatro cosas tiradas en algún sitio. Ahora también puede decir cuántos años tiene y levanta con orgullo tres dedos. En los próximos meses y años, jugará e inventará el resto. Sus padres pueden enseñarle a resolver problemas de la vida cotidiana (véase «Cómo… Pensar», página 135).

Conectar y pintar

Ahora poco a poco es posible jugar a cosas en una mesa; a veces Álex juega a un juego de reglas sencillas con niños y adultos o hace un puzle. Álex se toma ahora los puzles más en serio, pasa más tiempo probándolos, girando las piezas individuales e intentando montarlas.

Actualmente está explorando el esquema «Conectar» (véase «Cómo… Utilizar esquemas de juego», página 98) y probando lo que encaja o puede hacerse encajar. Está aprendiendo sobre conexiones y adquiriendo experiencia con la estática, la estabilidad y la construcción.

No solo ensarta cuentas en una cuerda, sino que también conecta muchas vías de tren o pega cosas. También construye mucho con *Lego* o bloques de construcción, e intenta unir cosas con cuerda o cinta, pero sigue fallando un poco con los nudos. Una vez ha aprendido a hacer nudos, hace un sinfín de nudos con todo tipo de cintas para practicar todas las variaciones. Una mañana, Juan encuentra el cinturón de su albornoz completamente retorcido y anudado. ¿Quién habrá estado intentando hacer nudos? También se pueden unir cosas con arena y construir túneles y caminos, cosa que a Álex le encanta. Ahora puede jugar solo, durante al menos diez minutos, a veces mucho más.

Cuando pinta, Álex explica que ahora está escribiendo y luego hace garabatos delante de él para imitar la escritura. Dibuja garabatos y dice lo que está dibujando mientras lo hace o después. «Aquí está la montaña y ahí está la cueva y aquí viene el perro…» es como comenta sus dibujos. También intenta dibujar casas, árboles o coches, pero aún no lo consigue.

No obstante, ya es capaz de dibujar algo que parece un sol, algo casi redondo con muchos trazos. A medida que pasan los meses, Álex reduce el número de trazos y, hacia finales de año, el círculo se convierte en una persona.

> Como casi todos sus compañeros, primero dibuja violinistas de cabeza, es decir, una cabeza grande con trazos muy largos directamente unidos a ella a modo de piernas. A veces, el violinista de cabeza también tiene brazos que salen directamente de la cabeza.

Y con un poco de suerte, también le salen unas cuantas manchas torcidas en la cabeza a modo de boca, nariz y ojos.

Para Álex, todavía no hay nada como estar al aire libre, donde puede moverse libremente, no romper nada y puede jugar con la tierra, la arena, la hierba o las piedras. Las hojas, las ramitas y las flores pueden ser símbolos para todo y no hay nada tan estupendo como chapotear en los charcos de lluvia y vivir experiencias con el agua. Aquí se estimulan todos los sentidos y todo es siempre nuevo debido a los diferentes climas, los cambios de estación y los cambios en las plantas. A veces incluso te cruzas con patos, perros, mariposas, lombrices y otros animales.

Sentimientos y relaciones

Álex sigue necesitando que alguien le ayude a aprender a comprender y regular sus sentimientos. Este año sigue teniendo rabietas espectaculares, que todavía no es capaz de manejar (véase «Sentimientos y rabietas», página 205).

También tiene que explorar su propia voluntad y esto a menudo le sale mal. Aceptar sus propios límites y los de los demás tampoco resulta sencillo, pero hay que enseñárselo (véase «Autonomía y límites», pág. 143).

Ahora regula los sentimientos con empatía

Aun así, Álex ya puede regular bastante bien los sentimientos menos intensos. Cuando está triste, desarrolla sus propias ideas sobre lo que podría reconfortarle en ese momento, tal vez quiera irse a dormir o quiera una manta o irse a un rincón tranquilo. Esto es más fácil con la tristeza que con la rabia, la rabia es más difícil de controlar. Álex sigue luchando con este sentimiento.

No obstante, para ser sincero, cuando Álex observa cómo tratan sus padres el enfado, se da cuenta de que hay margen de mejora; aún se puede mejorar. Obviamente, incluso de adulto, sigues practicando y no siempre puedes regular tu ira como deberías.

> Hacia finales de año, las rabietas de Álex se hacen poco a poco menos frecuentes. El requisito para ello es que sus sentimientos vayan acompañados de comprensión, pero también que se le ofrezca un marco en el que poder poner a prueba su voluntad. Necesita que sus padres le den pautas para sus estados emocionales.

Álex está dando ahora varios pasos decisivos. Se esfuerza por gestionar adecuadamente la frustración. Ahora ha comprendido que debe resolver los conflictos sin pegar ni empujar (si se lo han enseñado con suficiente frecuencia), pero no siempre lo consigue. A veces puede decir las frases que él mismo ha oído a menudo: «¡Ya me calmaré!». Y entonces lo hace. Ahora tiene sus propias palabras para referirse a sus sentimientos y esto le ayuda a controlarlos mejor. Intenta averiguar más sobre las razones de los sentimientos, pregunta por qué llora el niño o hace él mismo suposiciones, como: «El niño está triste ahora porque se le ha caído el helado».

Empieza a cooperar con los demás. Eso tampoco funciona siempre, pero empieza a aceptar, por ejemplo, que sus padres quieran terminarse el café tranquilamente antes de irse. Aprende que sus deseos no siempre pueden cumplirse. Como resultado, ahora también es capaz de integrarse en grupos.

> Álex ha desarrollado empatía, ¡empatía de verdad! Puede adoptar la perspectiva de los demás y explicar cosas como «a mamá y papá no les gusta que haya barro en el piso porque es muy difícil de limpiar». Este es un gran paso para Álex y que le abre un mundo completamente nuevo: el mundo de los demás.

¿Qué sienten los demás? ¿Y cómo te enfrentas a ellos? «Mamá, ya estás cansada, así que tienes que descansar», dice Álex y le trae a mamá una manta para que se acurruque debajo. El hecho de que mamá necesite algo más de dos minutos para descansar aún no es fácil de entender, ya que todavía le cuesta distinguir la hora. Sin embargo, es fundamental que ya haya desarrollado una verdadera empatía y empiece a comprender que los sentimientos y los motivos pueden ser diferentes. No todas las personas sienten siempre lo mismo que él. Un hecho sorprendente que comprende cada vez mejor con el paso del tiempo.

Aprender a compartir

Nuestro hijo de tres años también está desarrollando la capacidad de compartir, y ahora puede entender que el otro niño también quiere el juguete. Sin embargo, compartir es algo complicado. ¿Cómo se aprende a compartir? Álex necesita que su entorno le muestre cómo funciona realmente el compartir. Necesita modelos de conducta. Además, Álex oye muchas frases de sus padres como: «Oye, ese era mi vaso», «Eso lo pedí yo, siempre comes algo de mi plato». «No te presto el coche, lo siento, no está asegurado». «Ja, tengo un *smartphone* nuevo y tu hermano aún tiene el modelo antiguo». «No puedo prestarte ese jersey, es mi favorito».

¿Qué debe pensar Álex? ¿Comparte ahora o no? ¿O solo ciertas cosas? Todo esto sigue siendo un misterio. Aun así, le encanta ayudar y compartir y a menudo lo hace de buen grado y por voluntad propia.

Simplemente disfruta haciendo felices a los demás. También le parece estupendo que le pidan ayuda, y reparte regalos con gusto, o acepta sin quejarse un límite que no le gusta por el bien de sus padres. Muestra de buen grado a los demás cómo funcionan las cosas y comparte sus conocimientos con el mundo.

> Un sentimiento bastante nuevo en su espectro es la vergüenza y ahora está totalmente desarrollado, Álex se avergüenza a menudo. Para asombro de sus padres, ahora se avergüenza de cosas que antes no eran un problema. Ya no se le puede contar a los demás todo sobre él, se siente rápidamente expuesto. Se cohíbe rápidamente en situaciones desconocidas o con extraños.

También tiene miedo a la oscuridad, al médico, a los animales o a criaturas mágicas como monstruos o fantasmas. Como ya he dicho, la lógica no sirve de nada aquí, las soluciones mágicas tienen más sentido. A veces también tiene miedo de la gente mala, porque ya empieza a clasificar el mundo en bueno y malo.

Comienza el juego con los demás

Por fin ha llegado el momento de jugar de verdad con otros niños. Álex ha desarrollado las habilidades necesarias para jugar de verdad con los demás. Empieza con juegos de rol sencillos. Álex puede adoptar papeles como el de mamá, papá, médico o vendedor y luego mantenerlos y desarrollarlos durante un breve espacio de tiempo. Todavía no puede ser muy complejo, así que cuando juega con niños mayores, suele ser el bebé o el perro, pero al menos puede participar. Representa escenas de la vida cotidiana e interioriza las rutinas de la compra o la visita al médico. A veces ya es pirata, caballero, princesa o mago. Adopta diferentes papeles, primero es el papá, luego la mamá, después el niño y así va conociendo diferentes perspectivas. Es estupendo que ya sepa utilizar el lenguaje para comunicarse con los demás. Ahora también puede utilizar símbolos de diferentes maneras e imaginar cosas reales; un bloque de madera es primero el teléfono y luego un trozo de tarta. Con el paso de los meses, empieza a desarrollar cada vez más los papeles y luego se mete en el papel disfrazándose.

Ponerse de acuerdo con otros niños sigue siendo complicado porque hay muchos momentos de frustración. A Álex a veces le resulta muy duro cuando su propia idea de juego no sale adelante, y tiene que esperar o unirse a las ideas de los demás. Hay muchas decepciones cuando juega con otros. Álex necesita mucha práctica en el trato con otros niños para que esto le resulte más llevadero con el tiempo. Es importante que experimente estos momentos de frustración.

Las dos amenazas más comunes y más terribles de esta época son: «Pues entonces dejarás de ser mi amigo» o «Pues entonces no te invito a mi fiesta de cumpleaños». A veces, esto desencadena una crisis emocional en el otro niño, ante lo cual Álex vuelve a sentirse desbordado.

En un momento dado, los padres de Álex y los del otro niño quieren volver a hacer las paces, pero simplemente no se ponen de acuerdo sobre cuál de los niños tenía razón. Al final, los adultos también se pelean. Los niños no guardan rencor y vuelven a jugar juntos al día siguiente como si nada hubiera pasado. Por desgracia, los adultos tardan semanas en conseguir que todo vuelva a la normalidad.

CÓMO... JUGAR

Jugar de verdad no es tan sencillo

Para poder jugar con otros niños, un niño debe haber desarrollado cuatro habilidades básicas:

1. El niño es capaz de desarrollar sus propias ideas de juego. Puede darse cuenta de lo que quiere hacer a continuación y ponerlo en práctica.
2. El niño puede nombrar esta idea; dice lo que está haciendo. Se define a sí mismo como un tigre o dice «Mi coche va por la curva, brum brum». A veces también muestran lo que están haciendo reproduciendo sonidos.

3. El niño puede establecer contacto visual con los demás y «leer» las caras. Por tanto, puede reconocer lo que la otra persona expresa con su cara y su postura y sacar conclusiones de ello. El niño puede interpretar correctamente: «No me ha oído», «Ahora quiere otra cosa», «Le parece genial mi idea».

4. El niño puede adaptar su comportamiento a lo que lee en las caras. ¿Qué debe hacer para entrar en el juego con la otra persona? ¿Debe aportar sus propias ideas o dar un paso atrás? ¿Tiene que decir o hacer algo concreto? ¿Cómo pueden bailar juntos el «baile social», en el que una persona siempre lleva la iniciativa y luego la otra, para que el juego siga evolucionando?

¿Cuándo se desarrolla?

El juego constructivo con los demás depende, por tanto, de ciertas habilidades que solo se desarrollan con el pasos de los años.

Hacia el final del primer año de vida ya puede tener sus propias ideas de juego, que siguen desarrollándose. Al principio solo hay impulsos individuales que cambian rápidamente, solo años más tarde se tienen verdaderos planes de juego como «ahora voy a construir una casa». Las fases de aburrimiento son valiosas para esto; desde el vacío el niño aprende a reconocer los tranquilos impulsos interiores.

Normalmente, no eres capaz de nombrar lo que haces en términos puramente lingüísticos hasta que tienes entre un año y medio y dos años y medio. Puedes leer caras relativamente pronto, pero interpretar correctamente los matices y los motivos de los demás es bastante difícil antes de los tres años.

La cuarta habilidad es la más exigente: adaptar el propio comportamiento y reaccionar bien ante la otra persona. Esto se aprende a lo largo de varios años y solo es posible en una medida muy limitada antes de cumplir los tres años.

Como puedes ver, lo que llamamos juego cooperativo real no es tan fácil y tiene que desarrollarse a lo largo de los años; cada niño tiene su propio ritmo. Es de esperar que empiecen poco a poco entre los dos años y medio y los tres años. Antes de esa edad, juegan principalmente solos o en juegos paralelos, es decir, junto a otros niños con contactos ocasionales.

¿Cómo se pueden «enseñar» los juegos?

Si jugar no funciona tan bien después del tercer cumpleaños, o si trabajas con niños y quieres enseñarle esto a un niño, entonces primero observa con mucha atención: ¿cuál de estas cuatro habilidades necesita aprender mejor?

Si el niño aún no es capaz de nombrarse a sí mismo, puedes ayudarle describiéndole lo que está pasando durante los siguientes momentos de juego. Basta con decir «Oh, el coche va rápido» o «La muñeca se ha hecho daño» para que el niño aprenda a nombrarse a sí mismo. El niño necesita espacio y tiempo para sus propias ideas de juego y alguien que reconozca y aprecie sus impulsos. En cuanto el niño está completamente inmerso en el juego, esa preciosa fase que los adultos llaman a veces «fluir», no hay que hacer nada más. Como ya he dicho, las fases ociosas son útiles; aburrirse y luego encontrar su propia salida es una habilidad muy útil para un niño.

El niño ha aprendido a leer las caras gracias al contacto frecuente contigo; tiene que mirar muy a menudo caras con expresiones faciales diferentes para aprender a distinguirlas.

En realidad, el teléfono móvil es un gran obstáculo en este caso, porque al utilizarlo se tiene una expresión facial neutra que resulta muy irritante para el niño. Además, se detiene toda la interacción, y el niño solo puede relacionarse consigo mismo. Después de usar el móvil, restablece conscientemente un buen contacto con tu hijo y muéstrale una cara amable.

Ayúdale a entender a los demás niños haciendo esto al principio: «Oh, mira, el niño también quiere el cubo». Se trata de una información muy útil en el arenero que beneficiará al niño durante años. Al igual que un comentarista de fútbol, puedes nombrar la situación social para el niño. El comentarista de fútbol dice exactamente lo que está pasando en el campo para que todo el mundo pueda seguir el partido. No dudes en decir lo que está pasando para que el niño deduzca poco a poco lo que debe hacer. Por supuesto, también puedes hacer sugerencias sobre el comportamiento del niño: «Si ahora coges el otro coche, podréis conducir juntos». Sin embargo, a largo plazo tiene mucho más sentido que le enseñes a interpretar las situaciones sociales, porque entonces tendrá el timón del juego en sus propias manos, por así decirlo, y pronto dejará de depender de tu apoyo.

Movimiento

Ahora Álex se divierte mucho practicando el equilibrio, aprovechando todas las oportunidades posibles, incluidos el bordillo y la acera. También puede saltar brevemente sobre una pierna.

También le va muy bien comer solo, aunque todavía no tan bien con el cuchillo y el tenedor a la vez, pero está empezando a practicar. Ahora puede llevar un vaso lleno a la mesa sin derramarlo; poder caminar y sostener el vaso recto mientras mantiene la vista en el camino al mismo tiempo es toda una hazaña. Quiere hacer todo lo posible por sí mismo y practica con entusiasmo cómo medir la mantequilla o las cremas para untar y untar el pan con mantequilla.

Ya puede atrapar una pelota grande, estira activamente los brazos e intenta calcular la trayectoria de antemano, lo que no es tan fácil. Ahora, al lanzar, estira todo el brazo e intenta hacer un arco. Ahora lanza con todo el cuerpo y no solo hace un leve movimiento con el antebrazo. Antes, la distancia de sus lanzamientos seguía siendo de centímetros, pero ahora está aumentando considerablemente. Le gusta sobre todo su bici de equilibrio, ya es muy rápido con ella y puede coordinar bien sus movimientos.

Habla

Álex ya puede hablar en pasado, pero sigue cometiendo errores con formas verbales como: «La abuela hecho pastel». Ahora puede distinguir entre frases como «Pon la bufanda *sobre* el banco» y «Pon los zapatos *debajo* del banco». Sin embargo, sigue sin entender bien las frases más complejas.

Cada vez pronuncia mejor las palabras. Todavía le cuesta pronunciar sibilantes como «sss», o combinaciones de sonidos como «br» o «cl». Por ejemplo, para Álex «pizza» se convierte en «picsa», y «pluma» en «puma». También es posible, por ejemplo, que «cole» se convierta en «tole» y similares, lo que forma parte del importante descubrimiento de que los sonidos pueden cambiar el significado de las palabras.

Si aún no conoce una palabra, simplemente inventa una nueva, eso no es problema para él. Así que el ordenador se convierte en «ordenamor».

También empieza a transferir las palabras que ha aprendido a situaciones nuevas. Una vez, después de leer su libro de la granja, observa a su padre lavando la ropa en el jardín y le pregunta: «¿Estás lavando la ropa?».

Su amiga Paula ya habla con más fluidez que Álex, mientras que su amigo David se toma su tiempo y habla como un niño de dos años; ambos casos son normales.

En un vistazo: los 3 años

Pensamiento y juego

Álex practica ahora cosas difíciles, como entender los líquidos o realizar correctamente pequeñas tareas. Le interesa el proceso, no el resultado. Practica la narración estructurada y se encuentra en plena fase de pensamiento mágico. Sigue probando los esquemas de juego y haciendo muchas preguntas sobre el mundo que le rodea.

> ÁLEX Y EL BALÓN:
> solo puede anticipar las cosas
> mentalmente, aunque aquí cometa
> errores a menudo. Ya sabe cómo va
> a rodar el balón cuando lo empuja.

Sentimientos y relaciones

Álex ya puede regular un poco sus emociones, a menos que sean demasiado fuertes. Sigue teniendo rabietas. Álex ha desarrollado una verdadera empatía y puede simpatizar con los demás y reaccionar ante sus sentimientos. Un sentimiento relativamente nuevo es la vergüenza, Álex se avergüenza a menudo y también le asaltan algunos miedos. Ahora puede jugar de verdad con otros niños y desarrollar ideas de juego juntos.

Movimiento

Álex practica el equilibrio y monta en bicicleta de equilibrio. Puede coger una pelota grande y lanzarla con todo el brazo. Incluso es capaz de transportar un vaso lleno sin sufrir ningún accidente.

Habla

Álex canta canciones, hace rimas y entabla conversaciones por su cuenta. Su pronunciación es bastante buena, solo está trabajando en algunos sonidos difíciles. Su gramática también está casi libre de errores, los tiempos verbales todavía se mezclan un poco.

¿Qué es importante para los padres entre los 2 y los 3 años?

Si no sabes exactamente qué son los momentos de orientación y seguimiento, vuelve a leer el resumen de la página 29. Básicamente, solo hay una pregunta en la vida con niños: «En esta situación, ¿necesita mi hijo que le guíe o que le siga?».

Momentos de orientación con niños de entre 2 y 3 años

Tu hijo sigue teniendo tres problemas principales durante estos años:

1. Muy a menudo se encuentra con límites; sus propios límites porque todavía no puede hacer algo y límites establecidos por otros porque todavía no se le permite hacer algo.
2. La voluntad sigue desarrollándose. Sigue siendo muy torpe y lleva a tu hijo de aquí para allá.
3. Las emociones fuertes aún no pueden regularse bien y pueden desbordar al niño en ocasiones.

He descrito estos tres problemas y sus soluciones prácticas con más detalle en el capítulo intermedio «Autonomía y límites», en la página 143, porque es un tema muy importante a esta edad.

Los momentos de orientación a esta edad son vestirse y desvestirse, la higiene personal, comer, cambiar pañales, abrocharse el cinturón en el coche, ir de compras, cocinar y otras tareas pequeñas y grandes. En estos momentos, tú estás al mando y todo depende de cómo lo dirijas exactamente. Tu hijo ya conoce todas estas situaciones y ha memorizado algunos de los procedimientos. Aun así, por lo general, solo se fija en los detalles de las situaciones. Así, en el baño, puede que sepa exactamente lo irregulares que son las baldosas de la pared, que sienta lo suave que es la toalla, que abra el grifo... pero hoy se olvida de que primero hace falta el jabón y luego la toalla.

¿Cómo puede mi hijo completar las tareas?

Si quieres que tu hijo haga algo bien, dile exactamente qué está pasando en ese momento y cuál es el siguiente paso: «Bueno, ahora vamos al baño... sí, eso es, primero iremos al lavabo... aquí tienes un poco de jabón, ten cuidado, no demasiado... sí, así está bien... ahora abre el grifo...».

Aunque tu hijo ya sepa hacer algunas cosas perfectamente, seguirá ocurriendo que se pierda en los detalles, y entonces solo tu voz le ayudará a no perder el hilo.

> Di lo que hacen tus manos. Sé lo más concreta posible. Esto es orientar; informar con voz clara y cariñosa de cuál es el siguiente paso. Guías a tu hijo a través de las situaciones.

Si tu hijo no consigue realizar una tarea o no quiere hacerla, piensa de qué modo puedes dividirla aún más. ¿Qué le impide a tu hijo completar la tarea?

La negativa de tu hijo suele significar: «Gracias por la sugerencia, pero no tengo ninguna posibilidad. Son demasiados pasos a la vez, mejor lo dejo. El fracaso no es divertido».

Escúchate y pregúntate si has dicho demasiadas cosas a la vez. «Ve al baño, lávate las manos, no mojes el espejo y luego ven aquí». Eso es demasiado, tu hijo no podrá recordarlo, en cuanto se distraiga se habrá olvidado de todo. Es mejor darle una sola tarea.

A lo largo de estos años, los pasos que tu hijo puede dar irán aumentando progresivamente.

> A los tres años, es posible que ya no tengas que decirle lo que estás haciendo a cada paso. «Por favor, ve a lavarte las manos» es suficiente, y en la mayoría de los casos será capaz de realizar todos los pasos intermedios por sí solo.

A menos que haya una distracción muy grande en medio, esté muy cansado o sea una tarea que no le guste nada, entonces volverá a necesitar una supervisión más estrecha.

¿Cómo acompaño las transiciones?

Las transiciones son siempre muy difíciles para tu hijo, ya sea de dentro a fuera, de la guardería a casa, de jugar a comer o viceversa. Ese momento en que una cosa se detiene pero otra aún no ha empezado, ese «tiempo vacío», es todo un reto para tu hijo. Están completamente desorientados durante esta fase, y esto se da todos los días.

> Lo que para ti no es más que un corto viaje al baño, para tu hijo puede ser una fase muy difícil de reorientación y adaptación a una nueva situación con diferentes entornos, olores, sonidos e impresiones.

Necesitan mucha orientación durante las transiciones. No le dejes de pie vestido mientras buscas las llaves, sino dale una tarea que hacer durante este tiempo, como «Quédate junto a la puerta» o «Mira este libro hasta que yo vuelva». Por cierto, tu hijo a los dos o tres años no puede esperar eternamente. Como mucho, se quedará parado sin hacer nada durante, digamos, treinta segundos y luego buscará algo que hacer si no le has dado nada.

Si tu hijo está ocupado con algo y tú quieres cambiar la situación porque puede que ahora sea la hora de comer, ten en cuenta que, como todo el mundo, tu hijo quiere terminar primero sus tareas antes de ocuparse de las tuyas. Ellos tienen tareas muy serias que quizá sean incluso más importantes que las tuyas, porque tu hijo está aprendiendo todo el día. ¿Puedes decir lo mismo de ti, que trabajas todo el día en el desarrollo de tu cerebro y casi todo lo que haces sirve a este propósito?

Si tu hijo acaba de encontrar algo que hacer, primero tiene que terminarlo. Probablemente tú no te levantas de un salto en mitad de la redacción de un correo electrónico cuando tu pareja quiere algo de ti, sino que dices: «Espera un momento, voy a terminar esto». Si interrumpe algo bruscamente, al menos se sentirá incómodo, porque terminar algo es simplemente una buena sensación.

Así que si quieres algo de tu hijo, primero entra en su mundo respetuosamente. Mira lo que está haciendo y dile: «Oh, estás construyendo... genial, hay bloques azules y verdes... (espera)... (mira)... ahora es hora de comer».

> Tu hijo necesita apoyo en todas las transiciones, ya sea del interior al exterior, de la guardería a casa, del juego a la comida... y ese apoyo sueles ser tú. Vuelve a conectar primero con tu hijo, sonríele antes de darle instrucciones, así te seguirá mucho mejor.

¿Qué normas puedo establecer?

Tu gran ventaja durante este tiempo es que tu hijo aún no cuestiona las normas. Sin embargo, se dará cuenta enseguida si tú también las cuestionas. Si le preguntas: «¿Nos lavamos los dientes ahora?», queda claro de inmediato que hay margen de maniobra, que es negociable. Incluso sin que lo formules como una pregunta, tu hijo puede distinguir claramente un tono de dirección cariñoso, pero claro en tu voz, de un tono interrogativo o suplicante. Ni siquiera tienen que levantar la vista, pueden oírlo a diez metros de distancia; probablemente podrían oírlo aunque intentaras comunicarte con ellos bajo el agua con un tubo de respiración en la boca.

Tendrías que «fingir convincentemente», por así decirlo, que tus normas son una ley básica. Cenar, lavarse los dientes, cambiarse de ropa, irse a la cama son pasos innegociables. A esta edad también puedes visualizarlos. Cuelga fotos de los pasos en la pared, entonces los dos no podréis cambiar nada porque está en la pared. Así de fácil.

Como líder inteligente, tú estableces el marco para tu hijo. Tu hijo quiere probar cosas y practicar el «no», pero dentro de tus límites, si no resulta abrumador. Si la llave del sótano está en un cuenco y es fácilmente accesible, como le ocurre a Álex, de 2 años, puede que en algún momento desaparezca. Tu hijo es ahora un fanático de la exploración. No puede evitarlo. El impulso de desarrollarse es simplemente más fuerte, siempre quiere avanzar y probarlo todo.

Sé un líder inteligente y no pidas nada que no puedas hacer ahora. Establece normas, pero muy pocas. Solo pueden ser unas pocas porque tu hijo aún no puede memorizar tantas o, como mucho, solo durante muy poco tiempo. Además, tienen que tener sentido y no ser arbitrarias. Comprueba qué normas tienen sentido para ti y para los demás miembros de la familia.

¿Cómo superar una situación de bloqueo?

Cuando estás atrapado con tu hijo, la forma rápida de salir de casi cualquier drama es hacer algo gracioso y divertido. De este modo, inmediatamente se restablece la conexión, se rompe cualquier resistencia y uno se divierte un rato. Si te pones el cazo en la cabeza, haces muecas o metes una mano en el calcetín y luego este se pone muy triste y lloriquea porque no te lo pones, a tu hijo este le hace mucha gracia y suele colaborar de buena gana.

El humor a base de golpes también les hace mucha gracia ahora. La gente que se cae o tropieza a propósito es muy graciosa. Si te han enseñado que tienes que tomarte las cosas en serio, te lo estás poniendo innecesariamente difícil, porque con humor todo es mucho más fácil.

A menudo, tu hijo te propondrá un juego como solución a sus problemas, véase «Cómo… Desarollar Juegos de apego», página 230.

Tu hijo está en la fase mágica, el pensamiento lógico aún no está desarrollado. «Tenemos que irnos ya porque…»; olvídalo.

Puedes saltarte el noventa por ciento de las discusiones con tu hijo. Sin embargo, la imaginación es tan fuerte en estos años que gana a la realidad. Si no consigues que haga algo, imagínatelo junto a tu hijo. «¿No sería estupendo que yo fuera un pájaro muy grande, con alas enormes y mucha fuerza, y pudiéramos volar los dos a casa y…? Seguro que tu hijo se apunta con entusiasmo, hacéis como si volarais y os ponéis en marcha.

La diversión y la creatividad te sacan de la sensación de estrés y crean una conexión maravillosa entre vosotros.

> Lo que más influye en tu hijo es tu modelo de conducta. Lo imitan todo de la vida cotidiana y copian tu comportamiento. Así que fíjate bien si tú mismo eres el modelo de comportamiento que te gustaría ver. Por desgracia, no puedes esperar que tu hijo haga algo que tú no haces.

Si el día ha sido realmente para olvidar, también puedes disculparte con el niño. Esa es la cura perfecta. Así tu hijo aprende algo muy importante: que la gente comete errores y puede disculparse después. Tu hijo no necesita padres perfectos, solo necesita personas normales. Lo repito: no necesita padres perfectos. Así que no tienes que culparte ni ser duro contigo misma si no te comportas como querías. Lo mismo sucede con tu hijo. Así son las cosas cuando eres humano. Demuéstrale a tu hijo con tu comportamiento que los errores están bien y que puedes disculparte después.

¿Cómo va a ser feliz mi hijo?

Si quieres tener un hijo feliz, debes darle mucha independencia. Debes pensar a largo plazo; si superas la fase de aprendizaje ahora, cuando todo va más despacio y muchas cosas salen mal, entonces, en primer lugar, tu hijo habrá aprendido algo nuevo; en segundo lugar, dará por sentado que ayuda; y, en tercer lugar, después no tendrás que hacerlo tú por él.

Un «entorno positivo», del que les gusta hablar a los pedagogos, es muy útil en estos casos. Aquí, muchas cosas están diseñadas para que el niño pueda explorar tranquilamente y tú rara vez tengas que decir «no». Fíjate bien en qué necesita tu hijo para pedirte ayuda y busca la manera de que pueda hacerlo por sí mismo la próxima vez. Por ejemplo, ¿quizá a tu hijo le sobrepasa que haya un trozo enorme de mantequilla sobre la mesa y por eso parece que se la hayan comido diez personas a la vez? Si esto te molesta, entonces, dale a tu hijo solo un trocito de mantequilla en un cuenco pequeño y un cuchillo lo suficientemente pequeño. Tú estableces el marco para tu hijo. Eso es liderazgo.

> Deja que tu hijo ayude ahora para que no pierda las ganas de hacerlo. El objetivo es que tu hijo sea un miembro activo y de pleno derecho de la familia y no un receptor pasivo de servicios.

Momentos de seguimiento con niños de entre 2 y 3 años

Los momentos de seguimiento son todos aquellos en los que tu hijo juega, descubre cosas nuevas o tiene sentimientos. Tu trabajo aquí es seguir a tu hijo, y tu hijo dirige. Hasta que haya otro momento de orientación.

A los dos y tres años, tiene sentimientos fuertes y está prácticamente a su merced ya que aún no puede regularlos.

Como el tema es tan importante, he escrito un capítulo intermedio sobre «Sentimientos y rabietas» (página 205) por si quieres saber cómo abordarlo.

Por cierto, también puedes poner nombre a tus sentimientos. Son tan importantes como los de los demás. Tu hijo aprenderá primero de ti la consideración y la empatía conociendo tus sentimientos y tus límites. Enséñaselos. Naturalmente, aún no sabe reconocerlos, pero es importante que se lo digas ahora para que lo vaya aprendiendo poco a poco a lo largo de los próximos meses y años.

> Aproximadamente a partir de los tres años, los niños pueden reconocer los sentimientos de otras personas y han desarrollado la empatía.

Puedes ayudar a tu hijo diciéndole, por ejemplo: «Mira, Nicolás ahora está triste. Tiene muchas ganas de seguir jugando». Ayúdale a tu hijo a aprender a «leer» las situaciones sociales. Como un comentarista deportivo, describe simplemente lo que se ve en el campo. Tu hijo debe aprender primero a qué prestar atención y cómo evaluar las situaciones. También tiene que aprender a manejar sus propios sentimientos y a afrontar el rechazo o las discusiones. El aprendizaje de estas habilidades es la base del juego en equipo y del comportamiento social.

¿Cómo puedo seguir a mi hijo mientras juega?

Guía a tu hijo mientras juega. Entra en el mundo de tu hijo y conviértete en un buen observador. Todo empieza con la observación, así sabrás exactamente en qué momento de su desarrollo se encuentra tu hijo. Tú tienes un papel pasivo en el juego y en el seguimiento, porque tu hijo sabe mejor qué paso debe dar ahora para su desarrollo. Deja que resuelva por sí mismo los problemas que surjan. Observar, decir de vez en cuando lo que hace tu hijo, estar ahí... con eso basta. Si tu hijo ya te dice lo que está haciendo, no hace falta que lo hagas; eso significa que ya ha desarrollado esta habilidad.

Si su hijo alcanza ese precioso estado, que quizá podría llamarse «fluir», en el que se olvida por completo de sí mismo y se absorbe en su juego, entonces tienes aún menos que hacer. Basta con que te calles o te alejes e intentes no molestarle.

Si tu hijo te asigna un papel en el juego, por supuesto que puedes asumirlo y cumplirlo, pero probablemente estés haciendo todo tipo de cosas mal, porque ahora tu hijo tiene ideas precisas. Probablemente no seas lo suficientemente persistente, porque posiblemente no te sea posible hacer una cosa relativamente sencilla durante todo el tiempo que tu hijo quiera. Naturalmente, jugar con un niño de dos o tres años debe de ser bastante aburrido para ti, que estás en un nivel de desarrollo cerebral completamente distinto. Afortunadamente, tu hijo es tan increíblemente dulce que esto puede compensar parte del aburrimiento.

Si eres de los que no disfrutan mucho tiempo jugando con su hijo, hay un juego maravilloso para él que ya he mencionado antes: hacer juntos las tareas domésticas. En este caso, debes seguir también los impulsos de tu hijo y no obligarle a realizar tareas domésticas durante horas. Pueden participar el tiempo que les apetezca, pero luego debes seguir tú solo. Si tu hijo entonces quiere jugar contigo dile que ahora no puedes y sigue con tu estupendo juego de doblar la ropa hasta que hayas terminado. Puedes invitar a tu hijo a participar una y otra vez.

Espera siempre el impulso del niño y déjale participar solo el tiempo que quiera. Aprender a completar una tarea por completo es muy importante, pero no es lo esperable a esta edad. A veces tu hijo ya es capaz de hacerlo, pero lo normal es que todavía no pueda debido a su corta capacidad de atención. Mucho más importante que completar las tareas en el momento es que tu hijo no pierda el entusiasmo y el interés por la tarea. Deja que repita el último paso para que tenga la sensación de haber completado algo.

> Tu hijo sigue necesitando muchos menos juguetes de los que crees. Los objetos domésticos son más interesantes y ellos quieren aprender a utilizarlos de forma competente.

También hay muchos «juguetes» en el desván. Siéntete libre de rotar los juguetes, ten solo unos pocos disponibles en la habitación infantil y sustitúyelos cada pocas semanas cuando veas que están tirados en un rincón. Algunos objetos volverán a ser interesantes unas semanas más tarde y no les vendrá mal un descanso en el desván o el sótano.

> Durante estos años tu hijo empieza a jugar con otros niños. Sin embargo, sigue necesitando practicar el comportamiento social.

Puede que todo transcurra pacíficamente, puede que tengas que separarte y mediar de vez en cuando, pero no puedes dar por sentado que tu hijo sabe cómo funciona todo y que tú solo tienes que evitar que se porte mal. Como modelo de conducta, muestra exactamente lo que quieres de tu hijo. Tu hijo observa y aprende. Puedes llevarte a tu hijo aparte si es necesario o explicarle lo que puede hacer ahora y luego hacerlo con él. Como modelo, puedes disculparte tú misma ante el otro niño, en tu propio nombre. Di las cosas como son: sientes lo que ha pasado. En la mayoría de los casos, obligar a tu hijo a disculparse no tiene sentido porque aún no es consciente de ello.

Si tu hijo es la «víctima», puedes enseñarle a irse o a buscar ayuda, pero no es en absoluto una buena idea tratar de regañar al otro niño, solo los padres deben hacer esto.

Si tu hijo ya tiene tres años, podrá hacerlo cada vez mejor y, como ya hemos dicho, puedes reflexionar junto con él sobre lo que ha pasado aquí y lo que podríais hacer ahora. Con el tiempo, tu hijo encontrará por sí mismo soluciones cada vez mejores.

Una breve nota al final de este capítulo: muchos adultos tienen prejuicios contra los niños pequeños. Por desgracia, a lo largo de los siglos hemos pasado por muchas fases en las que hemos asumido que los niños son unos tiranos y que, por tanto, hay que tratarlos con dureza. En la Edad Media había que «sacarles el diablo», y por desgracia, todavía persiste la opinión de que hay que evitar que a los niños les pase algo malo. Por eso tengo que decirlo sin rodeos: incluso en la fase de autonomía, tu hijo es una personita encantadora.

> Tu hijo quiere que todos los miembros de la familia se sientan bien y sean felices, solo que no sabe cómo hacerlo. No obstante, él quiere que le enseñen cómo hacerlo. ¿Qué necesidades tienen los demás? Muéstrale y cuéntale tus necesidades y las de los demás miembros de la familia. Es posible que a los dos años no responda muy bien, pero a los tres lo hará mucho mejor.

Sin embargo, primero tiene que aprender cuáles son las necesidades de los demás. Además, necesita que le proporciones un marco en el que pueda ensayar con seguridad su voluntad, sus sentimientos y sus deseos.

CAPÍTULO INTERMEDIO

SENTIMIENTOS Y RABIETAS

Las emociones —y las rabietas en particular— son un problema importante para muchos padres durante los primeros años de vida. Esto se debe a que los sentimientos de un niño pequeño se exteriorizan sin mesura. Todavía no hay una autoridad moral en su cabeza que le diga: «Para, te estás pasando». Tu hijo aún no es capaz de juzgar lo que es apropiado y lo que no.

Sentir y exteriorizar los sentimientos sin ningún filtro tiene la gran ventaja de que suelen superarse por completo después. Hay muy pocos niños resentidos. A menudo, tú mismo sigues estresado por el arrebato «inapropiado» mientras que el niño vuelve a jugar tranquilamente.

Sus propios sentimientos

Si no puedes o no quieres ocuparte de tus propios sentimientos, puedes seguir leyendo en la sección «Los sentimientos de tu hijo» más adelante.

En realidad, nuestros hijos podrían ser un modelo para nosotros. Ellos saben intuitivamente que los sentimientos solo quieren ser sentidos. En mi experiencia, los sentimientos son como las nubes. No tienen sustancia y no hay que tomárselos tan en serio. A veces vienen en forma de nubes, amistosas e individuales, a veces cubren todo el cielo, son diferentes cada día y cambian constantemente de forma. A veces parecen amenazadoras como nubes de tormenta, incluso hacen ruido y sueltan sus lágrimas —me refiero a la lluvia— y luego siguen su camino. Poco después, el cielo vuelve a ser azul, no se ve ni una nube.

Podría ser lo mismo para nosotros, los adultos, si no nos resistiéramos a los sentimientos y los miráramos con un poco de distancia interior. Podríamos simplemente sentirlos en nuestro cuerpo y volverían a disolverse sin consecuencias. Es la resistencia la que convierte el sentimiento en algo difícil de digerir y que no puede simplemente disolverse de nuevo. Cuando quieres deshacerte del sentimiento, pero te niegas a sentirlo y a mirarlo, entonces surge una «congestión del sentimiento».

Sabemos exactamente qué sentimientos queremos tener, a saber, alegría y felicidad, los sentimientos «positivos». Preferiríamos no sentir los sentimientos «negativos», sobre todo la ira y la tristeza. Es una pena, porque por eso siempre tenemos la sensación de que la alegría, por ejemplo, dura mucho menos que la ira o la tristeza. Con la alegría, eres feliz, te sientes dichoso... y luego se va. Lo mismo ocurriría con la ira y la tristeza, pero lo impedimos mediante la resistencia.

Hemos desarrollado muchos métodos para evitar sentir cosas negativas, la mayoría de los cuales implican distracción o anestesia. Utilizamos los medios de comunicación, comemos, bebemos, tomamos drogas... casi todo el mundo ha desarrollado un patrón con el que reacciona casi por reflejo. Sentimos algo indeseable y automáticamente nos regulamos contra ello, por ejemplo con un «antes voy a tomarme un café».

Como consecuencia, el sentimiento reprimido suele volver a aflorar a la menor ocasión. Quizá también te haya sorprendido la fuerte reacción de algunas personas ante lo que a los extraños les parece poca cosa: un comentario en las redes sociales, un semáforo en rojo, la leche agotada en el supermercado, la lluvia, el vecino con cara de pocos amigos... y el viejo sentimiento vuelve a aflorar. Ha estado buscando una ocasión propicia para actuar por fin, por así decirlo.

Sin embargo, a menudo no aprovechamos esta nueva ocasión para sentir. En lugar de eso, encontramos una razón para el sentimiento, y así sigue teniendo derecho a existir. Esto lo consolida. Hablamos de ello con los demás, y quizá así nos impliquemos aún más. «Tú también lo crees, ¿verdad?», «Eso es imposible, ¿no estás de acuerdo conmigo?», son frases que crean una justificación para el sentimiento.

A la larga, sin embargo, las cosas pequeñas no bastan para justificar los sentimientos fuertes, por lo que a menudo encontramos razones «de peso». Tomamos una situación política mundial, una catástrofe, una discusión social, nuestra infancia u otra razón que justifique muy bien nuestro sentimiento. Tenemos todo el derecho a sentirnos mal cuando contemplamos este escenario.

No queríamos sentir nada negativo, pero a menudo conseguimos lo contrario. Estamos atrapados en nuestros sentimientos negativos. Con un poco de mala suerte, incluso se ha convertido en una forma de vida y pensamos que es normal porque mucha gente siente lo mismo. Así es la vida, nos decimos.

Sin embargo, entonces llega nuestro hijo pequeño y nos sirve fuertes sentimientos negativos en toda regla, justo en medio del supermercado.

En esta clásica escena de compras, no eres solo tú, sino también muchos de los adultos que te rodean los que se «dejan llevar» por el arrebato del niño. Entonces puede pasar cualquier cosa, desde reproches y acusaciones hasta: «¿Por qué no se lo das sin más al niño?». En realidad, lo que hay detrás es: «¿Sabes? Los gritos me disparan, en realidad me asustan. He mantenido mis sentimientos en secreto durante tantos años, que no puedo dejar que nada salga a la luz».

Teniendo esto en cuenta, quizá sea más fácil entender por qué los arrebatos emocionales de nuestros hijos pequeños suelen resultarnos tan difíciles. Si tienes mala suerte, acabarás teniendo dos hijos, por así decirlo: tu propio «niño interior» y el hijo de carne y hueso.

Afrontar los sentimientos «negativos» es un proceso que dura toda la vida y que ni siquiera los adultos hemos completado todavía. Cuando éramos niños, no era habitual acompañar a un niño en sus sentimientos; a menudo solo aprendíamos a hacer que los sentimientos desaparecieran lo más rápidamente posible y a ignorarlos.

No es culpa de tus padres, porque desgraciadamente esto lleva ocurriendo mucho tiempo. Tus padres son los últimos de una larga lista de personas a las que se les ha enseñado esto. A lo largo de los últimos siglos, hemos desarrollado algunas ideas extrañas sobre cómo tratar a los niños en general y, sobre todo, cómo tratar sus sentimientos y necesidades.

La idea de que los sentimientos simplemente quieren ser sentidos aún no está muy extendida, al menos fuera de los monasterios budistas. Sentir un sentimiento en el cuerpo y observarlo con cierta distancia e interés es una habilidad difícil de aprender, pero es la forma ideal de hacer las paces de verdad con todos los sentimientos y sobrellevarlos bien.

Los sentimientos de tu hijo

Al principio, los sentimientos se dividen entre dos personas. Tu bebé solo puede expresar sentimientos y aún no puede regularlos. Tú reaccionas automáticamente. Cuando tu bebé llora, probablemente lo coges en brazos, lo meces un poco y haces algunos sonidos tipo «Oh, vaya, vaya», acordes con su estado emocional. Así ayudas al bebé a aprender a regular sus sentimientos.

En el segundo paso, a la edad de uno o dos años, tu hijo aprende poco a poco a ser consciente de esos sentimientos. Se le enseña dándole palabras para designar el sentimiento. Basta con decirle lo que siente. Un simple «Sí, eso ha sido una estupidez, estás enfadado» o «¡Genial! Ha funcionado, estás contento», o «Oh, vaya, eso te pone triste». En estos primeros años, no es apropiado preguntar al niño cómo se siente porque aún no lo sabe, solo tienen una sensación en el cuerpo y necesitan que les digas qué es. Mira la cara del niño y lee lo que siente. Si te equivocas, no importa, siempre puedes volver a intentarlo. Si tu hijo te contradice en algún momento y te dice: «¡No! No estoy enfadado, estoy triste», es buena señal. Alégrate, tu hijo ha aprendido a reconocer sus sentimientos.

Es importante darse cuenta de que los bebés solo pueden tener un sentimiento a la vez. Todavía no hay contradicción, no son posibles varios sentimientos al mismo tiempo. La ira es enorme y de repente desaparece por completo. El odio y el amor cambian en cuestión de segundos. Un sentimiento es sustituido inmediatamente por otro.

Siempre me gusta decir:

> Tu hijo es pequeño. Solo cabe una cosa. Un pensamiento. Un sentimiento. Cuando llega el siguiente, el anterior tiene que irse, si no, no habrá espacio suficiente.

Lo que hace sufrir a muchos padres es que durante esta fase suele haber un solo cuidador, normalmente mamá o papá. Esto se debe a la exclusividad de los sentimientos. Por supuesto, el niño quiere a ambos progenitores, pero el sentimiento por el otro aún no puede sentirse al mismo tiempo. Algunos niños pequeños alternan muy rápidamente entre los dos, mientras que otros optan por ignorar al segundo cuidador cuando ambos están presentes.

En la tercera etapa, cuando tienen dos o tres años, tienen que aprender a manejar los sentimientos individuales. Es un proceso que dura toda la vida y que empieza ahora. Todavía no pueden sentir varias emociones a la vez, pero practican cómo manejar cada una de ellas. La alegría no es un problema, la tristeza es más difícil y la ira suele ser la más complicada.

Es bueno saber que tu hijo está madurando al experimentar esos sentimientos. Tienen que aprender a aceptar la futilidad de la vida, por así decirlo. Hay límites y no se puede influir en muchas cosas. Aprender esto es difícil. Es un gran paso adelante cuando tu hijo acaba llorando de desesperación tras un enfado. Significa que está empezando a aceptar los límites de la vida; y a encontrar su camino dentro de estos límites.

Ayuda a tu hijo diciéndole brevemente lo que siente. A continuación, soporta el sentimiento junto con tu hijo. Con eso es suficiente. Él todavía no puede soportar el sentimiento por sí solo y necesita que tú simplemente estés ahí, emitas sonidos, quizás le ofrezcas una caricia y soportes el sentimiento junto a él. Fíjate bien en lo que necesita tu hijo en este momento. A menudo, tan solo necesita distanciarse de ti y de todo el mundo.

Si el sentimiento *te* supera, puedes salir de la habitación. Por ejemplo, si la ira desenfrenada es a veces demasiado para ti, piensa en las precauciones de seguridad en un avión. ¿Por qué debes ponerte primero la máscara de oxígeno a ti y luego al niño? Porque no le hace ningún bien a nadie que te desmayes porque pensaste primero en tu hijo. Cuídate tú primero. Recuerda: aunque lo parezca, es solo una sensación, no una urgencia vital.

Muchos padres se preguntan por qué su hijo se «porta» de maravilla con los demás y luego derrumbarse en cuanto ve a mamá o papá, o comportarse de forma «imposible» en casa. Esto tiene que ver con la confianza.

Con ellos puede dejarse llevar. Tú también te controlas en el trabajo y luego dejas aflorar comportamientos «inaceptables» en privado.

En el cuarto paso, tu hijo aprende a reaccionar ante los sentimientos de los demás. Reconocen lo que sientes muy pronto, alrededor del año de edad. No obstante, aún tardará varios años en reaccionar, hasta que haya desarrollado realmente la empatía que le permita comprender los sentimientos de los demás y afrontarlos. Tu hijo solo será capaz de entender lo que sientes y empezar a reaccionar en consecuencia cuando tenga tres o cuatro años. El último paso también es muy importante. Entre los cinco y los siete años, como muy pronto, tu hijo puede sentir varias emociones a la vez. A partir de la edad preescolar, tu hijo puede diferenciar y decirse a sí mismo, por ejemplo: «Ahora estoy muy enfadado con David, pero tampoco quiero poner en peligro la amistad… Mmm… Vamos a pensar cuál es la mejor manera de comportarnos». Ahora pueden responder a la pregunta de si quieren algo diciendo: «Tal vez». La ambigüedad se puede soportar, se puede estar un poco triste y enfadado al mismo tiempo. Además, los sentimientos son más internos y se «elaboran con uno mismo»

Por supuesto, esto varía, algunos niños pueden hacerlo antes, otros después, como ocurre siempre con el desarrollo. Y a veces funciona mejor, a veces peor, dependiendo del ánimo que tengáis tu hijo o tú ese día.

A menudo exigimos a los niños demasiada «madurez emocional» demasiado pronto. Sin embargo, conseguir controlar las emociones es un proceso muy difícil y a largo plazo.

Sentimientos compartidos

Un gran malentendido entre padres e hijos es que los padres suelen tener la impresión de que su hijo les «fastidia a propósito». Esto se debe a que las emociones fuertes suelen surgir en los niños en situaciones en las que los adultos no podemos manejarlas realmente. Cuando nosotros mismos ya estamos estresados y nada va bien, el arrebato emocional del niño se añade a la mezcla. Sin embargo, tu hijo no lo hace a propósito.

Las emociones se transmiten muy rápidamente entre las personas. Cuando miras o tocas a alguien o pasas tiempo en su compañía, te ves influido por sus sentimientos. Esto es aún más pronunciado entre tú y tu hijo.

Tu hijo no funciona independientemente de ti, al contrario, tiene unas antenas muy finas para percibir lo que te pasa emocionalmente. El estrés se transmite y entonces tu hijo hace lo que a ti te gustaría hacer si no tuvieras inhibiciones: tirarse al suelo y gritar.

Eso no es «culpa» ni tuya ni del niño. Simplemente sois dos personas para las que la vida se ha convertido en demasiado. Sé muy amable y comprensiva contigo misma. Sé tu mejor amiga y trátate con el mismo cariño con el que te gustaría tratar a tu hijo.

¿Qué hacer en caso de rabietas?

En el apartado «Autonomía y límites» (página 143), ya hemos establecido que tu hijo se enfrenta a una serie de problemas durante su infancia temprana. Está su propia voluntad, todavía torpe, que a veces tira de tu hijo hacia aquí y a veces hacia allá. También están los límites que surgen de su propia torpeza y los que le ponen los demás. Luego están los fuertes sentimientos que aún no son refrenados por la autoridad moral, ya que la corteza prefrontal del cerebro aún no se ha desarrollado lo suficiente para ello.

Estos primeros años suelen ser bastante salvajes emocionalmente. Las rabietas son completamente normales durante esta época y se producen varias veces al día en algunos niños. La intensidad de una rabieta depende mucho de la personalidad. Solo se puede influir en la intensidad hasta cierto punto, pero sí en la frecuencia, sobre todo tomando medidas inteligentes y preventivas.

No obstante, una vez ha empezado la rabieta, hay mucho menos que hacer de lo que la mayoría de la gente supone. Desde mi punto de vista, siempre se habla mucho de lo que deberías hacer, pero en realidad no hay mucho que puedas hacer. Es solo un sentimiento que está ahí ahora mismo y necesita ser «descargado», por así decirlo.

Quizás se podría haber hecho algo horas o minutos antes, quizás no. En cualquier caso, el fuerte sentimiento está ahí ahora y ya no puede evitarse.

Es como si un coche acabara de chocar contra un árbol y se quedara atascado allí. ¿Qué quieres hacer? Subes al coche, llamas por teléfono y esperas a que llegue la grúa.

Esta actitud interior también serviría para las rabietas. «Vale, eso era el árbol. Ahora está así. Veamos qué podemos hacer con él». Primero, evalúa la situación. Ahora la cosa se complica un poco, porque hay que distinguir a grandes rasgos entre varios factores: o tu hijo todavía puede cooperar o ya no puede; o la rabieta se produce en casa o en algún sitio fuera. Se trata de cuatro situaciones diferentes, que vamos a analizar brevemente:

Situación A: entorno protegido y el niño puede seguir cooperando

Si tienes un entorno protegido, tal vez en casa, entonces ponte a la altura de los ojos de tu hijo y acompaña el sentimiento con frases cortas como «Oh, eso ha sido una tontería. Sí, estás enfadado, lo entiendo», «¡Qué tontería! Lo único que se puede hacer es gritar». Verbaliza muy brevemente lo que siente tu hijo y lo que ha pasado, o simplemente emite sonidos de arrepentimiento y tranquilizadores. Si tu hijo responde y se calma rápidamente, estupendo, entonces todavía puede cooperar y quizá puedas ofrecerle algo. Solo quería ser visto y comprendido por un momento.

Normalmente no se trata del deseo que haya podido tener tu hijo, sino de la necesidad que hay detrás. ¿Se trata de cercanía, descanso, sueño, hambre, sed, atención u otra cosa? Intenta satisfacerla o, si no es posible en ese momento, al menos demuéstrale que la reconoces y la comprendes.

Situación B: entorno protegido y el niño ya no puede cooperar

En esta situación, también estás en casa o en un entorno protegido, y tras inclinarte y nombrar brevemente los sentimientos y la situación, te das cuenta: aquí no va a funcionar nada. El coche ha chocado contra el árbol. Espera tranquilamente a que llegue la grúa, es decir, a que los sentimientos hayan seguido su curso. Esto varía mucho de un niño a otro, algunos solo necesitan cinco minutos, otros pueden aguantar una hora, pero puedes estar seguro de que acabará pasando.

De vez en cuando puedes ofrecer cercanía, una caricia, un sonido, una frase. Puedes permanecer cerca o alejarte según te convenga más.

> Lo importante es que tu hijo dé el primer paso para volver a acercarse a ti. Él te mostrará a través de cambios en el llanto o en el lenguaje corporal que algo está ocurriendo de nuevo y entonces podrás acercarte de nuevo a tu hijo y ver qué necesita en ese momento.

En la mayoría de los casos, tu hijo volverá a estar completamente relajado al cabo de muy poco tiempo porque la emoción se ha liberado y —a diferencia de lo que te ocurre a ti— tu hijo ya ha terminado con ella.

Situación C: rabieta en público y el niño aún puede cooperar

Si tu hijo se coge una rabieta en público, es que el estrés es excesivo. En primer lugar, mira a ver si se puede hacer algo. Agáchate de nuevo y nombra lo que tu hijo quiere y nombra el sentimiento: «Sí, te parece fatal. Mmm… El juguete tiene muy buena pinta, es brillante y rojo. Realmente lo quieres, lo entiendo». A menudo esto es suficiente, porque solo había una falta de comprensión del deseo. Llegados a este punto, el niño puede volver a la cooperación y quizá podáis llegar a un acuerdo: «¿Hacemos una foto o lo apuntamos? Así lo recordaremos y podrás pedirlo como deseo para tu cumpleaños».

Situación D: rabieta en público y el niño ya no puede cooperar

Me gusta llamar a esta situación una situación de casco de bombero, porque aquí puedes ponerte tu casco de bombero imaginario. Una explicación rápida: ¿qué hacen los bomberos? Cuando descubren a un niño en una casa en llamas, no se agachan y le dicen «Bueno, ¿quieres venir conmigo? ¿No? ¿Quizá te gustaría llevarte el osito de peluche? ¿O bajar esa gran escalera tú solo?». No lo hacen. En lugar de eso, cogen al niño y salen corriendo, porque la situación no da para largas discusiones. Lo mismo ocurre en el supermercado cuando tu hijo está tirado en el suelo, gritando, y todos los adultos se suman entusiasmados a la discusión. Si has comprobado si tu hijo todavía puede cooperar y ves que su batería de cooperación está completamente vacía, entonces no te quedan muchas opciones. ¿Qué puedes hacer ahora? ¿Puedes coger a tu hijo (de forma clara y cariñosa, diciéndole exactamente lo que están haciendo tus manos ahora) y abandonar la situación? ¿O puedes sentar a tu hijo en el cochecito (avisándole antes) y llevártelo contigo? ¿Dejar la compra, salir y volver más tarde? ¿Pedir ayuda específica a alguien que pase por allí? ¿O simplemente aguantarlo todo, terminar rápidamente y salir de allí? En cualquier caso, debes tomar cartas en el asunto, porque la situación es demasiado vulnerable para tu hijo y para ti y, sencillamente, no es apta para sentimientos fuertes.

> Es importante recordar que, si estás enfadado, no tiene sentido que cojas a tu hijo contra su voluntad. Los movimientos suelen ser demasiado bruscos y el niño se asustará. Si es posible, cálmate respirando hondo.

Tampoco lo hagas aunque no sea tu propio hijo (porque puede que trabajes en una guardería). Esta es una de las situaciones más difíciles en la crianza de los hijos y un tema importante en mis cursos en línea. Los sentimientos hay que sentirlos. Quizá sea una de las cosas más grandes que podemos dar a nuestros hijos.

DE LA GUARDERÍA AL COLEGIO

*Cuantas menos reglas, mejor para todos.
La vida es demasiado variada como para
encajarla en reglas fijas.*

Por favor, no compares demasiado a tu hijo con Álex. El desarrollo nunca es igual en cada niño. Es probable que tu hijo sea más lento en un área, más rápido en otra, que no muestre algunas cosas en absoluto, o que muestre otras con mucha más intensidad… todo eso es perfectamente normal. Tu hijo es único.

El desarrollo a los 4 años

Pensamiento y juego

Álex ha completado la mayor parte de su desarrollo inicial. El ritmo de su desarrollo se está ralentizando un poco, ya que se han sentado las bases más importantes. Puede moverse y utilizar su cuerpo con determinación, puede hablar y entender bien y ha adquirido algunos conocimientos básicos del mundo.

Ahora piensa cada vez más en las cosas y quiere entenderlas. Sigue tocando y probando cosas, pero ahora también piensa de formas nuevas. Por ejemplo, un día está sentada en el coche con su madre y está lloviendo. Los limpiaparabrisas se mueven lentamente de derecha a izquierda. Álex los observa atenta y silenciosamente. Finalmente, le pregunta a su madre: «¿Saben que está lloviendo?».

Quizá lo más importante que Álex empieza a aprender en este año de su vida es su capacidad para comprender los pensamientos y creencias de los demás. Ahora puede entender realmente que la gente puede ver las cosas de forma diferente a ella. Esto le permite comprender realmente el comportamiento de los demás.

Se da cuenta de que David llora porque no le dejan jugar y también le gustaría formar parte del grupo. ¿Qué puede hacer? Puede jugar con él o preguntar a los demás si David puede jugar. Esta capacidad le permite organizar mejor las situaciones y la forma de trabajar juntos cambia por completo.

Pronto se da cuenta de algo muy sencillo para los adultos: si alguien no está en la habitación, no puede saber lo que está pasando. Álex no se había dado cuenta de esto antes, pensaba que todo el mundo sabía lo mismo que ella. Cuando alguien le dijo de pequeña que Papá Noel, por ejemplo, ve todo lo que ella hace, se lo creyó. Ahora empieza a tener sus primeras dudas al respecto. ¿Cómo diablos puede ser eso?

CÓMO... MENTIR

Lograr la competencia para mentir

La «teoría de la mente» es una habilidad fundamental para tratar con otras personas. Hay que ser capaz de adoptar la perspectiva de los demás. Esta capacidad se desarrolla a los cuatro o cinco años; como siempre ocurre con el desarrollo, las diferencias son grandes y en algunos casos puede desarrollarse años antes o después. Una forma clásica de poner a prueba esta capacidad es la tarea «Maxi y el chocolate», desarrollada por Heinz Wimmer y Josef Perner en 1983. En este caso, se cuenta una historia al niño utilizando figuras de juego: Maxi pone su chocolate en la caja 1 antes de salir de escena. Mientras está fuera, su madre saca el chocolate de la caja 1 y lo pone en la caja 2. Se pregunta al niño observador dónde buscará Maxi el chocolate cuando vuelva. Los niños más pequeños suponen que Maxi sabe lo mismo que ellos y dicen la caja 2. Solo a partir de los cuatro o cinco años saben que Maxi no estaba allí y no pudo verlo. Así que buscará en el lugar equivocado, en la caja 1. Ahora sabemos que la gente puede actuar basándose en creencias falsas.

Los niños son capaces de reconocer los sentimientos y preferencias de los demás mucho antes. Incluso los niños de un año son capaces de leer la cara de las personas y reconocer sus emociones. Sin embargo, resulta mucho más difícil reconocer lo que pasa por la mente de los demás.

Darse cuenta de que la gente puede tener creencias equivocadas tiene consecuencias de gran alcance. El niño puede empezar a adaptarse a los demás y a tener en cuenta sus motivos y creencias.

Un pensamiento como «La abuela cree que a todo el mundo le gustan sus empanadillas de ternera, por eso siempre las cocina, pero eso no es cierto en absoluto» es muy complejo. Sin embargo, el niño puede ir comprendiéndolo poco a poco.

De este modo, el niño también ha adquirido la «competencia para mentir». Ahora puede hacer lo que a menudo se le ha acusado de hacer en años anteriores: mentir. Aunque esta habilidad no es especialmente popular, es un gran paso para el desarrollo del cerebro. Porque el niño tiene que fingir algo de forma convincente y crear una opinión falsa en la otra persona; se trata de una habilidad muy desarrollada.

> En los años que van desde que nace hasta los cuatro, un niño no puede mentir conscientemente. Actúa de forma puramente impulsiva. El niño no puede prever las consecuencias de su comportamiento ni las reacciones de los demás y funciona por ensayo y error. En un momento dado quiere las galletas. ¿Funcionará? No sé… probemos.

Por lo general, cuando a un niño menor de cuatro años le sorprenden con la mano en la caja de galletas, no se da cuenta de que tal vez no haya sido la mejor idea hasta que ve la cara de enfado del adulto. Entonces intentan escapar de la situación —por la reacción de enfado— y se inventan rápidamente algo como «Yo no he sido» o «Un fantasma se ha llevado la galleta». Gracias a la fase mágica en la que se encuentran, pueden intentar encontrar una explicación fantástica y defenderla con convicción, ya que durante los primeros años, todo lo que un niño cree es verdad.

Gracias a la «competencia para mentir», los niños pueden ponerse en el lugar de los demás y adoptar mentalmente su perspectiva.

Pueden organizar situaciones y tener en cuenta los motivos de los demás. Ser capaz de mentir es solo un efecto secundario de una importante habilidad social; si no puedes entender a los demás, se hace muy difícil tratar con ellos.

Sentido del tiempo y sentido de la belleza

Poco a poco, Álex va comprendiendo el tiempo. Hay un pasado, un presente y un futuro, y las cosas suceden una detrás de otra. También recuerda detalles de acontecimientos de hace mucho tiempo que sus padres han olvidado por completo. No sabe ni el día ni el lugar, pero sabe exactamente qué tipo de zumo bebió en la fiesta de verano de la guardería y que había sandía en un palo.

Aun así, el tiempo tiene que ser bastante concreto, cuanto más abstracto sea todo, más difícil. Cuando se le pregunta qué día es hoy, puede responder con seguridad: primavera.

Así que ahora puedes hacerle una pregunta como «¿Qué estaba pasando aquí?» y la probabilidad de obtener una respuesta realista es alta. Antes, obtenías una respuesta que correspondía a sus sentimientos o a su propia opinión, es decir, a lo que ella quería. Ahora puede distanciarse un poco de su propia opinión. Sin embargo, si está muy alterada emocionalmente, vuelve a perder esta capacidad por el momento.

Esto también le permite a Álex tomar algunas decisiones si no son demasiado lejanas en el tiempo.

Álex ya sabe que puede leer un libro o hacer un dibujo antes de acostarse. Los planes de futuro a más largo plazo son difíciles; su deseo de pasar la noche con su amiga Paula todas las semanas solo se aplica a esa única vez; una semana más tarde puede que ya no le interese.

A Álex se le despierta el sentido de la belleza. Sin embargo, aún no es capaz de encontrar hermosas las puestas de sol, la naturaleza, el arte, los coches o la arquitectura; su sentido de la belleza es diferente. Por ejemplo, a Álex le encantan los colores vivos y puede llegar a insistir en llevar ropa casi exclusivamente de un color concreto. Le encanta pintarse las uñas con su amigo David. La ropa de colores es estupenda, pero le da igual si van a juego o no. Llenar los zapatos de purpurina parece una idea maravillosa. En general, la purpurina les encanta a todos los niños. A sus padres no tanto, porque el «polvo de hadas» se esparce por toda la casa.

> Álex sigue en la fase mágica y a menudo vive en un mundo de fantasía de magos, brujas, superhéroes y otras criaturas mágicas. Se disfraza de superhéroe o de princesa y le fascinan las historias fantásticas. Esto puede dar lugar a miedos, pues todo lo mágico es muy real para ella.

El monstruo de debajo de la cama o el fantasma de su habitación pueden ahuyentarse con rituales como, por ejemplo, un *spray* para monstruos, una red delante de la cama que no deja pasar a ningún fantasma o una piedra mágica que aleja a los monstruos. Aquí no hay límites para la imaginación.

Esto le ayuda mucho más a Álex que la explicación de que es imposible debido a la física o a la probabilidad de que ahora haya monstruos debajo de la cama. Álex ha visto hace poco un libro sobre monstruos y los niños de la guardería también hablan de ellos. Puedes disfrazarte de monstruo, ¡así que existen!

De los cefalópodos a las rayas

A Álex le encanta hacer manualidades y colorear, y ahora puede cortar una línea recta con tijeras si ha tenido ocasión de practicar en años anteriores. También puede rasgar tiras de papel si se le enseña cómo, pero tiene que mover las manos en direcciones opuestas; esto también hay que practicarlo. Ahora coge el lápiz con la llamada empuñadura de tres puntos, con el dedo corazón, el pulgar y el índice, como un adulto. No fue nada fácil aprender la presión correcta sobre el lápiz y el movimiento de la muñeca.

A Álex le gusta imitar las letras, hacer líneas en zigzag y decir «Voy a escribir esto» y luego «leer en voz alta» lo que ha escrito. Ya es capaz de pasar una media hora jugando, haciendo manualidades por su cuenta.

Durante los primeros años de su vida, Álex siguió pintando sus violinistas de cabeza; un círculo con unas piernas muy largas y delgadas en la parte inferior y unos brazos finos que salen de los lados. También utiliza estos «círculos con rayas» para representar animales. Luego, otro círculo con rayas en algún lugar del folio y ¡zas!, el animal está terminado.

A lo largo del año, su percepción se desarrolla aún más y sus dibujos de personas se vuelven más diferenciados. Ahora las personas también tienen barriga, y más tarde incluso manos, cara y pelo. Luego se añaden nuevas figuras. Álex empieza a dibujar cuadrados e incluso las primeras inclinaciones. Ahora también puede dibujar casas con ventanas, coches y árboles.

Pronto empieza a organizar las figuras de su dibujo y a construir una escena determinada. Ahora tiene tanta madurez y destreza cerebral que puede planificar y organizar su cuadro. Suele crear lo que se denomina un dibujo a rayas. Primero pinta una franja de hierba en la parte inferior, luego una franja de cielo en la parte superior, con casas, árboles, nubes, sol, personas u otras cosas entre medias. Representa lo que sabe en lugar de lo que realmente ve. Un coche tiene cuatro ruedas, así que pinta cuatro ruedas seguidas en la vista lateral de un coche. Los objetos más importantes para ella suelen estar representados en mayor tamaño.

También le gusta utilizar colores porque para ella expresan los estados de ánimo. En una ocasión, hace todos los dibujos en la guardería de color negro durante unos días. Julia y Juan se preocupan de inmediato, al igual que las educadoras de la guardería. Los adultos deducen de ello los sentimientos de Álex. ¿Está mal? ¿Le ha pasado por algo malo? ¿Deben tomar medidas? ¿Cuáles? Afortunadamente, una inteligente profesora pregunta primero a la propia artista por qué solo pinta de negro. Álex responde alegremente: «Sí, no me gusta nada, pero todos los lápices eran negros».

> Álex ya sabe recitar secuencias numéricas, pero contar de verdad es otra historia. Ahora sabe que hay que asignar un número a cada cosa cuando se cuenta, pero no siempre funciona.

Sigue la secuencia numérica, pero a veces se salta cosas al contar. Simplemente expresa grandes cantidades con números grandes: «Me comería mil palitos de pescado» o «Quiero invitar a cien personas a mi fiesta de cumpleaños». Sus padres se oponen, lo cual sorprende a Álex, porque cien significa simplemente «muchos».

¡Las palabrotas son geniales!

A Álex ahora le encanta contar largas historias sobre su vida cotidiana o cualquier otra cosa que se le ocurra. Quien acaba de aprender el idioma tiene que utilizarlo mucho.

Su sentido del humor también se está desarrollando. Ahora le encanta escuchar y contar chistes. Desgraciadamente, todavía no son tan divertidos para los adultos, porque a menudo se pierde el chiste por el camino. ¿Cómo contar un chiste para que también sea divertido para los demás? Empieza el chiste varias veces con distintas variantes: «Un hombre le dice al médico... no... el médico dice... no, primero viene el hombre...», luego le da un ataque de risa en medio, se olvida del remate o lo cuenta primero, pero ella se divierte mucho.

Álex también puede recitar poemas. No obstante, a veces se avergüenza en el momento crucial, ya que le da bastante miedo la posibilidad de fallar cuando varias personas le están prestando atención al mismo tiempo. Todavía no sabe rimar muy bien, pero Álex adopta rimas de los niños mayores y se ríe a carcajadas con «melón, limón», por ejemplo, o canta «La vaca Lola». Las rimas con nombres también son muy populares y no pretenden ofender, simplemente disfruta con el sonido de «Lucía – sandía» o «Indiana – banana». También le sigue haciendo gracia el humor basado en los golpes; cuando la gente se cae de forma graciosa es súper divertido.

Hablando del juego de las palabras, ¡las palabrotas son geniales! Es una forma de jugar con los tabúes que Álex ya ha aprendido. Álex las utiliza, sobre todo, por el fuerte efecto que producen; pero cuando tienen poco efecto en los adultos resulta mucho menos divertido y se aburre antes.

Ojo al detalle

El desarrollo de Álex sigue mejorando mucho gracias a lo que ayuda en casa. Enrolla los calcetines, dobla la ropa y, sobre todo, cocina. Cada vez es más hábil en la cocina y, sobre todo, empieza a pensar correctamente. Una vez, cuando sus padres no encuentran la báscula en la cocina, grita: «¡Tengo una idea!» y sale corriendo. Poco después, lleva orgullosa la báscula del baño a la cocina para pesar la harina.

Ahora piensa por sí misma cómo resolver los problemas. Ha merecido la pena que sus padres le hayan dado ejemplo (véase «Cómo… Pensar», página 135).

Sin embargo, el tema del orden sigue siendo difícil, ya que sus padres continúan sobrestimando su previsión. Álex se fija en los detalles y no en el conjunto. ¿Cómo es una habitación ordenada? Cada vez es diferente, a veces un jersey se cuelga aquí, otras veces la construcción de Álex se queda en la alfombra, a veces hay un libro tirado… ¿Cuál debe ser el resultado final? Sigue necesitando pasos muy concretos que la lleven a su objetivo; «Primero todos los bloques de construcción… Estupendo, ahora las cosas de la muñeca».

> Pedirles que «ordenen su habitación» sería como pedir a sus padres que «ordenen el barrio». ¿Por dónde empezar?

Cuando se encuentra de nuevo en su habitación con esta petición, intenta marcarse un objetivo: de alguna manera, la alfombra siempre queda despejada cuando las cosas están ordenadas. Así que ordena con mucho cuidado todos los objetos en una larga fila alrededor de la alfombra en la pared y está muy contenta con su gran idea.

Esta atención al detalle también ofrece muchas ventajas. Álex se encuentra ahora en la fase álgida de la percepción visual. Gana a todo el mundo en el juego de la memoria. Después de un poco de práctica, le resulta muy fácil memorizar dónde están cada una de las cartas y qué aspecto tienen los detalles relacionados con ellas. Juan y Julia están asombrados, porque ellos también pierden siempre contra Álex. Ahora sería la mejor detective si alguien le preguntara por los pequeños detalles; por desgracia, nadie le pregunta. A veces te das cuenta de lo atenta que escucha y observa. Cuando papá pregunta una vez: «¿Está lloviendo ahora mismo?», Álex lo mira atentamente y dice: «No, está lloviendo mucho».

Los adultos aprecian la capacidad de ver el panorama general y a menudo pasan por alto la belleza que reside en los detalles del momento, pero Álex se deleita con la pequeña mariquita que descubre entre las hojas. Le fascinan las patitas del escarabajo y le encantaría echar otro vistazo, pero por desgracia llegarían demasiado tarde a casa. Lo mejor para Álex es poder tomarse su tiempo.

Cambio de perspectiva

A Álex ahora le encantan los juegos de rol, puede disfrazarse sin parar y luego crear un juego en el que interprete el papel correspondiente. Esto le sirve para probar diferentes papeles como médico o perro. En general, practica el esquema de «orientación» (véase «Cómo… Utilizar esquemas de juego», página 98) y adopta diferentes perspectivas. Mira a través de sus propias piernas, se sube a sitios elevados y observa desde arriba, se tumba debajo de una silla o detrás del sofá. En una ocasión, se tumba en las barras inferiores de un carrito de la compra. De este modo, practica físicamente lo que también empieza a aprender intelectualmente: ver las cosas desde distintos ángulos y adoptar diferentes puntos de vista.

Este año, Álex domina el idioma lo suficiente como para poder decir por favor y gracias con seguridad. Estas pequeñas reglas sociales le hacen la vida más agradable porque la gente la trata de forma más positiva. Si se le ha enseñado con suficiente frecuencia que hay que dar las gracias cuando se recibe algo, ahora lo utiliza con orgullo y seguridad.

Sin embargo, cuando está demasiado emocionada, a veces se le olvida. Cuando una vez recibe un regalo de su tía Toni y se olvida de darle las gracias debido a la emoción del momento, se avergüenza cuando su tía le pregunta: «¿Qué se dice?». En cualquier caso, enseguida se siente avergonzada. Sus padres prefieren resolver estas situaciones recordándole de nuevo: «¿Estás contenta? ¿Te gustaría decir "gracias" también?». O ejercen de modelo para ella, le dan las gracias ellos mismos y mencionan a Álex que parece contenta.

Lo ideal es ser lo más específico posible, porque Álex actualmente se toma el lenguaje muy al pie de la letra. Cuando alguien le dice en una situación como esta: «¿Y cuál es la palabra mágica?», parece muy confusa y finalmente pregunta titubeando: «¿Abracadabra?».

Sentimientos y relaciones

Ahora Álex no solo es capaz de manejar mejor sus sentimientos, sino también de hablar de ellos. Sin embargo, sigue teniendo rabietas y todavía necesita ayuda para regular sus sentimientos más intensos. Necesita mucho reconocimiento y aprecio; quiere estar orgullosa de todas las cosas que ya sabe hacer bien.

Mientras tanto, la familia ha desarrollado un bonito ritual para reforzar la autoestima de Álex. Juan y Julia a veces les cuentan a los peluches por la noche las grandes cosas que Álex ha hecho y conseguido ese día. A Álex esto le encanta y sonríe.

Empieza a resolver conflictos verbalmente porque ahora entiende mucho mejor las situaciones sociales. Muestra empatía y puede decir: «Paula me ha molestado. Yo quería el coche y ella también. Ella se lo llevó. Entonces me enfadé». Se trata de procesos bastante complejos y tiene que ser capaz de comprender y evaluar sus propios sentimientos y motivos (¡y los de los demás!). Le vendría bien la ayuda de sus padres para mejorar en este aspecto. A Álex le gusta que le expliquen las situaciones sociales. Pronto entenderá que a veces se hace algo «a propósito» y a veces no.

Álex también empieza a desarrollar un sistema de valores morales y clasifica las situaciones en correctas/incorrectas y buenas/malas. «El niño se rio cuando el otro se hizo daño, eso está mal», dice. O: «Fue bonito cuando a David al final le dejaron jugar».

La primera amiga de verdad

Paula es ahora realmente una amiga firme para Álex. Ya no se trata de hacer las mismas cosas, sino de Paula como persona. Ahora son más frecuentes las decepciones en el contacto con los demás, porque poco a poco los amigos y sus opiniones son cada vez más importantes. Álex tiene que practicar mucho cómo tratar con los demás, hacer concesiones y, a veces, dejar las cosas en un segundo plano.

El juego más importante de este año es el de rol. Álex representa la vida cotidiana junto con los demás. Puede preparar una comida en casa, ir al médico, celebrar un cumpleaños o ir de compras de forma muy concreta y detallada. Con otras cosas, te das cuenta de lo abstractos que son estos procesos para ella; cuando «va a trabajar», implica salir por la puerta con una bolsa y volver inmediatamente. También juega a los cuentos mágicos con sus amigos, entonces son piratas, magos, reyes o princesas.

Cada niño es diferente: Paula y David

Julia y Juan se han hecho amigas de otros padres de la guardería. Es emocionante ver cómo los niños se desarrollan de forma diferente y cómo sus capacidades crecen a ritmos distintos. Sin embargo, sus personalidades también son muy diferentes desde el principio. Los niños parecen traer muchas cosas consigo desde que nacen.

> Poco a poco, los padres se dan cuenta de que la personalidad de su hijo influye decisivamente en su crianza, y se dan cuenta de que no son libres de decidir cómo quieren educar a su hijo.

Los padres de Paula, por ejemplo, tienen la misma actitud que los padres de Álex. Quieren educar a Paula de forma pacífica, cariñosa y orientada a sus necesidades, pero esto resulta difícil. Paula tiene un gran afán de superación e inmediatamente toma la iniciativa en la familia siempre que puede. Le encanta el papel de líder. También es sensible y suele tener rabietas. Encuentra sus propias soluciones (como cuando preparaba pasteles a los tres años, véase también «El gran malentendido», página 178).

Ahora Paula prefiere tomar las riendas de la mayoría de las situaciones, incluso en contra de la voluntad de los adultos. Desesperados, sus padres intentaron una vez castigarla (véase «Cómo... Educar sin castigos», página 248).

Aun así, normalmente intentan evitar el conflicto y complacerla cumpliendo sus deseos y exigencias en la medida de lo posible. Por desgracia, esto no satisface a Paula, sino que ocurre lo contrario; ella exige cada vez más y se siente aún más insatisfecha.

Paula se hace cargo inmediatamente de las situación cuando siente que sus padres no están cumpliendo su papel de líderes. Cuando percibe la inseguridad de sus padres, tiene la impresión de que estos no saben qué hacer. Entonces se asusta y prefiere hacerse cargo ella misma. Necesita un interlocutor seguro de sí mismo, con las ideas claras, pero que también sepa ver y satisfacer sus necesidades. Un equilibrio muy difícil para los padres. En el caso de Paula, tiene sentido satisfacer sus necesidades de forma proactiva para que se sienta bien atendida. Necesita la información no verbal de sus padres: «Conocemos el camino, no te preocupes, aquí estás segura. Vemos tus necesidades y no tienes que luchar por ellas, las satisfaremos por ti, tenemos la situación bajo control».

Al mismo tiempo, sus padres deben mostrarse muy seguros, tener una actitud clara y poner límites sin ser groseros. La seguridad y la orientación son necesidades humanas tan fundamentales que Paula intenta proporcionárselas ella misma si es necesario. Esta actitud es muy difícil para sus padres, que son amantes de la paz, porque no quieren parecer autoritarios. Se sienten mucho más cómodos respondiendo a Paula de forma cariñosa, simplemente, no les gusta ser dominantes. Ven esto como una crianza autoritaria y la rechazan, prefiriendo ceder y dejar que Paula lleve la iniciativa. Siguen intentándolo con mucho amor y atención. El hecho de que el amor no siempre sea exclusivamente suave y delicado, sino que a veces se exprese a través de una actitud y un liderazgo claro y cariñoso, les resulta muy difícil de entender y aún más difícil de comprender. Sin embargo, también se han dado cuenta de que Paula necesita actividad y le gustaría hacer muchas cosas físicamente. Dárselo es mucho más fácil para ellos.

Y luego está la familia de David, el amigo de Álex. David reacciona de forma muy sensible a las impresiones del exterior. Se asusta rápidamente y ya piensa mucho en el mundo. Cuando atan a un perro en la puerta de una tienda, puede echarse a llorar porque le parece muy triste. David es sensible a todos los niveles, le molesta la etiqueta en la parte posterior del cuello de su camiseta y durante un tiempo se negó obstinadamente a ponerse los pantalones para la lluvia. Hizo falta un poco de trabajo detectivesco para descubrir que el tejido pegajoso de los pantalones en su piel le irrita muchísimo. Como sus padres le meten los pantalones normales dentro de los calcetines para que los de lluvia no toquen su piel, se los pone por encima sin problemas.

David también se sobreestimula rápidamente y no puede hacer frente a muchas actividades diferentes seguidas. El mundo, con todas sus impresiones, enseguida le abruma.

> Los padres de David también tienen que adaptar su estilo de crianza y sus deseos a David. No pueden esperar que tenga demasiadas reuniones y actividades, necesita mucho espacio y tiempo para jugar en paz.

Mientras juega, puede procesar todas las impresiones por sí mismo. Puede sumergirse completamente en su juego y le encanta jugar en la naturaleza. Puede jugar durante mucho tiempo con piedras junto a un arroyo de forma muy relajada. Necesita mucha orientación por parte de sus padres. Cuando tiene fuertes arrebatos emocionales, necesita, sobre todo, sentir que sus padres le comprenden y están con él, y aun así darle una orientación clara. Necesita mucha seguridad y, al igual que Paula y Álex, se siente desorientado cuando sus padres ceden a sus impulsos y le dejan tomar decisiones. Por ejemplo, si de repente se asusta en el vestuario de la guardería por la mañana, espontáneamente quiere volver a casa. Sin embargo, lo único que quiere es que le comprendan y le consuelen, y no que le cambien todo el día por ese sentimiento pasajero. La desorientación es peor que estar triste durante un rato. Mamá y papá tienen que escuchar sus propios sentimientos. Hay algunos días en los que realmente es demasiado para David, entonces necesita un día de descanso, que idealmente deberían decidir los padres en casa.

En general, necesita mucha protección frente a demasiadas impresiones, por lo que sus padres deben planificarlo bien. Cariñosos, alegres y, sobre todo, con una actitud clara, sus padres le guían por su mundo, están a su lado cuando tiene sentimientos y le dan mucho tiempo para «digerir las impresiones».

CÓMO… DESARROLLAR JUEGOS DE APEGO

Cómo resuelve tu hijo los problemas

Los adultos solemos pensar que los conflictos y los problemas solo pueden resolverse de una manera: mediante una discusión seria. Esta no es la mejor solución para los niños; ellos aprenden mucho mejor, más profundamente y de forma más relajada a través del juego.

Aletha J. Solter es una psicóloga del desarrollo suizo-estadounidense que desarrolló la «crianza consciente», ampliamente utilizada en todo el mundo. Ella ha observado nueve «juegos de apego» que se pueden utilizar en la vida cotidiana para superar problemas. Si te interesa, puedes consultar su libro en el anexo (*Juegos que unen*).

> Ya sabes, por el capítulo sobre guiar y seguir, que tu hijo dirige cuando juega. Si tú te limitas a seguirle y en la habitación hay algunos materiales, como muñecas, peluches, plastilina o ropa para disfrazarse, tu hijo «jugará» generalmente a los temas que le ocupan en ese momento. Puedes observarlo y nombrar las acciones y los sentimientos de tu hijo mientras juega con su tema. No tienes que hacer nada más.

Si quieres resolver algo en concreto porque sabes, por ejemplo, que tu hijo tiene miedo a los perros, puedes representar la escena y mostrar la solución en el juego. ¿Qué hace el personaje cuando viene el perro? Tu hijo puede aprenderlo mucho mejor así que mediante una conversación abstracta.

Es probable que a tu hijo también le gusten los llamados juegos de inversión de poder o juegos de contingencia, que generan seguridad, confianza y sensación de poder en el niño. El niño invierte la situación y es él quien da las órdenes. Por ejemplo, a tu hijo se le cae la muñeca a propósito y tú le dices lo mismo cien veces, «¡Ay!». De este modo, el niño controla (por fin) la situación. En muchas situaciones, también ayuda si tú mismo eres torpe, te muestras agobiado o deliberadamente no entiendes algo para que tu hijo tenga que resolverlo por ti.

Tu hijo se anima a menudo a los llamados juegos sin sentido. Se trata de hacer algo mal a propósito, como ponerse de repente el zapato en la cabeza. Es una solución que ofrece el niño y a la que tú puedes unirte si se adapta a la situación. A lo mejor te unes y exageras por completo: «Ahora soy un excavador y te voy a recoger con mi pala excavadora...». A veces, tu hijo utiliza juegos sin sentido cuando tiene miedo de hacer algo mal o está muy estresado (de tiempo). De este modo, puede reducir de forma lúdica su miedo a equivocarse y la presión; y tú también.

Tu hijo necesita juegos de separación como el cucú-tras, el escondite o el pilla-pilla para aprender a afrontar la distancia y la separación. Puedes jugar a estos juegos más a menudo cuando se acerquen las separaciones.

Los juegos de regresión suelen ser difíciles de entender para los adultos. Cuando tu hijo se siente agobiado por una situación, existe una gran solución: simplemente, ha de volver a hacerse pequeño durante un rato. El ejemplo clásico es el nacimiento de un hermano. Síguele la corriente cuando tu hijo quiera volver a ser un bebé y quiera que le envuelvan en una manta, le acunen en un biberón o le den de comer. Esto le ayudará a sobrellevar la situación.

En general, los juegos cooperativos en los que nadie gana, como construir algo juntos o los juegos de rol, son muy adecuados para restablecer un buen vínculo con tu hijo.

No es tan complicado como parece, solo tienes que practicar un poco conscientemente. Fíjate en tu hijo, él mismo ofrece estas soluciones. Síguele el juego. Pueden transformar los sentimientos problemáticos en risas a tu lado. Hay mucho poder, magia y sabiduría en lo que hace tu hijo.

Movimiento

Por fin Álex puede correr como es debido, y lo hace. Corre como una loca hasta que grita: «¡No puedo más!». Así pone a prueba sus propios límites físicos. Y es que, como dice el preparador físico de sus padres: «Esfuérzate al máximo. Es la única manera de desarrollar los músculos».

Ahora puede saltar de lado, así como dar un brinco y mantener el equilibrio sobre una pierna durante unos cinco segundos. También puede trepar, coordinando bien las manos y los pies.

Hacia finales de año, empieza a practicar con la bicicleta. Sus padres han leído que es mejor prescindir de los ruedines desde el principio, ya que pueden perjudicar el sentido del equilibrio del niño. Como precursora de la bicicleta, la bicicleta de equilibrio es una idea mucho mejor que la «ayuda» que proporcionan los ruedines.

Paula, la amiga de Álex, aprende a montar en bici muy rápido, en pocos días. Ella también quiere salir pitando enseguida y sus padres tienen que buscarle caminos y aceras seguros, porque a sus cuatro años no tiene ni idea de lo que es el tráfico.

Mientras tanto, también ha desarrollado una gran destreza con las manos; tras un periodo de práctica, ahora puede hacer un nudo o enhebrar una aguja. Incluso es capaz de realizar un movimiento distinto con cada mano, lo que resulta particularmente difícil.

Los niños y niñas a esta edad también pueden comer con cuchillo y tenedor de forma totalmente independiente, siempre que hayan podido practicarlo durante un tiempo. Actividades domésticas como cortar frutas y verduras, amasar y extender masas, fregar los platos y vaciar el lavavajillas también son muy beneficiosas para su desarrollo.

Habla

Álex ya puede utilizar activamente unas mil quinientas palabras. Se comunica muy bien y ha interiorizado tan bien los procesos que también puede seguir varias instrucciones a la vez por sí sola. Por ejemplo: «Quítate los zapatos, cuelga la chaqueta y lávate las manos». A menudo lo recuerda por sí misma y ya no necesita que se lo recuerden, a menos que esté muy distraída o muy cansada y agotada, pero eso también les sucede a las personas mayores.

Puede contar sus propias experiencias en orden cronológico y lógico y memorizar historias cortas. Ahora puede distinguir entre preposiciones como «encima», «detrás», «delante» o «dentro». Poner el paraguas detrás del banco y los zapatos delante es ahora posible, lo que antes seguía siendo difícil con tantas preposiciones confusas. Cuando Juan y Julia utilizan frases complejas con conjunciones como «o», «de modo que», «después de», «porque», etc., Álex también las entiende con confianza.

Álex hace sus primeras llamadas a su abuela. Ahora se ha dado cuenta de que no puede limitarse a respirar en el auricular, como hacía de pequeña, sino que tiene que hablar o escuchar todo el tiempo. Elige las entonaciones adecuadas e intercala frases que escucha de los adultos. Cuando la familia tiene que marcharse, Álex termina la llamada con su abuela con la frase: «Basta de charla, me temo que ahora no tengo tiempo».

Sigue haciendo muchas preguntas sobre el mundo y le gusta contar historias largas con frases complejas. El plural «jerseys» o «pollos» se menciona aún más a menudo, y hay variaciones creativas en el uso de la gramática. A veces a sus padres les parece que podría hablar sin parar. Está entusiasmada con su conocimiento del mundo y de la vida y quiere compartirlo con todos.

Álex puede aprender otro truco este año: el aplauso silábico. Puede descomponer palabras de dos sílabas como «man-ta» en sus sílabas aplaudiendo. Además, también es capaz de explicarse palabras a sí misma y lo hace con lo que ve y conoce: «Focas, son como los perros, pero viven en el agua y no tienen pelo».

Juan y Julia se dan cuenta de que ahora sí que utiliza el lenguaje como herramienta; justifica su punto de vista y da argumentos para convencer a los demás. Ya no es solo un «quiero», sino que dice que necesita urgentemente ver a su amiga Paula hoy porque ya se lo han pedido y los padres de Paula han dicho que «sí». Todos sus argumentos le parecen muy lógicos. Al mismo tiempo, Álex empatiza cada vez mejor con sus semejantes, lo que hace que las conversaciones con ella sean cada vez más emocionantes para Julia y Juan.

En un vistazo: los 4 años

Pensamiento y juego

La habilidad más importante que Álex ha adquirido este año es la capacidad de ponerse en el lugar de los demás y adoptar su perspectiva. Ahora puede dibujar de forma reconocible y es increíblemente buena viendo y reconociendo detalles; gana a todos en el juego de la memoria, pero la visión general de las situaciones sigue siendo difícil.

> **ÁLEX Y LA PELOTA:**
> ahora no solo ha comprendido las propiedades de una pelota, sino que también puede calcular mejor las cantidades. Si hay tres pelotas en el suelo y cinco en el sofá, se da cuenta inmediatamente de que hay más en el sofá. Ya cuenta bien, pero todavía no perfectamente.

Sentimientos y relaciones

A Álex le encantan los juegos de rol y es buena organizando juegos con los demás, ya que cada vez comprende mejor los sentimientos, los motivos y las intenciones de los demás. Aun así, todavía necesita ayuda para regular sus rabietas.

Movimiento

Álex ya puede correr, saltar, trepar, mantenerse de pie sobre una pierna durante un breve periodo de tiempo y puede que empiece a practicar con la bicicleta.

Habla

Álex ahora entiende y habla todo y disfruta contando historias largas. Sabe usar los tiempos verbales, explicar palabras y utiliza activamente el lenguaje para negociar.

El desarrollo entre los 5 y los 6 años

Pensamiento y juego

Hecho. Álex ya ha desarrollado casi todos los aspectos básicos que necesitará para su vida. Domina bien sus movimientos, su destreza, su habla y su pensamiento, así como sus relaciones con los demás. Ahora le queda aprender las cosas que son importantes en su cultura y desarrollar sus habilidades en general.

> Sin embargo, todavía no ha llegado realmente al pensamiento lógico. No estará firmemente asentado en la lógica hasta que tenga unos siete años. En los años anteriores a la escuela, todavía vacila entre la lógica y el pensamiento mágico.

Todavía puede creer en seres mágicos o en soluciones mágicas; después de todo, ¿no funciona el *spray* contra monstruos contra los monstruos que hay debajo de su cama? No siempre está tan seguro, ya que hay muchas historias sobre magos y brujas, quién sabe qué otras cosas mágicas existen. Sin embargo, ahora está desencantado con Papá Noel y nos dice con un sentimiento de superioridad que ni siquiera existe y que solo los niños pequeños creen en él. También ha llegado a la aguda conclusión de que los conejos de Pascua no tienen nada que ver con los huevos y que todo el asunto es muy poco creíble. Por eso a Álex le siguen gustando las historias y las fiestas, los regalos y los secretos que rodean las festividades; simplemente sigue queriendo creer en algunas cosas.

Álex ha desarrollado ya un muy buen sentido del tiempo, sabe cómo transcurre un día y también es capaz de juzgar bastante bien la impopular palabra «inmediatamente». La planificación a largo plazo sigue siendo difícil. Quiere empezar aficiones y probarlas... ya.

Todo empezó con el judo. Tenía muchas ganas de practicarlo porque su amigo David también lo hacía. Juan y Julia encontraron un buen club, leyeron todo sobre el tema y le compraron un traje de judo. Álex estaba encantado. Y fue muy divertido, durante un tiempo. Ahora quiere dedicarse a la natación como hobby y no entiende por qué sus padres quieren que siga con el judo. Al fin y al cabo, es un hobby. ¿No debería ser divertido y voluntario? Álex no comprende que la decisión tenga que durar tanto tiempo. Es casi como el interminable periodo previo a Navidad, que siempre se hace eterno.

Juan lee en algún sitio que a esta edad también es bueno cambiar de deporte más a menudo para poder utilizar diferentes grupos musculares y aprender habilidades, así que Julia y Juan aceptan que Álex quiera cambiar de aficiones más a menudo. Para la próxima, primero pedirán prestado el material necesario y no lo comprarán directamente.

Normas y responsabilidad

Álex ahora entiende bien las normas, pero eso no significa que siempre pueda atenerse a ellas. Sus impulsos siguen siendo fuertes y su control de los impulsos sigue siendo «bueno». De pequeño, Álex solía decir «no» a las normas, pero nunca cuestionaba la norma en sí. Ahora, con frecuencia quiere saber por qué algo es como es. ¿Realmente tiene que ser así? Juan y Julia tienen que justificar y discutir muchas cosas, y eso resulta agotador.

Álex sabe juzgar muy bien a sus padres. Cuando van a visitar a unos amigos, a menudo quiere quedarse más tiempo y corre a preguntar a su madre o a su padre. Si le dicen muy claramente: «De ninguna manera, ya es demasiado tarde y tenemos que irnos enseguida», suele aceptarlo. Sin embargo, si hay una mínima duda en su comportamiento, tal vez miran primero el reloj o dicen «Uf, ya veremos», entonces sabe que aún puede ganar algo de tiempo. A veces abrevia el proceso y se va inmediatamente después de mirar el reloj con un «Estupendo, gracias». Juan y Julia parecen entonces muy confusos y se preguntan cómo han podido decir «sí».

> Es muy agotador discutir siempre sobre todo. Sin embargo, Juan y Julia aprenden mucho sobre qué normas tienen realmente sentido desde el punto de vista de Álex y cuáles han pasado a ser superfluas. Álex puede decidir muchas cosas por sí mismo. La familia tiene que seguir adaptándose y la regla general es: cuantas menos normas, mejor para todos. La vida es demasiado variada como para encajonarla en reglas fijas.

Álex también empieza a comprender las normas de tráfico. Reconoce los semáforos y otras señales y entiende lo que dicen. También distingue bastante bien entre derecha e izquierda, pero solo desde su punto de vista, porque cuando una bici viene hacia él, no puede reconocer que su derecha es la izquierda de la otra persona. Ir en bicicleta entre el tráfico sigue sin ser del todo seguro. A pie, sin embargo, muchas cosas ya van bien, ya que se detiene con seguridad en los semáforos y mira a derecha e izquierda y de nuevo en medio de la calzada cuando cruza. Juan y Julia han practicado mucho con él.

Por otro lado, Álex tiene un gran deseo de responsabilidad en edad preescolar. Quiere ser un miembro importante y activo de la familia. Así que es bueno traspasarle áreas enteras de responsabilidad. La frase: «Saca el zumo de manzana de la nevera» no tiene ningún sentido, porque ¿quién quiere ser solo el estúpido ayudante? Además, Álex ya sabe hacer eso, ahí no hay nada que aprender.

Sería más interesante, por ejemplo, convertirse en el «encargado del zumo de manzana». Se encargaría de que siempre hubiera suficiente zumo de manzana en la nevera, avisaría antes de que se acabara y ayudaría a organizar la compra. El camino desde la demanda hasta el zumo de manzana en la mesa sería ahora una tarea interesante. Así puede practicar cómo organizar las cosas y desarrollar nuevas habilidades. Por supuesto, Álex necesita apoyo al principio, como ocurre con el aprendizaje de cualquier habilidad nueva.

Le siguen encantando los experimentos científicos, los cuales ahora son cada vez más complicados. Si se aburre a la hora de cenar porque los adultos solo tienen conversaciones en las que él no puede participar, entonces puede hacer una investigación alternativa y probar la interacción entre el peso, la longitud y la gravedad. Álex pone una cuchara en el borde de la mesa y prueba cuándo cae. ¿Cómo cambia el punto de inflexión cuando hay algo sobre la cuchara? ¿Quizá algo blando? No para de aprender cosas nuevas sobre el mundo, algo muy importante. Sigue siendo un auténtico explorador y científico.

Romper las reglas también puede darle la atención que tan desesperadamente necesita. El horrorizado «¡Álex!» de sus padres cuando la cuchara cae al suelo significa que por fin vuelve a tener atención. Una medida un tanto desesperada, sí, pero la atención negativa es mejor que ninguna atención. Reconocer la frase «¡Quiero que me prestes atención!» y formularla en consecuencia sigue siendo difícil y también un poco embarazoso. A veces sigue preguntando: «¿Me prestas atención?», pero al mismo tiempo se siente demasiado grande para ello. «¿Quieres jugar conmigo?», suele preguntar como oferta de vínculo afectivo (véase «Cómo… Juegos de apego», página 230), pero luego se le suele sugerir que se vaya a jugar solo, porque ya se le da bien eso también. Entonces, ¿qué puede hacer para renovar su vínculo con mamá y papá después de un largo día sin comportarse como un bebé? Álex no sabe qué hacer.

Le encanta hacer cosas juntos que a todos les resulten interesantes. Álex siempre quiere nuevos retos y está encantado cuando le dejan ayudar a montar los muebles nuevos después de varios años de formación en construcción con *Lego*. A Juan y Julia les molestan todos los tornillos, pero Álex no se cansa de ellos. Aquí aprende muchas cosas nuevas y además piensa por sí mismo. El hecho de que sus padres piensen a menudo en voz alta cuando surgen problemas es muy beneficioso (véase «Cómo… Pensar», página 135). ¡Ahora quiere hacer tantas cosas como sea posible por su cuenta!

> Álex va ahora a preescolar. Ahora puede contar con confianza e incluso «contar de forma abreviada», lo que significa que ya no tiene que contar los puntos de un cubo, sino que los reconoce de un vistazo. También ha mejorado mucho su comprensión de las cantidades.

CÓMO… INICIARSE EN LAS MATEMÁTICAS

En la vida cotidiana y al margen

En colaboración con Janna Spannagel, profesora de matemáticas y fundadora de *Die Matheflüsterin*.

Después de que tu hijo ya haya «jugado» con ilusión al conocimiento de las matemáticas de pequeño (véase «Cómo… Utilizar esquemas de juego», página 98), la cosa continúa en los años preescolares. Las matemáticas escolares requieren conocimientos previos, pero esto es diferente de lo que podrías pensar en un principio. No tiene mucho sentido practicar las matemáticas antes de ir al colegio. Para que a tu hijo le resulten fáciles las matemáticas en la escuela, necesita unos conocimientos completamente distintos, las llamadas habilidades «prenuméricas».

Todo es más fácil de aprender cuando ya existen conocimientos que pueden relacionarse con los nuevos. Lo mismo ocurre con las matemáticas en primero de primaria. O tu hijo lo capta inmediatamente, establece conexiones y lo visualiza, o tendrá un gran interrogante en la cabeza. Si quieres evitarlo, puedes fomentar fácilmente estos conocimientos previos en la vida cotidiana. Aquí tienes algunas ideas de juegos:

Idea de juego 1:

Hay procesos en los que la secuencia desempeña un papel, pero en otros no. Ejemplos de ello son:

- ¿El «baño de burbujas» tiene que ser antes o después de que ya se haya llenado la bañera? ¿Por qué?
- ¿Hay alguna diferencia entre ponerse primero el zapato izquierdo y luego el derecho o viceversa?
- ¿Ponemos primero los plátanos en la cesta de la compra y las conservas encima o al revés?
- ¿Hay que poner primero el agua en la cacerola y luego los huevos para que hiervan fuerte o al revés? ¿Y para cocer la pasta?
- ¿Podrías ponerte el chaleco después del jersey?

Aunque algunas de estas preguntas te parezcan demasiado fáciles, tu hijo empezará a pensar en ellas de un modo completamente distinto y, por tanto, a argumentar (por cierto, una de las destrezas matemáticas generales de los estándares educativos para las matemáticas).

¿Qué tiene esto que ver con las matemáticas? Las tareas de intercambio, por ejemplo, se basan precisamente en esto. ¿Cuándo es indiferente que un número vaya primero y luego el otro? Con la sumas. ¿En qué tipo de cálculo el orden es decisivo y no debe intercambiarse? En las restas. Son errores comunes en la escuela, pero puedes evitarlos con conocimientos previos. Descubrirás muchas situaciones como esta en tu vida cotidiana.

Idea de juego 2:

Recoge algunos envases: una caja de cereales, un rollo de papel higiénico vacío y ese paquete triangular de chocolate, conocidos como cuboide, cilindro y prisma. Si los cortas por los bordes o a lo largo, puedes crear formas que son ideales para explorar. ¿Cuántas veces se repite la misma forma? ¿Por qué el rollo de papel higiénico redondo se convierte de repente en un rectángulo (es la superficie lateral de un cilindro, para entendernos)? ¿Puedes construir otra cosa a partir de él?

De este modo, tu hijo hará un montón de descubrimientos emocionantes y, al mismo tiempo, adquirirá una visión completamente nueva y más atenta de las formas, los patrones y los cuerpos.

Idea de juego 3:

Crea sistemas de organización, por ejemplo en la estantería. Ordena los libros de más pequeño a más grande. De este modo, cada vez que vuelvas a poner un libro en su sitio, tendrás el reto de ordenarlo según el orden existente.

Esto es cuestión de práctica y no funciona de la noche a la mañana. Al principio, debes demostrarle cómo se hace, lleva a tu hijo contigo en el proceso. ¿Cómo sabes dónde poner el libro?

¿Cuál es tu estrategia? Lo mismo ocurre con los juegos y rompecabezas en el armario, o los cubiertos en el cajón de los cubiertos. Los platos pequeños y grandes del armario de la cocina también pueden clasificarse por tamaños, o las monedas o los lápices de colores. Mantener todo organizado ofrece muchas oportunidades de aprendizaje a tu hijo. Esto sienta las bases para que comprendan los sistemas de clasificación matemática, como el orden de la serie numérica o la estructura de los espacios numéricos.

> Para estar bien preparado, no es necesario que tu hijo sepa matemáticas a la perfección cuando empiece el colegio. Es mucho más importante que haya aprendido todas las habilidades necesarias para aprender aritmética. ¡Lo bueno es que puede aprenderlas jugando en la vida cotidiana!

Álex ya reconoce las letras y está aprendiendo a escribir su nombre durante estos meses. Muchos niños de su clase empiezan a hacerlo ahora. Cuando se aprende a leer, también es más sensato centrarse en la «alfabetización», las habilidades de lectura y escritura, en lugar de practicar específicamente la escritura. ¿Dónde se necesita la lectura en la vida cotidiana? Tal vez la lista de la compra, un libro de cocina para buscar algo o leer en voz alta por la noche; leer en su día a día sería bueno para Álex. Así no se aburre en la escuela porque ya se sabe todas las letras.

Hablando de aburrimiento, los últimos meses en la guardería antes del colegio son duros para Álex. Lleva tanto tiempo allí que ya ha asistido a cientos de asambleas matinales, así que no puede descubrir tantas cosas nuevas. Además, todo el mundo habla de la escuela, que parece ser algo importante. Álex siente la transición que se avecina y es muy emocionante. Se siente inquieto.

Pintor y coleccionista

Álex ahora pinta con mucho detalle, así que si se le pide que pinte algo, generalmente, prefiere construir cosas tridimensionales. Pintar ya no es lo de Álex, pero muchos de sus amigos pueden representar personas con cabeza, torsos, brazos, piernas y muchos detalles, y también pueden dibujar y nombrar figuras geométricas. El tamaño y la disposición de las figuras corresponden a su realidad interior; lo importante se agranda. A menudo pintan un «cuadro radiográfico», un cuadro en varios niveles al mismo tiempo. Ven una casa desde arriba y pueden mirar dentro y ver los muebles al mismo tiempo.

Lo que más le gusta ahora a Álex es coleccionar cosas. Pueden ser fotos de estrellas, pero también cualquier otra cosa. Lo mejor es recogercosas de la naturaleza, porque a Álex le sigue encantando salir y construir presas y cabañas en el bosque. Cada vez que sale al campo, tiene que llevarse a casa algún tipo de palo o piedra, preferiblemente varios. Las cosas que ha recogido también suelen aparecer en los bolsillos de sus pantalones, y Juan y Julia miran en ellos para estar seguros antes de cada lavado y, a menudo, encuentran todo tipo de cosas interesantes y olvidadas.

Juan y Julia también encuentran muy extraña la antigua pasión de Álex por los dinosaurios. Álex se sabe de memoria todos los nombres de los dinosaurios y se asegura de que sus padres los pronuncien correctamente. ¿Cuánto tiempo más tendrán que seguir pisando criaturas prehistóricas tiradas en su salón?

Desarrollo moral y castigos

Álex empieza a aprender no solo las reglas de la familia, sino también las de la sociedad, lo que le ocupará durante varios años. Todo es extraño y confuso para él; ¿qué hacer y qué no hacer?

Hay normas de cortesía que Álex ya domina. Se dice «por favor» y «gracias», es lo que hacen siempre sus padres, él lo ha adoptado.

Obviamente, está prohibido saltarse la cola, a menos que Juan o Julia tengan mucha prisa, en cuyo caso a veces parece que no pasa nada. Mmm... A veces también conducen demasiado deprisa en el coche, lo cual parece estar permitido en condiciones que Álex no entiende, aunque sabe a ciencia cierta que hay un límite de velocidad. Hace poco, sus padres se enfadaron mucho cuando les pusieron un multa. Así que parece injusto que te pongan una multa cuando te has saltado las normas.

Le han enseñado que siempre hay que avisar al propietario si se rompe algo, pero cuando rompieron un cristal en su casa de vacaciones en sus últimas vacaciones, no se lo mencionaron al propietario. ¿Está bien o mal?

> Álex ha adquirido la «competencia para mentir». Gracias a un gran salto en su forma de pensar, ahora puede mentir y engañar como efecto secundario. Ha aprendido a ponerse en el lugar de los demás, una habilidad importante (véase «Cómo... Mentir», página 218). Ahora intenta distinguir las mentiras educadas y socialmente deseables de las menos deseables.

Quizá sea como los secretos; mamá y papá le han enseñado que hay secretos buenos y malos. Los secretos malos te hacen sentir muy mal, no te hacen sentir bien. Los buenos secretos son, por ejemplo, no contarle a la abuela su regalo para que siga siendo una sorpresa. Eso parece divertido y te produce un cosquilleo.

¿Ocurre lo mismo con la mentira? Si una mentira hace que todos se sientan mejor, ¿entonces está bien? Cuando el otro día recibió un regalo de la tía Toni, su educada reacción «Gracias por el regalo» (en lugar de «¿En serio? ¿Qué clase de cosas para bebé son estas?, no pienso jugar con ellas») pareció de lo más agradable.

También sabe a estas alturas que a la dependienta voluminosa del supermercado no se le dice de forma amistosa y alegre: «Pero si estás gorda», por si acaso le faltaba esta información.

No obstante, el tema de lo que puedes llevarte sigue siendo confuso. No está permitido llevarse nada sin pagar, pero en el supermercado Álex observa que su madre pasa varias veces por delante de las muestras del mostrador para llevarse una de las sabrosas muestras una y otra vez. Obviamente, eso está bien a veces si algo te gusta de verdad.

Una vez, cuando están en la juguetería, Álex descubre una pequeña figura que también tiene su amigo David. Álex está encantado, la quería desde hacía mucho tiempo. Genial, ¡aquí puede encontrar exactamente la misma! Así podrá jugar con David. Álex se mete alegremente la figura en el bolsillo, sin que los adultos se den cuenta.

Más tarde se le preguntará en qué estaba pensando, y la respuesta honesta sería: «En nada. En absolutamente nada». Solo quería la figurita y no pensó en las consecuencias. La mayoría de los errores en la vida ocurren porque no se piensa en ellos.

En casa, Álex está jugando con la figurita en su habitación. Poco a poco se da cuenta de que no la han pagado y que ni siquiera la ha pedido; empieza a sentirse incómodo con ella y no sabe qué hacer ahora. Nunca había tenido un problema así en su vida. ¿Cómo lo afronta? En cualquier caso, se acabó la diversión de jugar con la súper figura. Simplemente la mete debajo de la cama e intenta no pensar más en ella. Eso es lo que suele hacer cuando se siente abrumado por algo; ignorarlo. Igual que hacía de pequeño cuando cerraba los ojos y pensaba que ya estaba escondido.

Al día siguiente, Julia encuentra la figurita debajo de la cama y le pregunta a Álex por ella. Álex se siente un poco culpable y le dice que la cogió de la juguetería.

> Julia se queda helada y horrorizada. ¿Álex la ha robado? ¿Su Álex? Inmediatamente se le viene a la cabeza un escenario en el que esto es el principio de algo muy malo. Álex irá por el mal camino y entonces... puede oír las puertas de la prisión cerrándose detrás de él y de su vida. En ese momento, ella solo ve el delito y no incluye su edad en su juicio.

Álex se siente aún peor cuando ve la cara de su madre. Nunca la había visto antes así, esto debe ser aún peor de lo que pensaba. Se siente absolutamente impotente, no quiere ser responsable de esto. ¿Qué debe hacer?

Julia tampoco sabe qué hacer y sale de la habitación con la figura sin decir palabra. Primero tiene que calmarse y llama a Juan. Juntos discuten qué hacer ahora, porque se dan cuenta de que debe haber una consecuencia, pero ¿cuál debería ser? No tienen ninguna estrategia para actuar. No habían contado con ello.

Acuerdan que Álex no podrá ver la televisión ni otras pantallas durante varias semanas y tendrá que permanecer en su habitación por el momento.

Álex está ahora sentado en su habitación. Se ha sentido muy culpable durante las últimas horas y tenía una sensación muy mala en el estómago, casi se sentía enfermo. Ahora, con este castigo, eso está cambiando poco a poco. No está sentado allí como pretendían sus padres y pensando en su «mal comportamiento».

Al contrario, ahora se siente absolutamente agraviado. Su sentido de la justicia es muy fuerte y se da cuenta de que el hecho de que se haya llevado un juguete y la prohibición de pantallas no tienen absolutamente nada que ver. Se enfada. Y eso le hace sentirse mucho mejor y más fuerte que el sentimiento de culpa.

Sus padres le han quitado algo que le gusta mucho. Buscaban específicamente algo que le hiciera daño. Se han aprovechado del poder que tienen sobre su vida.

Álex experimenta un nuevo sentimiento que solo ha conocido en las discusiones en la guardería. Por primera vez, sus padres le parecen adversarios. También quiere quitarles algo que les gusta. No puede expresarlo, pero siente un deseo de venganza mezclado con miedo y culpa.

Juan y Julia no están contentos con este castigo. Preferirían no habérselo impuesto. pero, ¿qué otra cosa pueden hacer? Están muy enfadados y debe haber una consecuencia para ese comportamiento.

Una de las noches siguientes, invitan a Paula y a los padres de David; los tres niños disfrutan jugando juntos y los padres se han hecho amigos. Los padres de David no tienen nada que decir al respecto, David siempre es muy precavido, incluso demasiado. Prefiere no hacer las cosas a arriesgarse a hacerlas mal.

Los padres de Paula, en cambio, tienen mucho que decir sobre el tema. Hace poco, Paula abrió una lata sobre el capó del coche y lo rayó en el proceso. No fue capaz de decir en qué estaba pensando y sus padres le impusieron la prohibición de usar la *tablet*. Han tenido que hacerlo más a menudo porque el carácter de Paula es cada vez más difícil; da a sus padres muchas contestaciones, tiene rabietas y pasa mucho tiempo con los hijos del vecino. La semana pasada la pillaron allí con su *tablet* y tuvieron otra desagradable discusión. El otro día, Paula destrozó unas flores del jardín, ¡esas que tanto le gustan a su madre! La madre de Paula no quiere nada de esto. No quiere entrar en una lucha de poder con Paula, quiere tratarla como a una igual. Si su pareja la tratara así y le quitara la *tablet* porque le ha rayado el coche, eso sería inmediatamente motivo de separación. Obviamente también lo sería para Paula, porque siente que afectaría a su relación.

Pero, ¿qué otra cosa podían hacer? Son responsables de que Paula aprenda lo que está bien y lo que está mal. No podían dejar pasar un comportamiento así. ¿No podían?

CÓMO… EDUCAR SIN CASTIGOS

Enseñar la solución

Una suposición muy extendida es que los castigos ayudan a los niños a comportarse mejor en el futuro o que conducen a un verdadero discernimiento. Durante muchos siglos, el principio ha sido: «¡Los errores deben castigarse!». Sería ir demasiado lejos profundizar aquí en el efecto de los castigos. En cualquier caso, un niño suele sentirse humillado o tratado injustamente, ansioso, enfadado, impotente, triste y, si esto ocurre a menudo, indiferente o vengativo. Eso no nos lleva a ninguna parte.

En lugar de castigos, ahora se habla a menudo de «consecuencias lógicas», pero estas suelen seguir siendo otro tipo de castigo. Un enfoque más agradable, la misma forma de pensar. Abandonemos por un momento el principio de «ojo por ojo, diente por diente».

> En general, las personas que se sienten bien también se comportan bien. Las personas suelen comportarse en función de cómo se sienten ante la vida y de lo que piensan secretamente de sí mismas. Por eso, si el mensaje que se transmite al niño es negativo: «Eres tan malo que mereces ser castigado», es más probable que el niño se comporte negativamente en el futuro.

¿No sería mejor que su hijo aprendiera que la gente comete errores y cómo afrontarlos de forma constructiva? ¿Y a resolver problemas? ¿No sería mejor que tu hijo siguiera acudiendo a ti en busca de consejo y no te ocultara los errores en el futuro por miedo al castigo? ¿Qué puedes hacer con los errores?

Quizás hayas oído hablar del nuevo estilo de gestión de muchas empresas modernas, que hace hincapié en las jerarquías planas y en centrarse en las soluciones (si esto te interesa, puedes echar un vistazo a la empresa de éxito internacional Gore-Tex, la de las membranas impermeables para la ropa).

¿Quizá incluso hayas tenido alguna vez un jefe que no se centraba en tus errores, sino en tus capacidades? De hecho, puedes saltarte el paso de castigar al culpable de su error. Esto no sirve de nada y solo conduce a crear una atmósfera de miedo. En lugar de eso, la gente de esas empresas se apresura a decir: «Se ha cometido un error. ¿Cómo podemos evitar que esto ocurra en el futuro? Pensemos en la solución y pongamos toda nuestra energía en ello».

Si quieres dirigir tu familia como estas empresas modernas, primero tendrías que asumir que tu hijo no comete errores para fastidiarte (a menos que ya esté en modo lucha por el poder debido a los castigos). Los niños menores de siete años no solo son incapaces de culpabilidad (art. 19 cód. penal alemán), sino también de delito (art. 828 cód. civil alemán), por lo que no son legalmente responsables de sus actos. Ya están protegidos por la ley, ¿no deberían protegerlos también sus padres?

En lugar de castigos, enséñale a tu hijo la solución desde el principio

Solo tienes que hacerte una pregunta: ¿Qué haría ahora un adulto? Si piensas así, enseguida te das cuenta de lo absurdo de los castigos. Si un adulto raya el coche, ¿no ve la televisión durante semanas? ¿O le pide a su pareja que se asegure de que se queda en su habitación durante días? ¿En serio? No, resuelve el problema.

Un problema suele tener dos fases:
- En primer lugar: sentir

    Probablemente te enfadas, te entristeces o te decepcionas cuando tu hijo comete un error grave. Son sentimientos legítimos porque eres humano y te preocupas por su comportamiento. Haz lo que generalmente hagas para gestionar los sentimientos. Consúltalo con la almohada, sal a dar una vuelta a la manzana, llama a alguien, habla de ello, llora o cualquier otra cosa; tus sentimientos son asunto tuyo.

> **Tu hijo no tiene «la culpa» de tus sentimientos, aún no puede asumir tanta responsabilidad. Si no estás enfadado ni triste, sino que puedes ir directamente a la solución, ¡mejor que mejor!**

- En segundo lugar: solución

    ¿Qué haces como adulto cuando se pasan los sentimientos? ¿Cuál es la solución? ¿Necesitas dinero para reparar el daño? ¿Puede ahorrar algo de algún sitio o puede contribuir el niño con algo de su paga? ¿Se ha hecho daño a alguien y necesita reparar el daño? ¿Tenéis que reparar algo juntos? ¿Cuáles de estas cosas puede hacer ya tu hijo? Enséñele todas estas cosas, pero siempre centrándote en la solución. Tú quieres enseñar a tu hijo, no castigarle. Deja que tu hijo desarrolle sus propias ideas.

    En raras ocasiones, no necesitas una solución porque puedes vivir con los efectos del error. Entonces solo quedan los sentimientos correspondientes. Así que no busques una «consecuencia» si no la hay.

    Observa qué puedes hacer ahora para resolver el problema de forma constructiva e implica a tu hijo en todo lo posible. Con los años, desarrollará una buena capacidad para resolver problemas, se liberará del miedo a equivocarse y adquirirá muchas otras competencias.

> Después de hablar con los otros padres, Juan y Julia se dan cuenta de que no quieren seguir el camino punitivo. Para ellos es más importante una buena relación con Álex que cualquier otra cosa y quieren que aprenda a afrontar bien los problemas. Al día siguiente, anulan todos los castigos, se disculpan con Álex y trabajan con él para saber qué hacer a partir de ahora. Le explican que una tienda es como una persona y que no se le puede quitar nada. Esta conversación a Álex le resulta incomoda, pero poco a poco empieza a sentirse de nuevo parte de un equipo, trabajando juntos para resolver un problema.

Julia y Juan le explican a Álex que tienen que llevar la figurita a la tienda y pagarla allí. Les gustaría que Álex estuviera allí, pero le prometen que ellos se encargarán de todo y que él puede quedarse en segundo plano observando. Se dan cuenta de que Álex aprende mejor con el ejemplo.

Cuando finalmente accede valientemente después de varios días, se agarra con fuerza a la mano de mamá y papá y se esconde detrás de ellos en la tienda. Julia y Juan no le humillan delante de la gente, por ejemplo, insistiendo en que se disculpe. Ellos se disculpan por él, hablan siempre de «nosotros» y lo hacen de la forma menos dramática y más relajada posible. Ellos pagan la figura. Por suerte, el dueño de la tienda también se lo agradece alegremente y le dice que la mayoría de los padres lo dejarían pasar. Álex recibe el reconocimiento de los adultos por su valentía y se siente orgulloso de sí mismo. Después, hacen algo agradable juntos y Álex se siente feliz y aliviado, porque todo ha supuesto una pesada carga para él, pero el asunto ya está zanjado y es muy probable que algo así no vuelva a ocurrir. Toda la familia lo recordará con cariño. Todos han aprendido mucho.

Sentimientos y relaciones

Álex maneja ahora mucho mejor los sentimientos, pero los enfados siguen siendo difíciles, igual que con los adultos. Cuando sus sentimientos se vuelven demasiado fuertes para él, necesita ayuda de los demás (véase «Sentimientos y rabietas», página 205). Afortunadamente, ahora le da vergüenza gritar en el supermercado y empieza a preocuparse por su imagen.

Sabe consolar a los demás y reconoce de antemano qué situaciones desencadenan emociones: «No, no podemos hacer eso, David se pondrá triste». Álex puede esperar y ver, dejar que los demás terminen de hablar y ayudar a resolver conflictos. También se disculpa por iniciativa propia y mantiene sus primeras amistades firmes porque ha comprendido las reglas sociales y puede aplicarlas.

> Álex está desarrollando una habilidad muy importante: puede sentir varias emociones al mismo tiempo. Ya no siente exclusivamente una emoción, que de repente se transforma en otra.

Puede estar enfadado con David, pero al mismo tiempo sentir que la amistad es importante para él y sopesar ambos sentimientos, enfado y afecto. Esto no siempre funciona, pero la dramática exclusividad de los sentimientos se desvanece poco a poco a lo largo de los años siguientes.

Sus sentimientos se desplazan cada vez más hacia el interior y se exteriorizan, lo que a veces hace más difícil que sus padres le juzguen.

> Julia y Juan también se preguntan por qué Álex ya no está tan dispuesto a ayudar en la vida cotidiana. El impulso natural del niño por ayudar ha desaparecido.

Álex ya no necesita estas actividades para desarrollar sus habilidades, y por eso ya no quiere hacer muchas cosas.

Desde hace unos años, Álex oye frases como: «¿Qué está haciendo esto aquí otra vez?» o «¡Oh, no, ahora tendré que pasarme horas recogiendo otra vez!», o «Por favor, deja eso ahí. Hoy no tengo energías para recoger». Se ha dado cuenta de que ordenar parece ser una tarea muy molesta que hay que evitar. Obviamente, el objetivo de la vida es tener lo menos que hacer posible. Sentarse en el sofá parece ser el estado más deseable. Álex aún no distingue entre «trabajo» y «juego», pero a través de la observación se ha dado cuenta de que en la vida es importante evitar lo que sus padres llaman «trabajo». Así que eso es lo que hace.

En competición

Álex juega ahora de maravilla con otros niños. Intenta encontrar su sitio en los grupos. Siente cosas como la competencia y la presión de grupo. ¿Qué tiene que hacer para ser reconocido por los demás? Esto es muy difícil de averiguar y además cambia según el tipo de grupo. En judo, te reconocen por ser muy hábil; en un grupo de niños de una guardería, la mejor manera de que te reconozcan es siendo simpático y compartiendo; en otro grupo, puede que sea haciendo el bruto y retozando.

A Álex le interesan los juegos de mesa y los dados, y puede jugar tranquilamente durante largos periodos de tiempo. La mayoría de las veces todo va bien... ¡a menos que Álex pierda! Ganar y perder es un gran tema en estos años. Álex descubre cada vez mejor lo que sabe hacer y lo que no se le da tan bien. Esto último no es fácil de aceptar. Quiere ser el mejor. Ganar siempre. Superar a todos sus competidores. En estos momentos, Álex haría cualquier cosa por ganar. El impulso es tan fuerte que utilizará su nueva habilidad para hacer trampas en las partidas si es necesario.

> **Él y sus amigos juegan a todo tipo de juegos competitivos y quieren medirse unos con otros. Álex se conoce mejor a sí mismo, incluso en situaciones difíciles; quiere descubrir sus límites y cómo puede mejorar. Presumir y alardear también es bastante normal para él y sus amigos en estos años.**

Les gusta exagerar sus capacidades y, en general, sobrevalorarse. Con la ayuda de los adultos, Álex puede aprender poco a poco a lo largo de los próximos años a valorarse de forma realista, a afrontar la derrota y a saber que perder no tiene nada que ver con su autoestima.

Lo que ahora también le gusta hacer a Álex con sus amigos —sin competencia y con mucha diversión— son juegos de rol y teatro. Todos se disfrazan y a veces representan escenas teatrales o circenses. Juan y Julia se convierten a menudo en «víctimas» de estas representaciones, al menos así se sienten, porque no comparten del todo el sentido del humor de su hijo en este sentido. Están acostumbrados a representaciones estructuradas con sensatez; hay una introducción, luego la tensión va aumentando lentamente y después, ¡tachán!, la representación llega a su clímax.

Álex y sus amigos aún no dominan este tipo de montaje, se visten con esmero y gran dedicación y pasan mucho tiempo preparando con cariño el escenario, las sillas y la venta de entradas. Ya dominan las condiciones marco, pero no tanto la estructura interna de las representaciones. Al principio, un niño puede hacer un anuncio, luego van y vienen disfrazados un par de veces y se ríen a carcajadas o se oyen risitas desenfrenadas desde fuera del escenario. Y ya está. Puedes repetir este proceso tantas veces como quieras con diferentes disfraces. Julia y Juan observan asombrados y miran en secreto sus relojes, pero sigue siendo muy divertido que los niños se lo estén pasando tan bien.

Movimiento

Álex controla ahora su cuerpo tan bien que puede mantener el equilibrio como un equilibrista, incluso caminando hacia atrás durante una corta distancia. Se ha vuelto aún más rápido corriendo, ahora puede hacer trescientos metros en unos diez segundos y está muy orgulloso de ello. También puede dar hasta diez saltos seguidos hacia delante, mantenerse de pie sobre una pierna durante diez segundos y dar unos cinco saltos hacia delante sobre una pierna.

También ha aprendido a montar bien en bicicleta e incluso tiene aguante para hacer trayectos cortos con un adulto. Aun así, todavía no tiene una visión fiable del tráfico rodado cuando va en bici y se agobiaría solo.

> Ahora también puede realizar todos los movimientos necesarios con las manos, incluso sujetar una baraja en la mano cuando juega a las cartas y sacar y descartar las cartas una a una.

Esto fue realmente difícil de aprender, al principio se le caían todas las cartas. Esto se debe a que hay que ejercer un poco de presión con la mano para poder sacar la carta, pero no tanta como para que se caigan todas las cartas de la mano.

Durante estos años, Álex adquiere confianza en todos sus movimientos. Su cuerpo ya ha automatizado el andar, correr, saltar, trepar, balancearse y otros movimientos. Ahora también puede coordinarse bien en los juegos de pelota y detenerse inmediatamente para evitar choques. Por regla general, si quieres enseñarle a Álex un movimiento nuevo, no debes concentrarte en ese movimiento, sino mostrarle la meta. ¿Hacia dónde va? Si quieres enseñarle a lanzar, por ejemplo, puedes demostrarle el movimiento y luego decirle simplemente: «Mírame y lanza la pelota directamente a mis brazos». Su cuerpo tiene que encontrar por sí solo la mejor manera de hacerlo.

Para Álex es estupendo encontrar a alguien que practique con él a atarse los cordones, a pesar de los cierres de velcro de todos sus zapatos, porque llega un momento en que hay que saber hacerlo, y entonces puede resultarle embarazoso.

Habla

El desarrollo del habla de Álex se ha completado en gran medida. No tiene dificultades para hablar y comprender en su vida cotidiana. Puede comprender varias tareas al mismo tiempo y realizarlas en el orden correcto, siempre que no se distraiga entre ellas, igual que los adultos. Ahora también puede participar en conversaciones. Primero escucha durante un rato de qué va la conversación, piensa en lo que podría decir y luego aporta sus propias ideas.

Su vocabulario seguirá creciendo en los próximos años. Pregunta por palabras desconocidas y suele memorizarlas.

Ahora también puede encontrar palabras que riman; «casa» rima con «pasa». Además, es capaz de dividir palabras polisílabas: «cho-co-la-te», por nombrar una palabra importante para Álex.

Le interesa mucho el lenguaje escrito; intenta escribir palabras y se fija en las semejanzas. Por ejemplo, le dice a papá: «Tu nombre y el de mamá empiezan con "J"». A veces puede entender ironías sencillas, ya que ahora se siente seguro con el lenguaje.

En un vistazo: entre los 5 y los 6 años

Pensamiento y juego

Álex ya puede adoptar la perspectiva de los demás, clasificar sus pensamientos y sentimientos y reaccionar ante ellos. Está dispuesto a asumir responsabilidades y empieza a ocuparse de cuestiones morales. ¿Qué es socialmente aceptable y qué no lo es?

Sentimientos y relaciones

Álex sabe orientarse en los grupos y trata de encontrar su sitio en ellos. Competir y ganar son importantes para él y perder no es su principal competencia en estos años. Ahora puede sentir varias emociones al mismo tiempo, por lo que poco a poco van perdiendo la dramática exclusividad de los últimos años.

Movimiento

El cuerpo de Álex ya ha automatizado todos los movimientos y puede aprender los movimientos de ciertos deportes. Puede andar hacia atrás, correr, saltar y brincar sobre una pierna.

Habla

Álex ya habla como un adulto, solo necesita ampliar su vocabulario en los próximos años. Empieza a interesarse por el lenguaje escrito.

¿Qué es importante para los padres entre los 4 y los 6 años?

Si no sabes exactamente qué son los momentos de orientación y seguimiento, vuelve a leer el resumen de la página 225. Básicamente, solo hay una pregunta en la vida con niños: «En esta situación, ¿necesita mi hijo que le guíe o que le siga?».

Momentos de orientación con niños de entre 4 y 6 años

Los momentos de orientación son todas las situaciones en las que hay un objetivo. En estos años, son las rutinas de la mañana y de la noche, ayudar a cocinar, hacer la compra, ordenar, hacer cosas en casa, visitas al médico, pasatiempos, tal vez manualidades, juegos de mesa o artesanía. En la guardería también hay asambleas matinales, así como otras actividades estructuradas. La tarea consiste ahora en compaginar la vida cotidiana de todos los miembros de la familia, un nudo a veces casi imposible de deshacer, que requiere grandes dotes de gestión.

Quizá ya veas cuál es el problema para tu hijo: ahora hay muchos momentos de orientación, casi tantos como con los adultos. Tu hijo está empezando a tener él mismo una rutina diaria estresante, pero solo tiene cuatro, cinco o seis años. Puede ser muy interesante anotar qué parte del día tiene tu hijo que seguir una estructura. El impulso de tu hijo por desarrollarse sigue siendo fuerte e incluso sentarse quieto es todo un reto. Suma las veces que tu hijo tiene que estar sentado a lo largo del día, desde por la mañana al desayunar, el coche, la asamblea matinal, manualidades y otras actividades que se hacen sobre la mesa, al comer, otra vez el coche, con sus *hobbys*, la cena; el gran impulso de moverse suele descuidarse drásticamente en la vida cotidiana.

Mira a ver qué puedes tachar. ¿Es ese *hobby* realmente importante para un niño? ¿Pesa más que el estrés? Estar atado a horarios, viajar de un lado a otro, mudarse, seguir a alguien y tener que aprender algo también puede ser estresante.

El equilibrio entre los momentos de orientación y los de seguimiento a menudo ya no es el correcto para el niño. En ese momento no hace falta que preguntarnos por qué los niños no cooperan bien con nosotros; simplemente ya no pueden. La batería de la cooperación está vacía.

¿Cómo organizo los momentos de orientación?

Durante los primeros años, dividías las situaciones individuales de tu hijo en pequeños detalles y los ibas nombrando: «Bueno, ahora vamos a coger el jabón... así, lávate las manos otra vez, vale... ahora toca la toalla».

Probablemente tu hijo ya no lo necesite, a menos que esté muy estresado. Sin embargo, sigue siendo necesario ayudarle con las pequeñas transiciones. ¿Cómo consigue tu hijo pensar con seguridad en los pantalones después de ponerse los calcetines y no distraerse? Siempre necesitan un impulso en la dirección correcta y, debido al alto nivel de distracción a esta edad, a menudo les resulta difícil encontrarlo por sí solos. Ven un juguete o tienen una idea, y luego el plan que tenían desaparece.

Por ejemplo, ¿cómo podría hacerlo bien tu hijo por la mañana?

¿Puedes preparar algunas cosas por la noche? ¿Puedes hacer una foto del proceso y colgarla en algún sitio? ¿Tal vez sería de ayuda un reloj de arena para ver cómo se va acabando el tiempo? Lo mejor sería que pudieras dar impulsos intermedios. ¿Qué tal si tu hijo simplemente se viste en la cocina mientras tú preparas el desayuno a su lado? Así podrás decirle: «¡Genial, los calcetines puestos! Ahora los pantalones».

> Antes de cada momento de orientación, lo primero es establecer contacto con el niño. Mírale, intenta establecer contacto visual y sonríe si puedes. De poco sirve una instrucción enfática a gritos a cuatro metros de distancia.

De este modo, tu hijo podrá mantenerse concentrado; hay tantos pasos individuales en la rutina matutina que tu hijo a menudo necesita tu capacidad de concentración como apoyo.

¿Qué normas necesita mi hijo y cuáles son superfluas?

Las normas son un arma de doble filo. Proporcionan seguridad y orientación, organizan la vida cotidiana y los niños se sienten orgullosos cuando han entendido una norma. Sin embargo, también pueden volverte loco a ti y sobre todo a tu hijo si son demasiado rígidas. Si a los numerosos momentos de orientación durante el día se añaden innumerables normas, en algún momento tu hijo se sentirá abrumado y ya no podrá cumplirlas. Todo el mundo necesita cierto espacio durante el día y poder liberarse, de lo contrario resulta demasiado difícil.

Vamos a clasificar tres tipos diferentes de normas:
1. Normas de protección.
Estas normas también pueden describirse como prohibiciones. Es lógico prohibir y «regular» cosas que son peligrosas para tu hijo. Así aprende a confiar en ti y a respetar tus normas, porque se da cuenta de que si hay una norma fija es porque debe ser muy importante para él. Las normas de protección siempre se cumplen. El cuchillo de pan grande no se lame; y punto. El armario con los productos de limpieza está prohibido durante el juego; y punto. Las carreteras de cuatro carriles solo podemos cruzarlas juntos; y punto. No jugamos solos en el lago; y punto. Así son las cosas y siempre se cumplen. Muy pocos niños y padres se ponen a discutir este tipo de normas.

2. Normas sociales y legales.

Estas normas son abstractas y a menudo difíciles de entender para tu hijo. Afortunadamente, ya han aprendido la mayoría de estas normas observándolas y probándolas, y dominan bastante bien las normas de cortesía y lo que es aceptable en un grupo de niños. También suelen aceptar normas como «tienes que ponerte el cinturón de seguridad en el coche porque lo dice la policía».

3. Normas de organización —¿o hábitos?

Las normas de organización facilitan la vida cotidiana. Lo has probado y te has dado cuenta: de que es mejor colgar la chaqueta en el perchero que tener un montón de chaquetas en el pasillo y tener que elegir la tuya por la mañana. El problema de las normas de organización es que tú ya has comprobado que funciona mejor así, pero tu hijo aún no. Dependiendo de su personalidad y del número de normas, probablemente las cuestionará o no las cumplirá. Toma en serio a tu hijo. Tal vez tenga razón al cuestionar la norma. Mirar algo con otros ojos, como hace tu hijo, puede tener mucho sentido. Tal vez tu hijo quiera hacerlo de otra manera y tú puedas probar su versión. No vas a dejar de estar al mando por decir: «¿Sabes qué? Tu idea es muy buena. He cambiado de opinión, ahora lo haremos a tu manera». De este modo, tu hijo se sentirá un miembro valioso del equipo con buenas ideas que aportar.

Tu hijo ya no es un niño pequeño y probablemente ha aprendido a reaccionar con flexibilidad ante las situaciones. Fíjate bien en cuántas normas necesita realmente tu hijo, porque cada niño es diferente. ¿Le dan las normas seguridad y orientación? Entonces es importante, porque la seguridad es una necesidad básica.

¿O tu hijo se «rebela» constantemente contra la norma? ¿Por qué lo hace? ¿No está satisfaciendo una necesidad básica, o tiene que cooperar demasiado, o simplemente la norma se ha vuelto superflua? Sé sincero contigo mismo y comprueba si tu hijo necesita la norma o si satisface tu propia necesidad de control y estructura.

Muchas cosas en la vida familiar se hacen así porque... es la forma en que se hacen las cosas. Si pones reglas, puede acabar siendo un corsé de reglas demasiado apretado.

Tu hijo sigue sintiendo el hecho de que la vida es diferente cada día. No hay un solo momento que sea exactamente igual que el anterior o que la misma situación de ayer. Puede que hoy el desorden no te moleste en absoluto, pero luego tienes invitados y quieres que se ordene. Muy bien, esa es una razón real y viva: «Mamá quiere que se recoja» y no una regla sin más.

¿Qué tal si simplemente llamamos «hábitos» a esas normas, para tener una actitud diferente hacia ellas? Muchos padres, en cuanto imponen una norma, cambian completamente de voz, se vuelven un poco más estrictos y utilizan palabras como «deberías» y «debes». Los niños no reaccionan particularmente bien ante eso. Observa si una regla tiende a alejar al niño de ti. ¿Cuándo dejas de ver al niño y el momento presente porque tienes que cumplir la norma?

Si, en cambio, les enseñamos a cuidarse los unos a los otros en familia, la mayor parte de esto se arreglará solo. ¿Por qué tu hijo sigue saltando en el sofá aunque se lo prohíbas?

¿Tenéis una lucha de poder a causa de los castigos y él se salta la prohibición para fastidiarte? ¿O es la necesidad de hacer ejercicio una razón muy probable? Si eres capaz de permitirlo, un niño en lucha de poder dejará rápidamente de decir que todo se debe a la prohibición. Un niño con falta de ejercicio saltará por fin aliviado sin necesidad de luchar y satisfará una necesidad absolutamente fundamental que no puede dejar de hacer simplemente por ti. El tema de las normas es un proceso vivo; el rápido desarrollo de tu hijo hace que su necesidad cambie constantemente. Mantente flexible y comprueba de vez en cuando si tus hábitos siguen siendo los mejores para todos.

¿Debo castigarle?

Tu hijo ya ha aprendido a mentir. Yo prefiero llamarlo mentir porque, en esta fase, es más inofensivo de lo que crees. Por tanto, es posible que pruebe a mentir más a menudo (véase «Cómo… Mentir», página 218). También se trata de una etapa de desarrollo; probablemente la habrán superado a los ocho años. Debes ser un modelo a seguir para no decir mentiras y, sobre todo, demuéstrale a tu hijo que no pasará nada malo si dice la verdad. Sería muy prudente no dramatizar demasiado, ya que probablemente no querrás que tu hijo se tenga a sí mismo como un «mentiroso» y que luego, tal vez, siga haciéndolo más allá de esta etapa. No hay nada malo en pasar al tema siguiente e ignorar las mentiras.

En cuanto a los castigos, piensa si quieres hacer lo que hicieron Juan y Julia con su hijo Álex, de 5 años (véase «Cómo… Educar sin castigos», página 248).

Esto al principio puede resultarle muy difícil. Durante siglos hemos trabajado con castigos a veces duros para las personas y la idea de que cuando una persona comete un error merece ser castigada está arraigada en muchos de nosotros. Este impulso de retribución, culpa y expiación ya está condicionado cultural o religiosamente en muchos de nosotros.

Como habrás notado, personalmente soy partidaria de un nuevo estilo de gestión. Merece la pena practicar saltándose el paso del castigo y yendo directamente a la solución. Esta sería la «consecuencia lógica» por la que mucha gente querría trabajar hoy en día y que hace que la vida con tu hijo sea mucho más fácil.

> En general, los castigos no sirven para guiar a un niño, ya que tienden a hacer que las cosas se nos escapen de las manos. Un niño en lucha de poder ya no es fácil de guiar porque, a diferencia de ti, no se ve frenado a hacer ciertas cosas por escrúpulos.

A veces ya no conoce los límites de sus «actos de represalia». Por tanto, lo inteligente es no seguir por este camino y no dejarle de lado. Como ya he dicho, al principio no resulta fácil y puede que no haya ningún modelo a seguir en tu entorno inmediato porque llevamos siglos haciéndolo así. Sé muy amable y gentil contigo mismo al recorrer este nuevo camino.

Afortunadamente, cada día es nuevo para tu hijo y su deseo de cooperar contigo es fuerte, por lo que puede volver a aprender rápidamente.

La mejor manera de que tu hijo aprenda es a través de tu ejemplo. Tu vida tiene un efecto en tu hijo, no tus palabras. Llevan varios años observándote de cerca. Si te disculpas, probablemente hará lo mismo. Si dices «por favor» y «gracias», ellos harán lo mismo. Si eres amable contigo mismo, puede que haga lo mismo.

Esto no debe estresarte, porque no tienes que comportarte a la perfección en todo momento. Nadie puede hacerlo y, afortunadamente, no es necesario en absoluto. Tu hijo puede aprender que cometes errores o que muchas situaciones simplemente no salen bien porque estás cansado o hay algo que se interpone. No obstante, puedes cambiar las cosas y hacerlas siempre de otra manera. A veces funciona, a veces no. Para tu hijo es un alivio darse cuenta de ello.

En general, fíjate más en tu comportamiento que en el de tu hijo; puedes influir más fácilmente en tu comportamiento y, a largo plazo, tendrá un mayor efecto en tu hijo. Por cierto, dar ejemplo también es inteligente cuando se trata de dormir. Si el momento de irse a dormir es un problema para ti, echa otro vistazo al capítulo intermedio «Dormir durante la infancia temprana», página 87).

> ¡La mejor herramienta de liderazgo de la que dispones es la diversión! No hay nada mejor que la diversión cuando se trata de resolver una situación de bloqueo. A menudo, tu hijo propondrá algo por su cuenta y tú solo tendrás que participar. Un juego es siempre preferible a una conversación seria

(véase «Cómo… Desarrollar juegos de apego», página 230).

La imaginación es también una de las fuerzas más fuertes de las personas. Si tu hijo realmente quiere tener o hacer algo inapropiado ahora mismo, puedes ir a por ello:«¡Oh, sí! ¡Qué gran idea! Eso estaría muy bien, ¿verdad? Imagina que todos pudiéramos tener lo que quisiéramos ahora mismo. Yo pediría unas alas y me iría volando a…». Las exageraciones y las soluciones fantásticas están expresamente permitidas. Lo más probable es que tu hijo esté de acuerdo; y así os contáis las soluciones fantásticas mientras hacéis lo que es necesario ahora mismo. La diversión hace que guiar resulte mucho más fácil y eficaz.

Momentos de seguimiento con niños de entre 4 y 6 años

Los momentos de seguimiento son todos aquellos en los que tu hijo juega o tiene sentimientos. Aquí es donde tu hijo lidera. Hasta que haya otro momento de orientación.

¿Cómo reacciono ante las rabietas?

Tu hijo ya sabe regular mucho mejor sus propios sentimientos. A no ser que sean demasiado fuertes. Así que sigue siendo normal que tu hijo no pueda controlar las rabietas grandes y te necesite. Basta con que simplemente estés ahí. A menudo tu hijo ya es capaz de decirte lo que podría ayudarle ahora. Si no puedes hacerlo tú mismo en este momento, puedes decirle lo mismo y poneros de acuerdo sinceramente sobre lo que funciona para los dos en este momento. Si quieres saber más sobre el tema de los sentimientos, lee el capítulo intermedio «Sentimientos y rabietas», página 205.

¿Tengo que seguir siempre el juego?

Cuando juega, tu hijo quiere que tú seas una auténtica compañera de juegos. Por fin te «permite» crear papeles, ayudar a construir algo o seguirle la corriente en un juego de mesa o de cartas. Sin embargo, el juego es cosa del niño, por así decirlo, y tú sigues sus impulsos. No se trata de una cuestión pedagógica en la que tu hijo deba aprender algo. Se trata de divertirse y estar juntos.

Echa un vistazo a «Cómo… Desarrollar las habilidades blandas», página 165, y descubre cómo tu hijo aprende habilidades cruciales cuando tiene espacio y puede jugar libremente.

El aburrimiento también es una fase importante para tu hijo y puede dar lugar a nuevas ideas muy valiosas. Para su desarrollo, los niños necesitan urgentemente horas interminables en las que no tengan que hacer nada estructurado.

¿Y si no te apetece jugar? Es normal, porque ya tienes todas las habilidades que se desarrollan jugando. Si tu hijo quiere jugar contigo a menudo, cocinar, hornear, hacer manualidades o dedicarse a practicar algún *hobby* juntos también sería un juego estupendo para él. Lo principal es que paséis juntos un rato relajado de vez en cuando.

¿Cómo consigo hacer algo más que organizar a mi hijo?

A esta edad, podrías volver a pensar en el establecimiento de vínculos afectivos. El vínculo afectivo se produce casi automáticamente con los niños pequeños; prueba a ponerte frente a un niño muy pequeño y no poner automáticamente una cara amable y levantar un poco más la voz o establecer contacto físico. Probablemente no seas capaz, ya que los niños pequeños son muy exigentes. Te está diciendo a gritos: ¡Cuídame, crea un vínculo!

Sin embargo, eso sí puedes hacerlo con niños en edad preescolar.

Puedes pasarte días enteros organizando a tu hijo. Al fin y al cabo, tienes mucho que hacer. El estrés del día a día suele tener prioridad y tu hijo ya puede hacer muchas cosas solo.

Si lo deseas, fíjate en el contacto real que mantienes con tu hijo cada día. ¿Le sonríes varias veces al día? ¿Como si fuera un bebé? ¿O empiezas a verle como a un compañero de trabajo adulto con el que pasas el día, por así decirlo? Si es así, debes reconstruir conscientemente vuestro vínculo; todos los días. No hace falta mucho tiempo, basta con una sonrisa y un tono amable de vez en cuando.

Si has discutido mucho durante el día y no puedes hacerlo, hazlo por la noche. Mira a tu hijo mientras duerme. Siente el amor por tu hijo. Y si por la mañana lo despiertas suavemente y lo abrazas, empezarás bien el día.

> De vez en cuando, tienes que «leer» y satisfacer necesidades que tu hijo ya no puede expresar.

Si suele estar de mal humor o sobreexcitado, es posible que después de un largo día no sea capaz de decirte: «Estoy agotado, necesito un descanso y que me abracen». Puedes darle un abrazo a un niño malhumorado, decirle lo estúpido y difícil que es todo en ese momento, tal vez prepararle una bebida caliente, envolverle en una manta o hacer otras cosas que le gusten a tu hijo. A lo mejor podéis escuchar juntos un programa de radio o tu hijo se sienta contigo en la cocina mientras cocinas y charláis. Así recargará la «batería de la cooperación». Conviene hacer esto antes de que el niño tenga que exigirlo con un comportamiento negativo. Si lo hace, o tal vez quiere ayuda con algo que realmente puede hacer por sí mismo: ayudar a tu hijo a ponerse los zapatos también puede servir para crear un buen momento y restablecer el vínculo y el contacto físico. No lo veas como un trabajo extra para ti, sino como una petición de vínculo por parte de tu hijo. Solo quiere contacto, se ha «quedado seco» por así decirlo y necesita repostar. Si se lo das, los momentos posteriores serán menos estresantes para todos y tu hijo podrá volver a cooperar.

¿Cómo le comunico a mi hijo que es valioso?

Una cosa que a menudo no entendemos de los niños es que tienen una necesidad muy fuerte de ser una parte valiosa de la comunidad. Es una pena que hayamos separado tanto el mundo de los niños y el de los adultos que tengamos que buscar actividades en las que ambos puedan tener un papel significativo. Tu hijo aún no tiene acceso a actividades informáticas, pero sí a todas las actividades prácticas.

Nos tomamos tiempo para el niño y hacemos grandes excursiones que implican mucho esfuerzo, como ir al zoo, al parque de atracciones, a un museo... son cosas maravillosas, pero igual de maravilloso y satisfactorio para ambas partes es limpiar juntos el sótano, arreglar algo en casa, hacer un picnic en el salón u hornear una tarta especial. Curiosamente, los niños pueden sentirse insatisfechos aunque les ofrezcas muchas actividades estupendas. Cuando el único «trabajo» del niño es divertirse, a la larga esto acaba por no satisfacerle. Ellos quieren ser útiles e importantes.

> Deja que tu hijo experimente ahora, antes de que vaya al colegio, que puede hacer que las cosas sucedan y crearlas por sí mismo.

Espero que tengas muchas cosas que hacer en las que puedas implicar a tu hijo de forma significativa y en las que su cooperación sea realmente valiosa para ti. En este momento de su vida, les gustaría poder asumir responsabilidades y aprender nuevas habilidades en el proceso.

Las conversaciones serán cada vez más importantes para tu hijo y habrá dominado el idioma hasta tal punto que realmente podrá hablar contigo. Sin embargo, los niños siguen hablando de forma diferente, sobre todo cuando tienen problemas. A esta edad, tu hijo suele querer resolver algo por sí mismo. Así que puede haber una fase de mimos o una actividad y, de repente, surge un tema. Tu hijo habla directamente, sin preámbulos, quizá de pasada y con pocas palabras. Esto suele irritar a los padres, porque como adulto empiezas una conversación con una introducción, hablas de ello durante un rato y luego hay una transición hacia el final. Cuando tu hijo ha terminado, ha terminado y se va del lugar o continúa con el juego.

Escuchar también es una buena idea por la noche, cuando todo está más tranquilo y desaparece la presión del tiempo.

CÓMO… ESCUCHAR

Comprender desde dentro

Escuchar es tu herramienta mágica para los años venideros. Sí, incluso para la pubertad, ya que todo el mundo quiere ser reconocido y comprendido.

¿Conoces el cuento *Momo*, de Michael Ende? Su superpoder es escuchar. Se le da tan bien que todo el mundo se siente inteligente, importante y valioso.

De hecho, cualquiera puede hacerlo. Hay muchos métodos diferentes que puedes utilizar, pero lo que digas exactamente no es realmente importante. Puedes simplemente repetir lo que ha dicho tu hijo en un tono amistoso, resumirlo todo o nombrar el sentimiento que percibes. O puedes no decir nada. Momo no dice nada; se limita a escuchar con atención, y comprende el mundo interior de la otra persona.

> Lo único importante es que escuches con sinceridad y desde el fondo de tu corazón. Olvida tu opinión. Olvídate de tus objetivos. Olvida tu responsabilidad y la idea de que tienes que cambiar el comportamiento de tu hijo. Intenta comprender a tu hijo desde dentro. No hay mejor forma práctica de expresar amor.

Si tu hijo a menudo no te escucha, empieza a escucharle.

No quieres cambiar, solo quieres comprender. Sorprendentemente, esto suele conseguir más cambios que todos tus denodados intentos de mejorar un comportamiento.

Por último, me gustaría contarte una breve historia de mi *coaching* familiar que dice mucho de lo que puede ser la familia.

Un cuenco lleno de buenos momentos

En el pasado, cuando todavía hacía visitas a domicilio, una vez fui a ver a una familia que tenía muchos problemas con sus hijos. Ya habían ideado varias estrategias para hacer frente a la difícil situación. Una de ellas era recoger piedras. Había un cuenco en la mesa del salón y en él se recogían pequeñas piedras que representaban las «faltas» de los chicos. Cualquier mal comportamiento, cualquier falta de respeto, cualquier incumplimiento de las normas daba lugar a la colocación de una piedra en el cuenco.

Al final del día, todos se reunían alrededor de la mesa para contar las piedras. Aún recuerdo a uno de los hijos acercándose sigilosamente al cuenco por la tarde y mirando ansiosamente las piedras. Cada una era una prueba tangible de lo que había hecho mal hoy.

Al ver esto, decidí sin más dilación tirar por la ventana todos los planes que había hecho de antemano e hice la siguiente sugerencia: «Yo le daría la vuelta al recuento de piedras. A partir de mañana, solo se recogerán los buenos momentos. Pondremos una piedra en el cuenco por cada buen momento».

Al principio, los rostros de los padres reflejaban una gran decepción. Esperaban que tomara medidas de gran alcance para regular el comportamiento de sus hijos. ¿Y ahora solo debían recoger piedras para los buenos momentos? ¿Acaso había alguno? ¿Con todos los problemas y discusiones? Los padres desconfiaban, los chicos estaban un poco irritados al principio, pero luego se entusiasmaron con la idea.

Los primeros días, a los padres les costó encontrar buenos momentos. Los niños tenían que ayudarles y hacerles conscientes de lo que realmente iba bien. La cantidad resultante fue asombrosa, y cada vez fue a más.

Cuando volví a visitar a la familia semanas después, la madre me contó, llena de alegría y alivio, lo importantes que se habían vuelto esos buenos momentos y el cambio que habían supuesto en su vida familiar. Cada noche, contaban juntos las piedras y se daban cuenta una vez más de lo que había ido bien durante el día. Los chicos buscaban constantemente los buenos momentos y, ¡oh, maravilla!, cada vez se creaban más.

El comportamiento problemático de los chicos también fue disminuyendo con el tiempo, hasta que finalmente desapareció por completo cuando la familia también empezó a abstenerse de castigos. En esta familia no hacía falta nada más, y no creo que sea la única familia en la que no hace falta mucho más: un cuenco lleno de buenos momentos que toda la familia pueda llenar una y otra vez.

¿Qué puedes esperar ahora?

Así pues, tu hijo ya ha adquirido las habilidades cruciales. Ha dominado los años más difíciles.

Si has adquirido nuevos conocimientos y quieres cambiar algunas cosas que no habías hecho antes, no hay problema. Tu hijo no es para nada inmutable; su desarrollo sigue siendo tan rápido que puedes cambiarlo todo en cualquier momento. Un nuevo comienzo siempre es posible.

¿Por qué me detengo en este punto? Porque a partir de ahora ya no necesitas un intérprete.

Tu hijo puede expresarse, ha desarrollado un sentimiento por sí mismo y casi puede pensar con lógica. A partir de ahora podréis mantener buenas conversaciones. La habilidad más importante a partir de ahora es saber escuchar.

Escucha con atención. Es todo lo que necesita. ¿Qué quiere contarte tu hijo de su mundo? A estas alturas, como muy tarde, tú también tendrás recuerdos de tu propia infancia. Intenta verlo desde la perspectiva del niño. ¿Qué deseabas tú a su edad?

¿Conoces el libro *Momo* de Michael Ende? Si es así, escucha como Momo. Olvídate de tus propias opiniones y objetivos y sintoniza con el mundo de la otra persona.

A partir de ahora, te convertirás cada vez más en el entrenador de su hijo. Te mantienes al margen, sigues guiando a tu hijo a lo largo de su vida y poco a poco retomas la tuya.

Negocia cómo quieres afrontar las situaciones. Lo que hasta ahora has hecho principalmente de forma no verbal, ahora puedes hacerlo verbalmente. ¿Cómo queremos hacerlo? ¿Qué funciona para nosotros como familia? Piensa una y otra vez en tus normas.

¿Se corresponden con lo que es mejor para el niño? ¿Realmente son normas?

Sé inteligente y prohíbe solo las cosas que sabes que tu hijo será capaz de hacer; permite el resto. Sí, de verdad. Permíteselo. A menudo, la presión de los compañeros es demasiado fuerte. Si «cumplir sus normas» significa, por ejemplo, que se burlen de él en clase, a menudo tu hijo tendrá que decidir en su contra y querrá escabullirse. No es aconsejable. Es bueno que puedas apoyar a tu hijo como una consejera experimentada y que no tenga que hacerlo solo. Sin embargo, para ello es necesario que confíes en que siempre actuarás en el mejor interés de tu hija o hijo.

Si practicáis esto durante los próximos años, no tendréis que preocuparos por la pubertad. Para entonces haréis tan buen equipo que ni siquiera esas malditas hormonas serán un gran problema.

Recuerdo una anécdota de uno de mis hijos cuando tenía unos 13 o 14 años. Él quería ir a una fiesta por la noche y me contó su problema: «Mamá, esta noche va a estar también Miguel (el más guay de la clase). Dices que nada de alcohol, nada de drogas y nada de películas para mayores de 18. Desde luego, yo no quiero beber y tampoco quiero tomar drogas, pero tampoco puedo decir que no a las películas, si lo hago me quedaré completamente al margen y todo el mundo se reirá de mí». Recuerdo que le escuché atentamente y luego me salió espontáneamente: «¡Oh, cariño! Entonces te recomiendo que no sigas nuestras reglas». ¿Cómo? Es una frase extraña para que la diga una madre, pero enseguida me vino a la cabeza Miguel, que podría haberle hecho la vida muy dura a mi hijo. Mi hijo no habría podido cumplir nuestras normas sin meterse en problemas.

Sé inteligente y permítelo si crees que de lo contrario tu hijo puede verse metido en un aprieto. No dejes que la norma se interponga entre vosotros y ponga a prueba vuestra relación. De este modo, conservarás tu influencia sobre él para que vuelva a preguntarte la próxima vez que tenga que tomar una decisión. Mis hijos me han contado a menudo historias de familias con muchas prohibiciones y las consecuencias de tener que tomar solos a esa edad todas las decisiones —a veces muy malas— y los errores.

No te arriesgues. Mantente cerca de ellos. Yo estoy muy orgullosa de que hoy, que ya son jóvenes adultos, mis hijos sigan refiriéndose a mi marido y a mí como su «espacio seguro». Nos permiten entrenarles en todo y estamos muy cerca de sus vidas.

Eso es perfectamente posible. No importa qué malas historias te cuenten otras personas sobre la pubertad, escribe tu propia historia con tus hijos. Continúa asegurándote de mantener un buen vínculo con ellos. Sonríele a tu hijo adolescente en los buenos momentos, igual que le sonreías cuando era pequeño; aunque no lo demuestre, te necesita mucho durante la pubertad.

No te resultará fácil porque tienes que seguir cuestionando tus propias normas y límites. La pregunta que debe guiarte debe ser: ¿Qué es lo mejor para mi hijo? ¿Tengo que dejar de lado mi necesidad de seguridad, control u orden porque ahora es más importante su necesidad de amistades y experiencias?

Sucede un poco lo mismo como con el niño pequeño, con en el que hay que caminar por la delgada línea que hay entre apoyar su impulso de desarrollo y, al mismo tiempo, influir en sus decisiones para que se conviertan en decisiones inteligentes. Tanto si se trata de cómo volver a meter el cubo en el arenero como si tu hijo te llama después de una excursión porque le han robado la mochila, te necesita a su lado.

Mi conclusión para nuestros propios hijos adultos es: casi todo lo que queríamos enseñar conscientemente porque nos parecía importante en aquel momento no funcionó tan bien. Por ejemplo, ahora recordamos con una sonrisa nuestro apremiante deseo de que nuestros hijos aprendieran a tocar un instrumento. Esto se hizo realidad a costa de un gran esfuerzo por parte de la familia. Sin embargo, como no coincidía en absoluto con los intereses de los niños, pasamos ese periodo con dificultad, y luego ellos aprovechaban la primera oportunidad para escaquearse y el instrumento se quedaba en un rincón. Así que muchos de nuestros bonitos planes sobre lo que «deberíamos» hacer no salieron bien.

Sin embargo, todo aquello en lo nosotros simplemente fuimos un modelo a seguir dio buen resultado con nuestros hijos. Si nosotros mismos fuéramos unos apasionados de la música, probablemente habríamos podido despertar su interés antes, pero, en última instancia, tu hijo decide por sí mismo aquello que le interesa. Tú solo puedes hacer ofertas, tu hijo decide si acepta la oferta o no. Además, naturalmente, ellos también desarrollan sus propias ideas sobre lo que quieren hacer en la vida.

Nuestros hijos simplemente nos observaron a mí, a mi marido y a sus abuelos vivir sus vidas y adoptaron lo que les convenía. Eso podría haberme ayudado a relajarme en aquel momento; podría haberme fijado en el ejemplo que estaba dado con mi propia vida y haber dejado de lado todos los «pero deberías».

Mi deseo para el futuro

Me gustaría terminar con una pequeña historia de desarrollo de la gran pedagoga Maria Montessori.

El niño de Pincio
(Observado por Maria Montessori, *Manual práctico del método Montessori*, págs. 34-35)

Cierto día, en el parque público de Roma llamado el Pincio, vi un pequeñuelo, como de año y medio, precioso y risueño. Llevaba un cubo vacío y una palita y afanábase recogiendo las chinitas de la alameda, para llenar el cubo. Le acompañaba una niñera muy bien puesta, animada, evidentemente, de la mayor buena voluntad para cuidar afectuosa y solícitamente al niño. Era ya la hora de retirarse y la niñera exhortaba pacientemente al pequeñuelo a dejar su trabajo y volver al coche. Mas, como sus exhortaciones resultaran infructuosas ante la terquedad del niño, por sí misma llenó de piedrezuelas el cubo, tomó al pequeñuelo en brazos, lo sentó en el coche y le puso el cubo al lado, convencida de que le había contentado. Los chillidos del niño y la expresión de protesta que vi en su carita contra la violencia y la injusticia, me llamaron la atención. El pequeñuelo *no quería el cubo lleno de piedrezuelas, sino hacer el ejercicio necesario para llenarlo él mismo, con lo cual respondía a la necesidad de su organismo floreciente* [...]. En efecto, si hubiera llenado el cubo, lo habría vaciado en seguida para volver a llenarlo varias veces, hasta que hubiese quedado satisfecho.

Los niños no son comprendidos, porque el adulto los juzga por sí mismo y, creyendo que aquéllos se prefijan fines externos, les ayuda amorosamente a conseguirlos, sin percatarse de que el objeto primordial del niño es el de desarrollarse. El precioso pequeñuelo de Pincio quería coordinar sus propios movimientos voluntarios, ejercitar sus fuerzas musculares levantando objetos; la vista calculando distancias, y la inteligencia con el razonamiento relativo al trabajo de llenar el cubo, el impulsar su propia voluntad a la realización de un acto; y la niñera, creyendo que lo deseaba era tener el cubo lleno de piedrecitas, le hacía desgraciado en lugar de contentarlo.

Esta observación de Maria Montessori tiene más de cien años. Desde entonces, esta y otras ideas similares han sido comunicadas de diferentes maneras por muchas personas distintas. Tal vez en este siglo logremos comprender los verdaderos objetivos de los niños y tomarnos en serio sus verdaderas y profundas necesidades, de modo que podamos convivir pacíficamente y sin grandes malentendidos. Ese sería el deseo de mi corazón. Recuerda: tienes que hacer mucho menos de lo que crees. Simplemente sigue amando. El resto vendrá solo.

Te deseo sinceramente lo mejor para ti y para tu familia.

Agradecimientos

La gratitud es la reina de las emociones. No es posible estar profundamente agradecido e infeliz al mismo tiempo. La gratitud profunda crea inmediatamente un sentimiento de amor, alegría tranquila, paz, atención plena y conexión con la vida. En realidad, solo necesitas centrarte en la gratitud en tu vida para ser feliz. Como tantas otras cosas, esto se pierde constantemente en la vida cotidiana y tienes que recordártelo conscientemente una y otra vez.

Yo soy muy afortunada de tener a tanta gente estupenda en mi vida por la que me siento agradecida.

Me gustaría dar las gracias a las personas de la editorial Fischer-Verlag que me han atendido con tanto compromiso y amabilidad —un agradecimiento especial a Martina Seith-Karow por su apoyo y su excelente edición.

Me gustaría dar también las gracias a Kira Brück, una gran periodista, quien me ayudó acertadamente durante el proceso de redacción —hasta el punto de enviarme poder de superhéroe en forma de una foto de su hijo con un disfraz de superhéroe.

Gracias a mis «seguidores» en las redes sociales, que tanto me han apoyado e incluso han compartido conmigo las maravillosas historias de sus hijos. Lástima que no haya podido incluirlos a todos, pero gracias especialmente a Bianca, Isabelle, Mendy Charlin Steenbock, Michaela Sezgin, Maendy Böhm, Lisa-Maria Hauge y Sandra Brandenburg.

Quiero dar las gracias a Noemi Gügel de @einbauchgefuehl, que me apoya con muchísimo cariño y acierto en la supervisión de mis cursos *online* y está a disposición de mis participantes como pedagoga y *coach* del sueño —gracias por revisar los capítulos sobre el sueño.

Gracias a Ina Orlovious, mi fisioterapeuta favorita, gracias por corregir todos los capítulos sobre el movimiento, e incluso por enseñarme cómo se desarrollan los bebés; fue muy divertido.

Me gustaría dar las gracias a Regine Gresens, que me ha apoyado como matrona y asesora de lactancia en el tema de la lactancia materna, y que da largos paseos de negocios conmigo —*www.stillkinder.de.*

Me gustaría dar las gracias a Sabina Köhler, mi logopeda favorita, que con tanto cariño y acierto ha mejorado todos los capítulos sobre el habla —con la aportación de que en realidad no se puede dividir el desarrollo del habla en años. Así es.

Me gustaría dar las gracias a Frauke Ludwig, que complementó tan bien el tema del transporte, visitando *www.einfach-eltern.de.*

Me gustaría dar las gracias a Janna Lisa Spannagel, —la susurradora de matemáticas», por su paréntesis sobre las matemáticas—; descubre más en *www.diematheflues- terin.net.*

Me gustaría darte las gracias a ti, mi queridísima amiga Kathrin Rath, que me has acompañado a través de todos los altibajos de la vida desde hace décadas. De hecho, has leído incansablemente cada palabra de este libro y, una vez más, me has ayudado maravillosamente en todas las crisis con tus comentarios inteligentes y claros (frase clave: «No, no, eso así no se entiende...»).

Gracias a mis padres, ¡seguís siendo unos padres maravillosos! Me habéis dado tanto y seguís haciéndolo con mis propios hijos. Estoy enormemente agradecida por haber crecido con vosotros. El hecho de que hayáis corregido todo el libro con vuestro habitual alto nivel de compromiso es increíble. Sois unos padres apasionados.

Quiero dar las gracias a mis dos fabulosos hijos. Este libro no se habría escrito sin vosotros. En primer lugar, además de tanto amor, me habéis enseñado muchísimo a lo largo de vuestras vidas. En segundo lugar, sin vosotros nadie me conocería y ningún editor me habría pedido que escribiera un libro. Necesitaba vuestros comentarios y consejos sinceros: «Mamá, lo siento, pero sinceramente, tus vídeos no son lo suficientemente buenos para *YouTube*, vete a *TikTok*, puedes hacerlo así». Escuchar ha vuelto a dar sus frutos. Estoy increíblemente agradecida de que os hayáis convertido en dos jóvenes tan estupendos y de que todavía podamos compartir intensamente vuestras vidas con vosotros.

Gracias a mi marido. Has sido el viento bajo mis alas durante casi treinta años. Siempre crees en mí, incluso cuando yo no lo hago. Para este libro, una vez más has soportado sin rechistar el abandono, te has hecho cargo de la casa, de la economía familiar y me has ayudado con tus comentarios. Es maravilloso compartir la vida y tanto amor contigo.

Bibliografía

Base para este libro

- Beller, Dr. Simone, Kuno Bellers, *Entwicklungstabelle* 0–9, Berlín, «Forschung und Fortbildung in der Kleinkindpädagogik», 2016.
- Berger, Renate, *Grenzsteine der Entwicklung – Entwicklungsbeobachtung und einschätzung von Kindern im Alter von 0–6 Jahren*, Verlag Herder, 2023.
- Bünder, Peter; Sirringhaus-Bünder, Annegret; Helfer, Angela, *Lehrbuch der Marte Meo Methode – Entwicklungsförderung mit Videounterstützung*, Vandenhoeck & Ruprecht Verlage, 2022.
- Cierpka, Prof. Dr. Manfred, *Frühe Kindheit 0 – 3 Jahre*, Springer Medizin Verlag, 2014.
- Görisch, Olaf, *KurzCHECK Sprachliche Entwicklung von Kindern*, Verlag Handwerk und Technik, 2017.
- Harms, Thomas, *Emotionelle Erste Hilfe*, Psychosozial Verlag, 2016.
- Holodynski, Prof. Dr. Manfred; Friedlmeier, Prof. Dr. Wolfgang, Emotionen – *Entwicklung und Regulation*, Springer Medizin Verlag, 2006.
- Jenni, Oskar, *Die kindliche Entwicklung verstehen*, Springer Verlag, 2021.
- Kasten, Hartmut, *Entwicklungspsychologie – Lehrbuch für pädagogische Fachkräfte*, Verlag Europa-Lehrmittel, 2014.
- Kleinstkinder – *Die Praxismappe Kindliche Spielschemata*, Friburgo, Herder Verlag, 2019.
- Largo, Remo H., *Primeros años, primeros pasos*. Ediciones Medici, 2004.
  - *Kinderjahre*, Piper Verlag, 2022.

– Metzinger, Adalbert, *Entwicklungspsychologie kompakt – 0 – 11 Jahre für sozialpädagogische Berufe*, Bildungsverlag EINS GmbH, 2021.
– Mock-Eibeck, Anja, *KurzCHECK Sozio-emotionale Entwicklung von Kindern, KurzCHECK Kognitive Entwicklung von Kindern, Kurz-CHECK Motorische Entwicklung von Kindern*, VerLag Handwerk und Technik, 2018 und 2020.
– Montessori, Maria, *El niño, el secreto de la infancia*, Ed. Diana Planeta, 2013.
 – *Manual práctico del método Montessori*. Ed. Araluce. 1939.
– Neubronner, Dagmar, *Der Neufeld-Ansatz für unsere Kinder*, Genius Verlag, 2015.
– Petermann, Prof. Dr. phil Franz; Kullik, Angelika, *Emotionsregulation im Kindesalter*, Hogrefe Verlag, 2012.
– Petermann, Prof. Dr. phil Ulrike; Petermann, Prof. Dr. phil Franz; Koglin, Prof. Dr. phil Ute, *Entwicklungsbeobachtung und – Dokumentation EBD 3–48 Monate*, Verlag an der Ruhr, 2021.
 – *Entwicklungsbeobachtung und – Dokumentation EBD 48–72 Monate*, Cornelsen Verlag, 2017.
– Saumweber, Katja, *Schemas im Early Excellence Ansatz*, Heinz und Heide Dürr Stiftung, 2014.
– Schneider, Prof. Dr. Wolfgang; Lindenberger, Prof. Dr. Ulmen (Hrsg.), *Entwicklungspsychologie*, Beltz Verlag, 2012.
– Siegler, Robert; Eisenberg, Nancy; De Loache, Judy; Saffran, Jenny, *Entwicklungspsychologie im Kindes- und Jugendalter*, Springer-Verlag, 2016.

Otras lecturas relacionadas

– Bergenstjerna, Sofia; Bergenstjerna, Michael, *Sauber! Hand in Hand weg von der Windel – die praxiserprobte Methode aus Schweden, mit der du dein Kind entspannt beim Sauberwerden begleitest*, sauberwerden.de, 2022.
– Bohlmann, Sabine, *Ein Löffelchen voll Zucker…*, Egmont, 2004.

— Davies, Simone, *El pequeño Montessori en casa: cómo criar niños y niñas responsables y curiosos*, Ed. Ariel, 2020.

— Doucleff, Michaeleen, *Erziehungsgeheimnisse indigener Gemeinschaften – wie Kinder glücklich, gelassen und hilfsbereit werden*, Penguin Verlag, 2023.

— González, Dr. Carlos, *Bésame mucho: cómo criar a tus hijos con amor*. Club Círculo de Lectores, 2011.

— González, Dr. Carlos, *Mi niño no me come: consejos para prevenir y resolver el problema*. Ediciones Temas de Hoy, 2013.

— Gresens, Regine, *Intuitives Stillen*, Kösel-Verlag, 2020.

— Harms, Thomas, *Keine Angst vor Babytränen*, Psychosozial-Verlag, 2019.

— Hauch, Dr. med. Michael, *Kindheit ist keine Krankheit – wie wir unsere Kinder mit Tests und Therapien zu Patienten machen*, Fischer Verlag, 2017.

— Krüger, Katrin; Thiel, Monika, *Marte Meo Elternkarten*, Krüger & Thiel Eigenverlag, 2021.

— MacNamara, Deborah, *Rest, Play, Grow: Making Sense os Preschoolers (Or anyone Who Acts Like One)*, Aona Management Inc., 2016.

— Moralis, Shonda, *Breath, Mama, Breath: 5-Minute Mindfulness for Busy* Moms. The Experiement, 2017.

— Renz-Polster, Herbert, *Kinder verstehen – Born to be wild: Wie die Evolution unsere Kinder prägt*, Kösel-Verlag, 2019.

— Solter, Aletha J., *Juegos que unes: cómo solucionar los problemas de comportamiento de los niños mediante el juego, la risa y la* conexión. Ed. Omega, 2013.

— Solter, Aletha J., *Warum Babys weinen – die Gefühle von Kleinkindern*, Kösel-Verlag, 2009.

— Tsabary, Shefali, *Padres y madres conscientes: educar para crecer*. De Bolsillo, 2024.

— Valentin, Lienhard, *Mit Kindern neue Wege gehen*, Arbor Verlag, 2005.

"Lo único importante es que escuches
con sinceridad y desde el fondo de tu corazón.
Olvida tu opinión. Olvídate de tus objetivos.
Olvida tu responsabilidad y la idea de que tienes
que cambiar el comportamiento de tu hijo.
Intenta comprender a tu hijo desde dentro.
No hay mejor forma práctica
de expresar amor".